Sag mir dein Sternzeichen, und ich sage dir, wie du liebst

Liz Greene

Sag mir dein Sternzeichen, und ich sage dir, wie du liebst

Was die Sterne
über unsere Partner und
über uns selbst zum
Vorschein bringen

Eine astrologische
Charakterkunde

Lizenzausgabe 1992 für
Manfred Pawlak Verlagsgesellschaft mbH,
Herrsching
mit Genehmigung des Scherz Verlages, Bern und München
Titel der Originalausgabe: »Star Signs for Lovers«

Einzige berechtigte Übersetzung ins Deutsche von Edda Janus

Umschlaggestaltung: Bine Cordes, Weyarn
Umschlagmotiv: The Image Bank, München
Gesamtherstellung: Mohndruck, Gütersloh
Printed in Germany
ISBN 3-88199-913-2

Inhalt

Was ein Horoskop uns verraten kann – und was nicht 9

Viel Licht – und auch ein bißchen Schatten 12

Feuerzeichen – die Welt der Phantasie 15

Der Widder 22. März bis 21. April 24

Kämpfer für Erneuerung und Fortschritt 24
Die Schattenseiten 30
Der Widder als Partner 34
Der Widder-Mann 35
Die Widder-Frau 38

Der Löwe 24. Juli bis 23. August 41

Beschützer der Schwachen 41
Die Schattenseiten 49
Der Löwe als Partner 52
Der Löwe-Mann 55
Die Löwe-Frau 58

Der Schütze 23. November bis 22. Dezember 61

Erforscher des Lebens 61
Die Schattenseiten 66
Der Schütze als Partner 69
Der Schütze-Mann 73
Die Schütze-Frau 76

Erdzeichen – die Welt der Wirklichkeit 79

Der Stier 22. April bis 22. Mai 86
Sinnenfreudiger Pragmatiker 86
Die Schattenseiten 91
Der Stier als Partner 93
Der Stier-Mann 96
Die Stier-Frau 99

Die Jungfrau 24. August bis 23. September 101
Realistin im Einklang mit sich 101
Die Schattenseiten 108
Die Jungfrau als Partner 111
Der Jungfrau-Mann 114
Die Jungfrau-Frau 116

Der Steinbock 23. Dezember bis 20. Januar 120
Planer seines Schicksals 120
Die Schattenseiten 128
Der Steinbock als Partner 131
Der Steinbock-Mann 134
Die Steinbock-Frau 136

Luftzeichen – die Welt der Vernunft 140

Die Zwillinge 23. Mai bis 22. Juni 148
Entdecker von Ideen 148
Die Schattenseiten 156
Die Zwillinge als Partner 158
Der Zwillinge-Mann 162
Die Zwillinge-Frau 165

Die Waage 24. September bis 22. Oktober 169
Sucherin nach dem Guten, Wahren, Schönen 169
Die Schattenseiten 179
Die Waage als Partner 181
Der Waage-Mann 183
Die Waage-Frau 186

Der Wassermann 21. Januar bis 20. Februar 189
Ordner der Welt 189
Die Schattenseiten 196
Der Wassermann als Partner 199
Der Wassermann-Mann 201
Die Wassermann-Frau 203

Wasserzeichen – die Welt der Gefühle 206

Der Krebs 23. Juni bis 23. Juli 212
Bewahrer von Werten 212
Die Schattenseiten 218
Der Krebs als Partner 220
Der Krebs-Mann 222
Die Krebs-Frau 225

Der Skorpion 23. Oktober bis 22. November 227
Ergründer der Wahrheit 227
Die Schattenseiten 232
Der Skorpion als Partner 233
Der Skorpion-Mann 237
Die Skorpion-Frau 238

Die Fische 21. Februar bis 21. März 244
Wanderer in höheren Sphären 244
Die Schattenseiten 250
Die Fische als Partner 253
Der Fische-Mann 256
Die Fische-Frau 259

Sonnenzeichen und Aszendent 262

Aszendententabellen 265

Was ein Horoskop uns verraten kann – und was nicht

Lange bevor das Orakel im Tempel von Delphi weissagte, hatten die alten Griechen – die bekanntlich keine Dummköpfe waren – schon zwei weise Sprüche, die, in Stein gehauen, über vielen Toren prangten. Der eine lautete: «Halte Maß!», der andere: «Erkenne dich selbst!»

Der tiefere Sinn der ersten Lebensregel ist gar nicht ohne weiteres sofort klar. Sie warnt nämlich nicht nur vor jeder Form von Übertreibung, sie warnt auch vor Einseitigkeit. Und den Hang zur Einseitigkeit – die ja nichts anderes ist als eine übertriebene Art, das Leben und unsere Mitmenschen zu betrachten – haben wir alle gemeinsam. Worüber die Astrologie eine Menge zu sagen hat; denn wer sich selbst im Spiegel der Astrologie betrachtet, wird rasch erkennen, wie einseitig sein Bild der Wirklichkeit ist.

Der zweite Wahlspruch ist zwar leicht zu verstehen, aber äußerst schwer zu befolgen. Wie jede Reise braucht auch der Weg zu sich selbst eine Landkarte. Für äußere Reisen gibt es Karten in Hülle und Fülle, für innere Reisen dagegen nur wenige. Die Astrologie ist solch eine innere Straßenkarte.

Wer die Lösung des Problems der menschlichen Beziehungen «draußen» in der Gesellschaft zu finden meint, wird lange vergeblich suchen können. Denn das Problem liegt in uns selber, in unserer nicht bewältigten Einseitigkeit und unserem Mangel an Selbsterkenntnis. Wie können wir erwarten, mit anderen Menschen auszukommen, solange wir nicht wissen, wer wir selber sind!

Daß uns die Astrologie helfen kann, unser Verhalten und die Beweggründe dafür zu erkennen, ist zwar bekannt, und doch sind wir immer wieder verblüfft, was alles aus einem Horoskop ersichtlich wird. Sehen wir uns daher etwas näher an, was ein Horoskop eigentlich ist.

Will man einen Vergleich gebrauchen, so könnte man sagen, ein Horoskop ist ein Bauplan für die Persönlichkeit eines ganz bestimmten Menschen. Es beruht auf präzisen astronomischen Daten und ist eine Karte des Sonnensystems zum genauen Zeitpunkt der Geburt eines Menschen und vom Geburtsort aus gesehen. Auf einer Kreisebene verzeichnet sie den Stand von Sonne und Mond sowie der acht Planeten Merkur, Venus, Mars, Jupiter, Saturn, Uranus, Neptun und Pluto, und zwar in bezug auf den Horizont und den Meridian der Erde.

Den Tierkreis kann man sich als einen Reifen oder als breites Band vorstellen, das die Erde auf der scheinbaren Sonnenbahn, der sogenannten Ekliptik, umspannt (obwohl wir natürlich wissen, daß sich die Sonne nicht um die Erde dreht, aber vom symbolischen Blickpunkt gesehen, ist es die Sonne, die über den Himmel wandert, dem Tierkreis folgend). Die Astrologie unterteilt diesen Kreis von 360 Grad in zwölf gleich große Sektoren und läßt das astrologische Jahr um den 20. März, zum Zeitpunkt der Frühlings-Tagundnachtgleiche, mit dem ersten Tierkreis- oder Sonnenzeichen beginnen. Es ist der Widder, da die Sonne jetzt während 30 Tagen dieses Zeichen durchläuft.

Ein Horoskop bezieht sich aber nicht nur auf das Zeichen, das die Sonne im Augenblick der Geburt durchquert, sondern auch auf die Stellung der Planeten. Sie alle sind von Bedeutung. Die Sonne ist jedoch am wichtigsten, weil sie für das innerste Wesen steht, für die Persönlichkeit, die man – bewußt oder unbewußt – werden möchte. Die Sonne symbolisiert den Drang zur Selbstverwirklichung.

Ein weiterer wichtiger Bestandteil des Horoskops ist der Aszendent, das zum Zeitpunkt der Geburt im Osten aufsteigende Zeichen. Der Aszendent offenbart, wie jemand der Welt gegenübertritt, wie er sich ihr zeigt. In vieler Hinsicht tritt der Aszendent bei Menschen stärker in Erscheinung als die Sonne. Man muß jemanden wirklich gut kennen, um zu sehen, wie sich sein Sonnenzeichen auswirkt. Aber wenn man einen Menschen nur bei einer Gesellschaft trifft oder gerade mit ihm bekannt gemacht worden ist, so sieht man zuerst das Zeichen des Aszendenten. Er ist wie die Eingangstür in ein Haus. Nur gibt die Tür nicht unbedingt Auskunft über das Innere des Hauses. Es gibt Häuser, deren schäbige kleine Tür kaum auffällt, aber das Innere ist schön. Andere wollen von außen auffallen, sind aber innen klein und unscheinbar. Man beurteile also nie das Haus nach dem Eingang. Die Tür spiegelt nur wider, wie der Hausbesitzer gesehen werden möchte. Und damit haben wir das Zeichen des Aszendenten.

Am Ende dieses Buches steht eine vereinfachte Aszendententabelle, die es jedermann ermöglichen sollte, ohne Schwierigkeiten den eigenen Aszendenten oder den anderer Menschen abzulesen.

Ein Horoskop – auch Geburtsbild oder Kosmogramm genannt – zeigt also das Muster aller in einem Menschen vorhandenen Anlagen beziehungsweise der Möglichkeiten, die er verwirklichen kann. Was er daraus macht, hängt ganz von seinem eigenen freien Willen ab. Je weniger ein Mensch jedoch von seinem innersten Wesen weiß, desto weniger Möglichkeiten kann er erkennen, wenn sie sich ihm bieten, und läßt sie daher ungenutzt. Je mehr er sich aber der Vielfalt seiner Anlagen bewußt ist, desto abwechslungsreicher und befriedigender wird er auch sein Leben und seine Partnerbeziehung gestalten können.

Viel Licht – und auch ein bißchen Schatten

Wer schon einmal erlebt hat, wie sehr sich Zeugenaussagen voneinander unterscheiden können, weiß, daß zwölf verschiedene Leute ein und dasselbe Ereignis oft so schildern, als handle es sich um zwölf verschiedene Begebenheiten. Dabei will gar niemand lügen oder absichtlich übertreiben. Es ist einfach so, daß jeder seinen eigenen Standpunkt und seine eigene Überzeugung vertritt. Und die sind subjektiv, denn jedermann sieht das Leben und seine Umgebung durch die Brille seiner eigenen Persönlichkeit.

Das mag sehr einleuchtend klingen, und trotzdem ist es erstaunlich, wie uneinsichtig die Menschen in dieser Beziehung sind. Jeder hält sich selber nämlich für objektiv. Man lächelt zwar und mokiert sich über die komischen Ansichten anderer Leute. Aber wir finden es nicht mehr lustig, wenn unsere eigenen Überzeugungen ins Wanken geraten. Sehe ich ihn oder sie eigentlich richtig? Ist mein Verdacht wirklich begründet, daß mein Mann mich weniger liebt? Warum beurteilen mich meine Mitmenschen so falsch?

Hier kommt die Astrologie ins Spiel, denn mit ihrer Hilfe können wir sehr viel über uns erfahren. Sie liefert uns einen Schlüssel zu unserer Persönlichkeit und hilft uns zu erkennen, warum wir gewisse Menschen anziehen oder immer wieder in bestimmte Situationen hineingeraten. Das werden wir zwar auch weiterhin tun, aber wir haben die Dinge besser im Griff, statt ihnen ausgeliefert zu sein.

Greifen wir ein paar Beispiele von Sternzeichen heraus. Alle haben mehrere Facetten, die leicht erkennbar sind. Sie liegen sozusagen im Schaufenster. Demnach ist der Löwe warmherzig, selbstbewußt, großmütig, gesellig und sieht sich gerne als Mittelpunkt; die Jungfrau gilt als ordentlich, genau, adrett und stets gut vorbereitet; ein typischer Krebs ist empfindsam, phantasievoll, wankelmütig und sehr auf Sicherheit bedacht; der Stier dagegen ist impulsiv, aggressiv, temperamentvoll und kämpferisch.

Nun haben aber alle Zeichen auch eine verborgene Kehrseite, von der man weniger gerne spricht, weil sie Schatten aufweist und man sich ihrer eher schämt. Dabei ist es wichtig, sie zu kennen, weil wir uns sonst unvermittelt in Stimmungen, Situationen und Beziehungen wiederfinden könnten, mit denen wir nie gerechnet hatten, in die wir uns aber unbewußt durch eine Art Kettenreaktion hineinmanövriert haben.

Und damit wären wir beim wichtigsten Thema dieses Buches. Jeder Mensch hat eine Licht-, aber auch eine Schattenseite. Es ist natürlich, daß wir mit Hilfe der Astrologie am liebsten unsere Wunschträume und Bedürfnisse und unsere Art, uns zu geben, verstehen möchten und darüber die problematischere Seite unserer Persönlichkeit außer acht lassen. Und genau sie bringt uns in kritischen Augenblicken in Schwierigkeiten. Denn jedermann hat einen Hang, das, was er bei sich nicht kennt, in anderen wiederzufinden. Dafür kann er sie lieben oder hassen, ihnen das Leben schwermachen oder tiefes Mitleid empfinden, ihnen zu helfen oder sie zu beschützen suchen. Letzten Endes ist das alles subjektiv. Ob ein anderer Mensch wirklich der ist, für den wir ihn gehalten haben, zeigt sich erst dann, wenn eine Beziehung über das erste selige Flitterwochenstadium hinaus ist. Vielleicht haben wir uns nur in den versteckten Teil unserer selbst verliebt.

Das gilt nämlich für sehr viele Beziehungen, die fulminant starten – und dann ins Stocken geraten, wenn der Partner sich aus unerfindlichen Gründen «ändert». Dabei hat er sich gar nicht geändert – nur das Bild, das wir uns von ihm gemacht haben, ist auseinandergefallen und der wirkliche Mensch darunter zum Vorschein gekommen. Die Reaktion ist unterschiedlich, je nachdem, wie gut wir uns selbst kennen. Verraten oder betrogen hat uns der andere gar nicht, wenn er dem Bild, das wir uns von ihm machten, nicht gerecht wurde. Denn es war in Wirklichkeit ein Stück unserer eigenen Psyche.

Die Psychologie bezeichnet diesen weitverbreiteten Vorgang als Projektion. Und es gibt keinen Menschen, der nicht auf irgendeine Weise einen dunklen oder verborgenen Teil seiner selbst in andere hineinprojiziert. Solange wir das aber tun, können wir keine echte Beziehung aufbauen. Wir leben dann bloß in einer Traumwelt, aus der wir unweigerlich in die Wirklichkeit zurückgeholt werden.

Wenn es um Beziehungen geht, werden Menschen oft von Partnern angezogen, die als Aszendent das Zeichen haben, unter dem sie selbst geboren sind. In der herkömmlichen Astrologie betrachtet man das als starkes Band zwischen zwei Menschen. Manche aber mögen das Zeichen ihres Aszendenten nicht oder haben eine Abneigung gegen Menschen mit dem gleichen Sonnenzeichen. Sie können sich selbst nicht leiden und ärgern sich, wenn andere sie an diese Tatsache erinnern.

Niemand hat nur ein Wesen. Wir haben alle viele Gesichter, viele Masken, viele Stimmen und viele Bedürfnisse. Manche davon vertragen sich und fördern sich gegenseitig; andere geraten hart miteinander in Konflikt. Erkenne dich selbst! Das bedeutet nicht nur, zu wissen, was einem an sich gefällt oder welche auffälligen Gewohnheiten und festen Vorstellungen man hat. Es bedeutet auch, seine dunkleren Seiten zu kennen, etwa die sozial unangepaßte Seite, die man vor anderen verbirgt, die «schwache» Seite, für die man sich schämt, die geheimen Sehnsüchte und das Verlangen, alles ebenso Teile der Persönlichkeit und ebenso notwendig wie die «akzeptableren» Wesenszüge. Darum prüfe man seinen Aszendenten sorgfältig. Die Verbindung zwischen Sonne und Aszendent ist wie die Ehe zweier Menschen. In mancher Beziehung passen sie zusammen, in anderer sind sie grundverschieden. Aber sie sind entschlossen, einen Weg zur Harmonie zu suchen, auch wenn das von beiden Opfer verlangt. Genauso ist es mit den verschiedenen Teilen unseres Wesens.

Feuerzeichen – die Welt der Phantasie

Der Tierkreis beginnt mit dem Feuer, dem Geschenk, das Prometheus den Göttern stahl, um es den Menschen zu geben, damit sie hoffen, wachsen und sich entwickeln könnten. Wenn wir einen Sinn in den eigenartigen Feuerzeichen – *Widder, Löwe* und *Schütze* – finden wollen, in ihrem oft unverständlichen, aber immer dramatischen Verhalten im Leben und in ihren Beziehungen, müssen wir, wie bei allen mit dem Tierkreis verbundenen Symbolen, einen Augenblick über das Feuer nachdenken. Trotz der Vielfalt der Formen, die das Feuer annehmen kann, lassen sich zwei allgemeine Feststellungen machen. Erstens bringt es das Licht in die Dunkelheit. Zweitens läßt es sich nie in eine einzige Gestalt, Form und Größe einengen. Es ist flüchtig und unberechenbar. Und so ist es auch mit den Menschen, die astrologisch zum Element des Feuers gehören.

Die generellen Beschreibungen der Feuerzeichen lauten meist: warmherzig, aus sich herausgehend, ichbezogen, dramatisch, glücklich. Die Feuerzeichen scheinen an «Chuzpe» allen anderen überlegen zu sein. Niemand übertrifft den Widder an Wagemut; keiner kann es mit der Persönlichkeit und dem Durchsetzungsvermögen eines Löwen aufnehmen; gar nicht zu reden von der unübertroffenen Abenteuerlust des Schützen. Was aber steckt wirklich hinter diesen Feuermenschen? Alle diese hübschen Beschreibungen nützen nicht viel, wenn es dann um die enge Beziehung zu einem feurigen Temperament geht und man am eigenen Leib die oft übertrieben ausgeprägten Eigenheiten «feuriger» Verhaltensweisen zu spüren bekommt. Wie sieht denn nun das Leben durch diese feuersprühenden Augen aus, und was brauchen diese Wesen von der geliebten Person, dem Partner oder dem Freund?

Es gibt einen Grundgedanken, der helfen könnte: Für die Feuerzeichen ist das Leben ein Meer von Möglichkeiten. Solange es auszulotende Chancen gibt, offene Türen, neue Wendungen und Verwicklungen für eine Zukunft, in der alles offen ist, wird der Feuerzeichen-Mensch einigermaßen zufrieden sein – falls Zufriedenheit ein Wort ist, das man mit seiner ruhelosen Psyche in Verbindung bringen kann. Sobald man aber die Möglichkeiten streicht, die Türen schließt, die Zukunft zu genau plant und das kleine Chaos beseitigt, das das Leben für ihn lebenswert macht, wird der feurige Typ in Panik geraten. Man hat ihm das fortgenommen, wovon er existiert: die Fähigkeit, aus vagen Möglichkeiten etwas Schöpferisches zu schaffen. Und sobald man das getan hat, hat man ihn verloren. Für manche Menschen ist Sicherheit das wichtigste im Leben. Nicht für die Feuerzeichen. Ein wenig Sicherheit ja, aber zuviel davon, und sie fühlen sich lebendig begraben. Sie ersticken.

Man kann mit ihnen sehr wohl über Realität und Verantwortung reden. Sie verstehen das ganz genau. Es ist nur leider nicht *ihre* Realität. Insgeheim bleibt die «reale» Welt für einen Feuerzeichen-Menschen die Welt der Phantasie, die eigentlich enden sollte, wenn das letzte Märchenbuch weggepackt wird und die brutale Wahrheit über den Weihnachtsmann ans Licht kommt. Feuerzeichen müssen eben alles mythologisieren: andere Menschen, Berufe, Lebenssituationen und sich selbst. Für sie ist die Welt eine Bühne, und keiner spielt seine Rolle darauf mit solcher Grandezza wie sie.

Sicher kennen Sie den verbreiteten Hang der Feuerzeichen, aus jeder Mücke einen Elefanten zu machen. Bei ihnen geht es nicht um kleine Meinungsverschiedenheiten, es sind sofort Katastrophen. Bücher, Filme, Menschen sind nicht einfach nett, sie sind großartig, brillant, eine Offenbarung. Es ist schwer, der überwältigenden und ansteckenden Begeisterung der Feuerzeichen zu widerstehen. Mit ihrem Zorn ist es nicht anders. Feuerzeichen neigen nun einmal zur Übertreibung, sie verhalten sich theatralisch – sogar, wenn sie allein sind. Dabei sind sie nicht einfach verwöhnte Kinder, die Aufmerksamkeit erregen wollen. Sie brauchen den Mantel der Phantasie und die Beimengung leuchtender Farben und Töne für das graue und banale Geschehen, das alle Welt beharrlich als Wirklichkeit bezeichnet. Das Feuerzeichen gewinnt der pragmatischen Einstellung zum Leben nichts ab. Wenn man ihm die Phantasien und die Vorstellungen darüber, wie das Leben sein könnte, fortnimmt, hat man es verkrüppelt. Das ist absolut ernst zu nehmen. Wenn es etwas gibt, was den Feuerzeichen-Menschen heilig ist, sind es ihre Träume.

Vielleicht finden Sie die Feuertypen etwas egozentrisch und wenig einfühlsam. In mancher Hinsicht sind sie es – soweit es sich um die Einzelheiten der irdischen Wirklichkeit handelt. Es geht dabei aber nicht wirklich um Gefühllosigkeit. Es geht darum, daß man die allumfassende Vision eines Feuerzeichens nicht auf etwas so Zeitliches und Langweiliges wie eine Tatsache einengen darf, weil es sich sonst bedroht fühlt. Wenn es zu lange auf eine Einzelheit starrt, hat es das Gefühl, daß ihm anderes entgeht. Feurige Menschen möchten den Sinn eines Bildes erfassen, ohne von ihm eingefangen zu werden, damit sie ihre inneren farbigen Eindrücke bewahren und mit allen anderen Eindrücken, die sie über das Leben sammeln, in Einklang bringen können. Aus diesem Grund sind so viele Feuerzeichen begeisterte und nimmermüde Reisende. Sie brauchen den Duft der großen, weiten Welt, des Lebens, aktueller Vorgänge, von Kulturen und fremden Völkern.

Am faszinierendsten aber ist für das Feuerzeichen die Zukunft. Die Vergangenheit hat nur als Tür Bedeutung, die in ein ganzes Netz möglicher Zukunftswege führt. Wenn ein feuriger Typ mit den nie enden wollenden und monotonen Anforderungen der materiellen Welt konfrontiert wird, läßt er möglicherweise das Ganze wie die sprichwörtliche heiße Kartoffel fallen und geht anderswohin. Das hat den Feuerzeichen den schlechten Ruf eingebracht, verantwortungslos und gefühlsarm zu sein, aber das sind sie nicht; sie können es nur nicht ertragen, eingesperrt zu werden.

Viele Feuerzeichen-Menschen besitzen die großartige Gabe der Ahnung. Wenn ein Feuerzeichen-Mensch eine Situation erfaßt, wird er selten Einzelheiten analysieren, oder falls er es tut, dann erst im nachhinein, um sich vor einem ihn bedrängenden Erdzeichen zu rechtfertigen, das nicht an «Ahnungen» glaubt. Der feurige Typ jedoch scheint in einem einzigen Augenblick alle Unterströmungen wahrnehmen und auf der Stelle Schlüsse ziehen zu können, die plötzlich in seinem Kopf da sind. Das Wie oder Warum kennt er selten. Er hat ein ausgezeichnetes Gespür, das oft augenfälligen Gegebenheiten zuwiderläuft, aber genau stimmt. Vielleicht könnte man diesen geheimnisvollen sechsten Sinn sogar magisch nennen. In Wirklichkeit benützen die Feuerzeichen eine andere Funktion ihrer Psyche als die Sinne oder den rationalen Verstand, um die Situation zu erfassen: die Intuition.

Darum scheinen die Feuerzeichen auch soviel Glück zu haben. Sie sind diejenigen, die beim Pferderennen und im Lotto gewinnen; die in die einzige Aktie investieren, die steigt, während der Markt zusammenbricht; die eine Gesellschaft gründen, um etwas zu produzieren, das in zwei Jahren plötzlich gebraucht wird; die in die Zukunft blicken und Bücher schreiben, Filme produzieren oder Moden entwerfen, die mehr von einer Prophezeiung an sich haben als von einer Reflexion der Gegenwart. Was aber geschieht, wenn alles fehlschlägt, die Firma in Konkurs geht, der Markt zusammenbricht, das Geschäft sich zerschlägt? Nichts. Denn irgendwie wird sich schon eine Lösung ergeben. Feurige Menschen haben einen unerschütterlichen Zukunftsglauben, der andere zur Weißglut treibt. Auch wenn sie auf dem absoluten Tiefpunkt angekommen sind, eines Tages wird es irgendwie wieder in Ordnung kommen. Es sei denn, sie wären an einen Partner gebunden, der ihre Träume zerstört und sie überzeugt, daß der Weg zum Glück beim regelmäßigen kleinen Monatsgehalt, dem Reihenhaus im Vorort, den 2,3 Kindern, dem 1,5 Hund und dem allsonntäglichen Mittagessen mit den Schwiegereltern liegt. Es gibt nichts Traurigeres als einen edlen Ritter, der in rostiger Rüstung in der Trabantenstadt die Hecke schneidet.

Die Schwierigkeiten der Feuerzeichen lassen sich generell so zusammenfassen: Das Element des Feuers wird nicht gut mit dem Alltagsleben fertig. Bei aller wunderbaren Vision, Intuition, bei allem Elan und Scharfblick ist die Welt zum Unglück für die Feuerzeichen voller Hindernisse und sturer, konservativer Menschen. Für viele Feuerzeichen-Menschen ist sie anscheinend von vornherein bösartig entschlossen, sie zu deckeln. Sie müssen sie also entweder in großem Stil unterjochen oder sich in ihre seltsame Phantasiewelt zurückziehen. Die Frustrationen können in vielerlei wohlbekannter Gestalt daherkommen, von gesellschaftlichen Repressionen über Bürokratismus, Verkehrsgesetze, Steuern und Rechnungen bis zur Notwendigkeit, den Lebensunterhalt zu verdienen und sich daran zu erinnern, daß man diesen alten Inkubus, den eigenen Körper, ernähren, kleiden und pflegen muß.

So können unsere feurigen Freunde, die bei jedem Unternehmen, das mit Spekulation und dem Einsatz kreativer Ideen statt mit Routine und Detailgenauigkeit verbunden ist, fabelhaft erfolgreich sind, nicht aus dem Haus gehen, ohne die Autoschlüssel oder die Brieftasche zu vergessen. Sie können auch keine Straße entlang fahren, ohne eine Verkehrswidrigkeit zu begehen, falls der Motor, dieses gemeine Biest, überhaupt angesprungen ist. Diese Art von Erfahrung zwingt viele Feuerzeichen in das Syndrom des «unverstandenen Genies». In Wirklichkeit schafft nicht die Gesellschaft das Problem, wenngleich die sicher zu konservativ, zu gleichgültig ist und wenigstens zwanzig bis fünfzig Jahre hinter der sprunghaften, intuitiven Vision des Feuerzeichens herhinkt. Es ist die geheime, unbekannte und unbewußte Welt der Sinne, der Materie, die dem Feuer die größten Schwierigkeiten bereitet. Und oft ist es auch der eigene Körper.

Eine große Zahl von Feuerzeichen-Menschen hat eine Abneigung gegen den eigenen Körper und das eigene Aussehen. Sie ist ein besonders deutliches Beispiel für die merkwürdige Phantasiewelt des Feuers, denn gerade diese Menschen können nach den allgemeinen Vorstellungen besonders schön sein. Aber der Körper, losgelöst von glänzenden, verschwommenen, wie durch einen Schleier gesehenen Bildern, entblößt vom Symbolischen, ein Körper, der krank wird, altert, Haare, Warzen, Schweiß und zuviel Zellgewebe produziert, der ist geheimnisvoll und erschreckend. Hieraus ließe sich schließen, daß viele Feuerzeichen-Menschen Hypochonder sind. Und so ist es auch. Die Hypochonder finden sich nicht unter den armen Jungfrauen. Die fürchten sich lediglich vor Ansteckung und Krankheiten, was etwas ganz anderes ist. Das Feuer hingegen fürchtet sich vor dem eigenen Körper, denn der erscheint ihm allzuoft als Feind, als Eindringling oder als etwas, in das es hineingestopft worden ist wie die Wurst in die Pelle. Feurige Menschen wären am liebsten nicht an einen Körper gebunden; er zwängt sie zu sehr ein, ist wie ein Korsett und irgendwie zu formend. Sie sind heitere Geister, schwebende Irrlichter, und diesen schwerfälligen Apparat mit sich herumzuschleppen, ist verdammt lästig. Wenn er richtig funktioniert, geht es noch an, aber wenn er das nicht tut, ist es eine elende Plackerei. Viele Gesundheitsapostel, Diätanhänger, Makrobioten und Masseure sind Feuerzeichen, die auf etwas übertriebene Art versuchen, mit dieser unbekannten und faszinierenden Welt der Sinne fertig zu werden.

Damit kommen wir zu dem, was Sie am meisten interessieren wird, wenn Sie mit jemand aus diesem feurigen Dreigestirn der Zeichen eng verbunden sind: ihrem Liebesleben. Auf die Gefahr hin, bei meinen Feuerzeichenlesern die ihnen angemessene, feurige Explosion auszulösen, muß hier gesagt werden, daß das feurige Temperament mehr als jede andere Gruppe zu dem Gefühl neigt, auf sexuellem Gebiet nicht zu genügen. Ich sagte *Gefühl.* Das hat nichts mit der Ausführung zu tun, von der viele Feuerzeichen so besessen sind, daß sie, gäbe es dafür Wettbewerbe, zweifellos alle Preise davontragen würden. Es geht um die verborgenen, vagen und quälenden Gefühle, auf sexuellem Gebiet ein Versager zu sein, und das kommt wiederum vom fehlenden Verständnis für den eigenen Körper. Wenn man sich nicht mit dem eigenen Körper anfreunden kann, bleibt einem die Sexualität ein Rätsel, und man hat oft das Gefühl, daß der eigene Körper sich selbständig macht. Das Feuer hat noch etwas Merkwürdiges an sich. Es ist so in der Phantasie verwurzelt, daß der Körper unzuverlässig wird und schnell dazu neigt, die Auswirkung von seelischen Störungen, Abneigungen, Furcht und Wut in Formen zu zeigen, die wir höflich mit «sexuellen Schwierigkeiten» umschreiben. Es sind nicht wirkliche sexuelle Störungen. Sie hängen mit der schwachen Verbindung des Feuers mit der Erdoberfläche zusammen und können Beziehungen erheblich stören.

Das Feuer lebt in der Welt der Phantasie. Die Dinge an sich sind im besten Fall langweilig und im schlimmsten furchteinflößend. Sie müssen Bedeutungen unterlegt bekommen und mit prächtigen oder romantischen Begriffen ausgefüllt werden. Anders gesagt: Für ein Feuerzeichen werden die Dinge zu Symbolen. Eine schlichte Anerkennung des Körpers und seiner Gefühle fällt ihm ohne die entsprechende Phantasie schwer. Darum ist das Element der Phantasie bei den romantischen Beziehungen eines Feuerzeichens meist stark entwickelt. Unter Phantasie verstehen wir hier Vorfreude, Bildhaftigkeit, Erwartung, das Verlangen nach erotischer Stimulierung in verbaler, visueller und imaginärer Form. Keiner erfreut sich so sehr an Strip-Clubs, Pornofilmen, erotischen Fotografien und schwarzen Dessous wie ein Feuerzeichen. Tatsächlich ist dieser Aspekt der Phantasie bei den Feuerzeichen oft so stark, daß er wichtiger sein kann als der eigentliche Liebesakt. Für sie ist Sex ebensosehr eine Sache des Geistes wie des Körpers.

Nun sind erotische Phantasien an sich ganz normal. Das Problem setzt erst mit der Wahl der Partner ein. Leider werden die Feuerzeichen als Gruppe am stärksten von der Erde angezogen. Die Erde aber ist das nüchternste, körperlichste, sinnlichste und am wenigsten phantasievolle aller astrologischen Elemente.

Die nüchterne Einstellung der Erde zur Sexualität kann unser feuriges Zeichen mit einigem Unbehagen erfüllen. Wenn es das Gefühl hat, erfolgreich agieren zu müssen, ist diese Erwartung katastrophal. Jede Art von Erwartung erdhaften Agierens, ob sexuell oder nicht, führt für ein Feuerzeichen wahrscheinlich zur

Katastrophe. Wenn Feuerzeichen ihrer Phantasie beraubt werden, reagieren sie oft mit Impotenz oder Frigidität. Schuld daran ist die komplizierte Einstellung des Feuers zu den Sinnen. Aber das Feuerzeichen, das versagt, wird immer dazu neigen, den Partner zu beschuldigen, denn es ist sehr unbequem, sich selbst die Schuld zu geben.

Überkompensation, dieser verbreitetste menschliche Wesenszug, zeigt sich bei den Feuerzeichen oft als Versuch, sexuelle, materielle oder sogar athletische Meisterschaft zu demonstrieren. Der Unterschied zwischen dem feurigen und dem erdigen Spitzensportler ist der, daß der erdgebundene Athlet – auf sexuellem oder anderem Gebiet – Freude an seinem Tun hat und deshalb der Beste sein will. Der Feurige hingegen will gewinnen wegen der Vorfreude und der Erinnerung. Die Handlung als solche ist für ihn gar nicht so interessant.

Liebesbeziehungen beginnen für die Feuerzeichen oft als Märchen und enden in einem Käfig. Das ist kein Vergnügen, denn dieser Hang zur Unzuverlässigkeit in Beziehungen führt zu großer Einsamkeit und tiefen Versagensgefühlen. Und um es noch komplizierter zu machen: Feuerzeichen-Menschen fällt es oft sehr schwer, ihre Wünsche zu formulieren, teils, weil Phantasien sich nicht gut in Worten ausdrücken lassen, und teils, weil die anderen, nüchterneren Typen die Gewohnheit haben, Träume zu zerstören.

Feuerzeichen-Menschen neigen zu heftigen physischen Leidenschaften, die sie Liebe nennen. Das endet meist mit der traurigen Erkenntnis, daß in der Nacht alle Katzen grau sind. Dann werden sie leicht zynisch und brutal, um ihre große romantische Veranlagung und ihren Idealismus zu tarnen. Immer suchen sie rastlos nach dem Seelengefährten, der instinktiv die Ängste erkennt, von denen sie getrieben werden; der ihnen keine Erklärungen abverlangt; der ihr kleines heimisches Herdfeuer zu einer mächtigen, kreativen Feuersbrunst entfacht; der sie festhält, ohne sie gefangenzunehmen. Aber solche Menschen existieren nur in der Phantasie, denn kein Partner aus Fleisch und Blut, zu welchem astrologischen Element er auch gehören mag, kann allnächtlich ein neues Drehbuch erfinden. Früher oder später müssen die Feuerzeichen lernen, ihre Visionen mit ein wenig Realismus und der Anerkennung der Dinge, wie sie nun mal sind, auszubalancieren. Die Gegenwart kann ebenso interessant sein wie die Vergangenheit und die Zukunft. Tatsachen können so aufregend sein wie Möglichkeiten. Aber balancieren ist nicht dasselbe wie verändern. Wer glaubt, er könne das Feuer zur sanftmütigen, häuslichen Kreatur zähmen, muß damit rechnen, sich schwer zu verbrennen.

Der Widder

Kämpfer für Erneuerung und Fortschritt

Der Widder hat viel von einem tapferen Ritter an sich. Das soll aber nicht heißen, daß er ungeistig wäre, denn viele der glänzendsten, geschliffensten und intellektuellsten Staatsmänner und Denker sind Widder. Aber tief in der Seele des Widders lebt die Zeit der höfischen Liebe weiter. Er hält immer noch Ausschau nach einem Ritterorden, nach der Tafelrunde, zu der er sich gesellen könnte, um ein treuer, ergebener Ritter zu sein, und nach der Dame in Nöten, die es zu retten gilt. Es ist auffallend, wie sehr sich der Widder zu Damen in Nöten hingezogen fühlt. Die halbe Freude an einer Liebesbeziehung ist für ihn das ritterliche Zurschaustellen der Rettung. Danach reitet er dann allerdings wieder davon.

Ritter bleiben nie zu Hause und flicken im Schloß die Sicherungen. Sie brauchen Abenteuer; ohne sie werden sie blaß, matt und depressiv. Der Widder kann ohne Abenteuer nicht leben. Es kann dabei ums Geldverdienen gehen, um die Gründung einer neuen Schule oder die Entwicklung einer neuen Idee, die die Welt verändern wird. Aber Abenteuer muß sein. Zufriedenheit, Gelassenheit und Eintönigkeit bereiten ihm seelische Verdauungsstörungen.

Der Beherrscher des Widders ist der Planet *Mars,* der mythologische Gott des Krieges und der Leidenschaft. Er ist mutig bis zur

Tollkühnheit, aber dieser Mut hat immer eine gute Portion Glanz, der auf ihn zurückfällt.

Der Widder benimmt sich Freund und Feind gegenüber ehrenhaft. Den Freunden gegenüber ist er großzügig und treu, und obwohl er für seine Feinde schneidende Verachtung zeigen kann, wird er sich kaum je an ihnen rächen oder sie gemein behandeln. Feinde macht er sich viele, und das nicht nur, weil er so schnell und unüberlegt handelt. Auch löst er in anderen Menschen leicht kleinliche Eifersucht aus, einfach weil er so überlebensgroß ist. Sehr gern macht er aus sich selbst einen Mythos und lebt dann danach. Die stark entwickelte Ungeduld des Widders grenzt oft an Arroganz. Unter dummen Menschen leidet er ebenso wie unter Verzögerungen, Auflehnung, Bummelei, Begriffsstutzigkeit oder Unaufrichtigkeit. Er leidet überhaupt unter vielem, aber edles Leiden schätzt er.

Wie alle Feuerzeichen ist der Widder im Herzen ein Kind. Manchmal heißt das, daß er kindisch sein kann; zu anderen Zeiten aber ist er auf bezaubernde, warmherzige Art kindlich. Er kann sich wild erregen und für Dinge begeistern, die andere, reserviertere Naturen gar nicht bemerken oder übergehen. Ganz gleich, wie alt er ist, ob sechs oder achtzig, er stürzt sich mit Begeisterung und Energie auf seine Arbeit oder sein Steckenpferd. Manche Widder sind so unerträglich energievoll, daß man allein vom Zusehen müde wird. Sie haben immer gleich achtzehn Eisen im Feuer, als besäßen sie eine Wunderpille, durch die sie nicht zu schlafen, zu essen, auszuruhen oder nachzudenken brauchten. Diese dynamische Energie ist eine der auffälligsten Eigenschaften des Widders, die Energie und die Tatsache, daß er immer in Eile ist, selbst wenn es dafür gar keinen Grund zu geben scheint. Er braucht einfach Bewegung und Farbe und Leben um sich herum, weil er sich so leicht langweilt. Und wenn er das tut, erlebt man die berüchtigte Widder-Verdrossenheit, seinen Ärger, die Gereiztheit und die schlechte Laune, die so oft plötzlich ausbrechen. Das Widder-Temperament kann einem schon Angst machen. Aber es hilft, sich daran zu erinnern, daß für den Widder Gesten stilisiert und oft dramatisiert sind. All das Feuer und der Rauch und die Explosion sind nichts anderes als der Tobsuchtsanfall eines Kindes. Wenn er nämlich wirklich und ehrlich wütend ist, wird er nicht explodieren; er wird sich ruhig daran machen, das zu zerstören, was ihm im Wege ist. Seine Ausbrüche hingegen sind wirklich nichts anderes als Launen. Und wenn die vorbei sind, ist er nicht nachtragend. Dafür ist er einerseits zu ritterlich und andererseits zu geistesabwesend. Es ist alles nicht so wichtig.

Meistens gelingt es den Widdern, andere für sich einzuspannen. Dabei gehen sie nicht zimperlich vor. Sie greifen nicht zur seelischen Erpressung wie der Krebs oder zu langen strategischen Planungen mit geschäftlichen und finanziellen Druckmitteln wie der Steinbock. Auch sanfte diplomatische, staatsmännische Zusammenarbeit, wie sie die Waage benützt, setzen sie nicht ein. Der Widder macht das viel einfacher. «Tu das!» Wenn du es nicht tust, kommt der Tobsuchtsanfall in irgendeiner Form – vielleicht mit Türenknallen oder einem Abend frostigen Schweigens oder einer Strafpredigt oder mit zerbrochenem Geschirr.

Eigenwillig ist ein gutes Wort, einen Widder zu beschreiben. Meistens merkt er gar nicht, daß andere Menschen in eine andere Richtung ziehen wollen. Kompromisse und Kooperation sind schwer verständlich für ihn. Wenn er sich begeistert, erscheint ihm nichts anderes ebenso wahr, so richtig und so zweckmäßig. Er ist dogmatisch. Das heißt einfach, daß er entgegengesetzte Meinungen nicht erfaßt, wenn man sie ihm nicht ins Gesicht schreit. Und dann ist er oft wirklich verletzt, weil man ihn für selbstsüchtig oder egozentrisch hält. Tatsächlich ist er nicht selbstsüchtiger als jeder andere, häufig sogar weniger. Durch seine uferlose Freigebigkeit fällt er leicht rührseligen Geschichten zum Opfer und wird oft ausgenützt. Er ist auch kein besonders guter Menschenkenner, weil es ihm an Argwohn fehlt; er glaubt das Beste von den Menschen, bis er unangenehm überrascht wird. Verrat, Hinterhältigkeit und Gemeinheit jeder Art können ihn unsicher machen und verwunden. Das liegt einfach daran, daß er gewisse Situationen nicht so recht überschaut, weil er nun mal in einer Idealwelt lebt. Er sieht die Dinge nicht, wie sie sind, sondern wie sie sein könnten oder sein sollten. Selbst wenn alle anderen zu müde, zu abgestumpft oder zu apathisch sind, um etwas zu unternehmen, zieht der Widder, wenn es sein muß, allein (er hat lieber Unterstützung, kommt aber auch ohne sie aus) in den Kampf gegen den Drachen. Dafür verlangt er nicht einmal eine Belohnung, höchstens ein wenig Applaus und Anerkennung.

Für einen Menschen, der gern nach dem Status quo lebt und schon gar nicht eine Veränderung des Partners liebt, kann der Versuch, mit einem Widder zu leben, recht schwierig werden. Der Widder braucht Aktionen; er braucht für seine enorme Energie ein Ziel, etwas, das ihn anregt und ihm Möglichkeiten bietet. Widder taugen nicht zu bedächtigen Mitarbeitern starker Chefs. Sie brauchen einen Wirkungskreis, Anforderungen und sehr viel persönliche Freiheit, um ungehindert ihre Vorstellungen ausleben zu können.

Natürlich gibt es auch den Widdertyp, der dies alles verdrängt. Man kann einem zahmen, sanften und gehorsamen Widder begegnen, der von einem dominierenden Mann oder einer dominierenden Frau an der Leine geführt oder von einem starken Vorgesetzten an seinem Platz gehalten wird. Das ganze Feuer lodert in ihm und zehrt ihn innerlich auf. Kopfschmerzen sind ein typisches Widder-Symptom, sobald er den Ärger in sich hineinfressen muß. Man kann vom Kriegsgott nicht erwarten, daß er glücklich ist, wenn er die Geranien auf dem Balkon pflegen soll. Entweder zerstört er sich selbst, oder er macht jedem anderen das Leben zur Qual.

Nicht alle Widder können sich mit den Körperkräften des Gottes Mars messen, obwohl viele von ihnen sportliche Wettkämpfe schätzen. Die Liebe zum Wettbewerb und die Siegesfreude sind immer da, können aber auch auf das intellektuelle Gebiet verlagert werden. Viele Widder nützen ihre dynamische Energie auf geistigem Gebiet, und ob sie nun Gelehrte, Philosophen, Propheten, Künstler, religiöse Anführer oder Ähnliches sind, sie beeindrucken einen sofort durch ihre geistige Lebendigkeit. Sie lieben gedankliche Herausforderungen, schwierige Probleme und verschlüsselte Texte, mit denen sie sich herumschlagen können.

Nicht alle Widder tragen eine Rüstung und sitzen hoch zu Roß. Manche tarnen sich sehr geschickt. Trotzdem scheint der Harnisch irgendwo immer durch.

Wie alle Feuerzeichen hat auch der Widder Schwierigkeiten, mit den simplen Tatsachen einer Situation fertig zu werden. Manche Widder sind entsetzlich ungeschickt im Umgang mit so alltäglichen Dingen wie Ernährung, Geld oder Steuern. Manche sind gut geschützt durch ein Heer von Sekretärinnen, Agenten, Haushaltshilfen und so weiter und erscheinen dadurch als Wunder der Tüchtigkeit, während sie, auf sich allein angewiesen, im praktischen Leben in einem Chaos versänken. Ein paar kommen etwas besser im Alltag zurecht, sehen aber keine Grenzen. Für einen Widder ist alles möglich. Selbstverständlich ist *nicht* alles möglich, aber erzählen Sie das mal einem Widder! Er wird Sie für feige, phantasielos, ängstlich und schwach halten und sich aufmachen zu beweisen, daß es doch möglich ist. Dabei bekommt er dann ebensooft Ärger, wie er Erfolge einheimst – und gleichzeitig doch das Unmögliche schafft.

Eins der gefährlichsten Probleme des Widders ist, daß er so leicht desillusioniert werden kann und dann verbittert wird. Weil er die Wirklichkeit so oft durch die Brille seines ritterlichen Ehrenkodexes sieht, kann er wieder und wieder von anderen verwundet werden, die diese Ehrbegriffe nicht anerkennen. Der Widder geht keine eleganten Kompromisse mit Menschen oder dem Leben ein.

Wenn er Pech hat, andere zu stark bedrängt oder seine Vorstellungen zu ausgefallen und unmachbar sind, kann er in ein Stadium tiefer Verbitterung geraten. Mehr als alles andere muß er lernen, Menschen so zu sehen, wie sie sind, und sie so zu lassen, ohne gleich einen Kreuzzug zu beginnen. Der Sieg über die Ungläubigen gelang schon im 13. Jahrhundert nicht, um so weniger wird er sich im 20. Jahrhundert erringen lassen. Für den Widder ist es wichtig, zwischen seinen edlen Vorstellungen, wie die Welt sein könnte, und seinen eigenen Grenzen und denen der Zeit, in der er lebt, einen goldenen Mittelweg zu finden. Wenn er ihn finden kann, wird er seine Ziele niedrig genug stekken, um sie erreichen zu können, ohne sie in tiefster Verzweiflung aufgeben zu müssen.

Unser feuriger Widder ist schon ein merkwürdiges Wesen. Er ist zu tiefen Gedanken und großer Zärtlichkeit fähig, aber ohne jede Warnung kann er plötzlich aufspringen und sich in den nächsten Kreuzzug stürzen. Das Leben mit einem Widder ist alles andere als langweilig. Wenn er auf keine Krise stößt, wird er für eine sorgen. So ganz ohne Bosheit ist er auch nicht; Menschen oder Situationen, die ihm zu fad, zu pedantisch, zu gleichbleibend sind, wird er anschüren und aufstacheln, bis es zu einem Knall kommt. Er ist natürlich der erste, der aus dem Haus rennt und ungeschoren davonkommt – wenigstens fast immer. Manchmal tritt er auch als Störenfried auf, der an allem herummacht, was zu glatt, zu wohlgefällig und selbstzufrieden geworden ist. Er steckt auch voller Widerspruchsgeist, und es stört ihn überhaupt nicht, wenn er damit alle Leute in Wut versetzt und gegen sich aufbringt. Wenigstens ist endlich was los, und das ist für den Widder nun mal das Lebenselixier.

Da er ein Feuerzeichen ist, ist der Widder fest entschlossen, das Leben zu genießen. Für ihn ist das Leben eine Freude, besonders aber, wenn es gefährlich wird. Je größer die Gefahr, um so reizvoller wird es. Sie können davon ausgehen, daß Widder schnelle und ziemlich wagemutige Autofahrer sind. Fröhlich in die Schlacht ziehen, das ist ihre Devise.

Wenn der Widder aber einmal sein Ziel erreicht hat, vergißt er sehr leicht die Hilfe, die ihm unterwegs zuteil geworden ist. Oder er langweilt sich einfach und zieht weiter. Bei Beziehungen mit Widdern ist das eine typische Erscheinung. Für viele Widder besteht die Welt aus Helden und edlen Taten. Leider übersehen sie dabei die sanfte Macht von Freundlichkeit, Geduld, Sympathie, Anpassung und Ausgleich. Widder-Frauen sind darin nicht anders als Widder-Männer.

In der Natur des Widders gibt es tiefverwurzelte Bedürfnisse und Motivationen. Er bedarf eines Ziels – ohne Ziel wird das Leben für den Widder bedeutungslos. Es kann ein Fern- oder ein

Nahziel sein, aber ohne Ziel geht es nicht. Außerdem braucht er die Suche nach dem heiligen Gral – eine Reise, die durch Gefahren führt, aber mit einem begehrten und fast nicht zu erringenden Schatz endet. Oder mit einem Kampf, in dem er das Leben aufs Spiel setzt, jedoch die Visionen und Ideale verteidigt, für die er in die Schlacht gezogen ist. Der Widder ist das Zeichen für neue Ideen und für Veränderung – und für das Verlangen, die Veränderung zu erreichen, in die Zukunft zu blicken und den Feind zu besiegen.

Man kann die zwölf Sonnenzeichen als Zyklus betrachten, der mit dem Widder beginnt, mit den Fischen endet und den Lebenskreis beschreibt. Der Widder ist das erste Zeichen, das Zeichen des Frühlings, ein Symbol des neuen Lebens nach dem kalten und unfruchtbaren Winter. Die ganze Natur verkündet den Frühling mit dem Ausbruch neuen Lebens und neuer Farben, manchmal voreilig und grell, aber immer als Bote, daß alles neu geboren wird. Die ganze Erde antwortet auf die neue Hoffnung und das neue Leben des Frühjahrs. Für den Widder ist es ein ewiger Frühling, eine ewige Aufforderung, die Macht des Winters zu brechen, eine ewige Mühe, neues Leben durch die gefrorene Erde zu treiben. Wie ungeduldig, unberechenbar und ungeschickt er auch ist, der Ritter in der schimmernden Rüstung macht es möglich, daß das Leben weitergeht, sich wandelt und wächst. Um das zu erreichen, muß er schon ein bißchen rauh, zwängend oder unsensibel sein. Aber vielleicht ist es in diesem nüchternen Zeitalter, in dem wir Ritter, Ritterlichkeit und die höfische Liebe vergessen haben, in dem wir gelernt haben, zu viele Kompromisse einzugehen, sehr vonnöten, der Stimme des Widders etwas aufmerksamer zu lauschen.

Die Schattenseiten

Weil ihre Wirklichkeit so stark durch die innere Vision einer mythischen Welt gefärbt ist, haben alle Feuerzeichen einen schweren, erdigen Schatten. Das trifft auch auf den Widder zu. Um den

Schatten des Widders zu beschreiben, kommt man mit zwei Wörtern aus: Trägheit und Kleinlichkeit.

Die Trägheit dürfte kaum auffallen, wo doch alles voller Eile und Ungeduld ist und die Rüstung nur mal im Vorbeigaloppieren aufblitzt. Es ist ein ungewöhnlicher Gedanke, daß der Widder faul sein könnte. Er ist auch nicht in dem Sinn faul, daß es ihm an physischer Energie oder an Dynamik fehlt. Aber er neigt dazu, ein Träumer zu sein, und bei all den schönen Vorstellungen von Rittertum und höfischer Liebe und dem Jagdruhm, sollte man eine andere Facette des mittelalterlichen Lebens nicht vergessen, die *noblesse.* Weil er bei der Rangordnung ganz oben steht, erwartet er, daß die, die unter ihm stehen, ihn erhalten.

Das steht in Verbindung mit einem geheimen Wunschtraum vieler Widder, dem nach dem reichen Gönner. Nun ist dieser Traum vom reichen Gönner nicht dasselbe wie die Liebe des Stiers zum materiellen Luxus oder die sanfte Passivität der Fische, die nach Unterstützung verlangt. Der Widder kann so intensiv an seinen Traum, sein Talent, seine messianische Sendung glauben, daß er von weniger Begabten die materiellen Mittel erwartet, um sein Ziel zu erreichen. Sogar Johanna von Orleans kam zum Schloß von Vaucouleurs und verlangte ein Pferd, eine Rüstung, einen Trupp Soldaten, einen Diener, einen Ritter und hübsche Kleider, um vor dem König bestehen zu können.

Diese Erwartung, daß andere die Schmutzarbeit erledigen und die finanziellen Mittel zur Verfügung stellen, ist bei vielen Widdern ein wirkliches Handikap. Sie ist auch der Grund, warum viele schöpferische, begabte, idealistische Widder trotz ihres großen Talents nichts erreichen. Sie warten immer noch auf den reichen Gönner und sind immer noch der Überzeugung, daß die Welt ihnen bei soviel Begabung das einfach schuldet. Kommt aber kein Gönner, können sie zornig und verärgert reagieren, als hätte das Leben sie betrogen. Der Widder hat nichts gegen Arbeit; er kann härter, hingebender und intensiver arbeiten als jedes andere Zeichen. Seine Arbeit muß ihm nur liegen. Und all der ärgerliche Alltagskleinkram sollte beseitigt sein, ehe er eintrifft. Mit so etwas mag er sich nicht abgeben.

Der Widder-Mann hat leider sehr oft diese Einstellung anderen Menschen gegenüber. Er geht ruppig mit Sekretärinnen, Dienern, Boten oder Ladenbesitzern um. Er ist ungeduldig, reizbar und ärgerlich, wenn etwas nicht sofort und perfekt erledigt wird. Die Tatsache, daß er total versagen würde, falls er es selber zu erledigen versuchte, spielt dabei keine Rolle. Er sollte es eben gar nicht erst versuchen müssen. Er ist etwas Besonderes. Er ist der Ritter. Ritter polieren nicht selbst die Rüstung oder füttern ihr Pferd. Dafür hat man Untergebene. Unser Ritter kann ziemlich voller Tadel sein, wenn man ihn zu Hause überrascht. Seine Höflichkeit, Tapferkeit und edlen Taten entschädigen zwar für vieles, aber sie tarnen auch, daß er gräßlich sein kann, wenn er auf seiner Rüstung einen Rostflecken entdeckt.

Damit kommen wir zur zweiten Schattenseite des Widders: Kleinlichkeit. Vielleicht wäre Pingeligkeit noch zutreffender. Es geht um den Rostfleck. Weil der Widder keine besonders gute Verbindung zur Erde hat, kann er sich fast zwanghaft darüber aufregen. Er zeigt dabei sogar Wesenszüge, die man sonst nur der Königin der Pingeligkeit, der Jungfrau, beimißt. Aber die Art des Widders ist anders als das eingefleischte Bedürfnis der Jungfrau nach Ordnung, Regel und Ritual. Der Widder verlangt nicht nach Ordnung. Ordnung ist ein Konzept, an dem er nicht interessiert ist. Seine Welt ist ganz von ihm ausgefüllt. Ordnung bedeutet aber das Einfügen vieler Teile in ein Ganzes. Für den Widder gibt es nur einen Teil – ihn –, und das Ganze besteht aus ihm und seinen Vorstellungen. Nein, der Widder ist auf andere Art pingelig. Was für ihn getan wird, muß perfekt sein. Fleckenlos, makellos, sofort. Das berühmte Widdertemperament kann rasend schnell ausbrechen, wenn etwas nicht richtig gemacht worden ist. Der Widder duldet keine schlampige Bedienung.

Das kann zu einem Kreuzzug führen. Wenn das Hemd aus der Wäscherei kommt und der Fleck immer noch am Kragen ist, setzt ein öffentlicher Feldzug ein, und es kommt zu vielen langen und gefühlsbeladenen Konfrontationen mit der Wäschereifirma. Wenn das Steak nicht durchgebraten ist und die Pommes frites zu weich sind, wird das Restaurant zum Ort der Belagerung, denn nun geht es ums Prinzip. Kleinste Anlässe können in diesem edlen Kopf zu gewaltigen Explosionen führen, weil dem Widder kleinste Anlässe immer als Symbole für große Ereignisse erscheinen. Er sieht eben alles symbolisch. Nichts ist ein Einzelfall oder ein Einzelereignis; alles steht in einem großen Zusammenhang. Darum ist der Fleck auf dem Hemdkragen ein Symptom für die Gleichgültigkeit, mit der die Menschen heute ihre Arbeit verrichten, und die Gummi-Pommes-frites stehen für die niedrigen Löhne und die schlechte Beschäftigungspolitik, die die Regierung betreibt, die er nicht mag. So geht es weiter, bis man sich wünscht, er möge zu einem Kreuzzug aufbrechen, um das Heilige Land zu erobern, und einen in Frieden lassen.

Dieser seltsame Zug des Widders ist äußerst verwirrend, weil er sonst in jeder Weise großzügig ist – er hat ein großes Herz, eine große Brieftasche und große Visionen. Aber über Kleinigkeiten kann er in Weißglut geraten. Es sind gewöhnlich Alltagsdinge, über die ein Erdzeichen lachend hinweggehen würde.

Dem Widder-Schatten könnte man raten: Mach dir nichts draus, nimm es leicht, denn auf der Welt gibt es auch noch andere Menschen, die wichtig sind. Der Widder, der seine schöpferischen Ideen aufspart wie ein Mädchen seine Jungfräulichkeit, wird vielleicht vom Leben traurig enttäuscht werden; denn der reiche Gönner existiert möglicherweise nur in seiner überhitzten Vorstellung. Vielleicht muß er selbst hinausziehen und den Lebensunterhalt verdienen, und das mit einer Arbeit, die gar nicht nach seinem Geschmack ist. Der Widder, der erwartet, daß alles sofort und einwandfrei für ihn erledigt wird, sollte erst einmal erkennen, daß andere Menschen andere Leben, andere Bedürfnisse und andere Träume haben und nicht nur an ihn denken. Im übrigen sind sie – genau wie er – auch nicht vollkommen. Der autoritäre Widder-Schatten muß ein wenig durch Geduld und Duldsamkeit aufgehellt werden. Mit ein bißchen Entspannung wiegt die ganze schwere Rüstung längst nicht mehr soviel. Und wenn man vor lauter Eile, sich dem Kreuzzug anzuschließen, das Pferd halb zu Tode prügelt, kann es einem nicht helfen, wenn man es am nötigsten braucht.

Der verliebte Widder ist natürlich genauso, wie man es erwarten darf. Seine Liebe ist eine höfische Liebe, und Ritter in schimmernder Rüstung lieben weder kleinlich noch halbherzig. Oft allerdings lieben sie das Idealbild und nicht die echte Prinzessin, die vielleicht verschwitzt und mit ein wenig Unbehagen dem blutigen Turnier zusieht, das ihr zu Ehren veranstaltet worden ist.

Für den Widder ist die halbe Freude an der Liebe das Umwerben. Für viele Widder bedeutet Liebe Verfolgung und nicht Stellen und Fangen des Wilds. Für ihn geht es um Jagd in jeder möglichen Form, nie um den Fangstoß. Wenn die Beute gemacht ist, ist sie uninteressant. Sie wird gegessen oder als Trophäe an die Wand gehängt. Der Jäger denkt vom Augenblick des Erfolgs an bereits an die nächste Jagd.

Manche Widder folgen in ihren Liebesbeziehungen diesem Muster ziemlich genau. Darum tut man manchmal gut daran, der ritterlichen Werbung des Widders etwas Widerstand entgegenzusetzen. Man muß die Spielregeln kennen. Höfische Liebe ist eine stilisierte, rituelle Form einer menschlichen Beziehung. Der schöne junge Ritter verliebt sich immer in die unerreichbare Dame. Die erreichbare gibt es in seinem Leben, selbstverständlich – vielleicht ist er sogar mit ihr verheiratet. Aber sie zählt nicht wirklich. Denn in Wahrheit liebt und bewundert er das, was er nicht haben kann.

Nun ist es aber nicht so, daß der Widder nicht zu Anhänglichkeit, Treue oder Dauerhaftigkeit fähig wäre; er neigt einfach dazu, etwas unruhig zu werden, .wenn die Beziehung konstant bleibt und ihm keinen Ansporn oder keine Konflikte bietet. Kennt man den Charakter des Widders, hat es den Anschein, als brauche dieses extrem maskuline Zeichen einen passiven, formbaren und unterwürfigen Partner – ob Mann oder Frau. Das stimmt nicht. Es kommt zwar oft vor, aber dann geht es um Probeläufe. Der Widder wird beständig, sobald er in einer Bindung lebt, die er nicht allein beherrschen kann. Unterwürfige Seelen sollten dies als Warnung beherzigen.

Der Widder ist gleich den beiden anderen Feuerzeichen, dem Löwen und dem Schützen, der geborene Romantiker. Die etwas prosaischeren Aspekte der Liebe interessieren ihn wenig. Sobald Dinge zur Routine werden, beginnt der Widder, ob männlich oder weiblich, müde zu gähnen. Nun erscheint es leicht als unerfüllbare Aufgabe, dem Widder-Partner immer neue Anregungen und Aufregungen zu bieten. Es geht auch gar nicht darum, daß der Partner diese Anregungen liefern muß. Er muß nur darauf achten, den Drang des Widders nach Spannung, Veränderung oder physischer und geistiger Herausforderung nicht zu lähmen. Und ein eigenes Leben und eigene Interessen zu haben, damit sein Widder nie das Gefühl bekommt, ihn mit Haut und Haaren zu besitzen. Denn dann beginnt der Verfall.

Langweilen wird man sich jedenfalls nicht, es sei denn, man gerät an einen jener völlig unterdrückten Widder, die alle Energie und Dynamik nach innen, gegen sich selbst gerichtet haben. Aber sogar der verletzte, introvertierte Widder ist nie ganz langweilig. Sogar seine Neurose ist noch interessant, wenn auch anstrengend. Wer also einen soliden, ausgeglichenen und zufriedenen Partner sucht, läßt die Finger lieber vom Widder. Ihm geht es nicht um Zufriedenheit, sondern um Forderung.

Der Widder-Mann

Der Widder-Mann ist der echte Ritter. Er ist aber auch der echte männliche Chauvinist, denn man muß schon mit einem Ziegelstein auf ihn einschlagen, um ihm klarzumachen, daß sein Beschützertum und seine ständige Einmischung unerwünscht sind. Und man müßte ihn buchstäblich umkrempeln, damit er merkt, daß andere sich auch selbst beschützen können.

Nun, es gibt viele Frauen, die gar nicht so großen Wert darauf legen, sich selbst zu schützen, oder aber sie sind klug genug, es so unauffällig zu tun, daß sie das recht anfällige Widder-Ego nicht verletzen. Es besteht kein Zweifel: Das Selbstgefühl des Widders ist dünn wie eine Eierschale. Er ist männlicher als männlich; er ist der Erfinder des *macho*-Manns. Oft meint er, den Schein wahren zu müssen, selbst wenn er sich gar nicht als Supermann fühlt. Auch Ritter werden müde und zänkisch, verletzt und verwundbar, aber davon erfährt man nie. Keine Rittersage berichtet von einem Helden, der einen Schnupfen hat und verhätschelt werden muß. Aus diesem Grund strapaziert sich der Widder-Mann oft über seine Kräfte, um zu beweisen, daß er der ideale Mann ist. Es hilft ihm viel, wenn er sich mal gehenläßt und erkennt, daß auch er nur menschlich ist. Aber dem Widder fällt es schwer, sich zur eigenen Menschlichkeit zu bekennen, weil er so verhaftet in einer mythischen Welt ist.

Er ist fähig, zwischen kaum zu übertreffenden und geradezu poetischen Gesten der Großzügigkeit und ziemlich grober Gefühlslosigkeit hin- und herzupendeln. Wenn er übellaunig ist, begreift er oft nicht, wie sehr er andere verletzen kann, die empfindsamer sind. Sitzt er auf seinem Steckenpferd, erwartet er von allen um ihn herum, daß sie bedingungslos an ihn und sein Ziel glauben und alle eigenen Pläne und Vorstellungen aufgeben. Wenn man aber an seine Träume glaubt, ist er ein unerschütterlicher Freund, der einen wirklich bis zum Grabe schützen und verteidigen wird.

Am meisten wird man bei einem Widder-Mann unter dem seltsamen Gefühl zu leiden haben, daß die von ihm angebetete Göttin, die von ihm bewunderte Prinzessin ein vage irisierendes Geschöpf hinter dem eigentlichen Selbst ist. Versucht man, ihm klarzumachen, daß es sich hier ja auch um einen Menschen und ein Einzelwesen handelt, wird er das oft nicht sehen können. Der Widder neigt dazu, Frauen zu idealisieren. Für ihn ist das Ewigweibliche eine Realität, die er empfindet und die er generell liebt und begehrt. Aber die individuellen Eigenschaften einer ganz bestimmten Frau fallen ihm nicht sehr auf. Im allgemeinen schätzt er Frauen, die er als feminin empfindet, und er hat einen Hang, sie zu typisieren, ebenso wie er dazu neigt, sich selbst in die Rolle des *macho*-Mannes zu typisieren. Es ist schwer, ihn so weit auf die Erde herunterzuholen, daß die Umrisse zweier Menschen sich vom mythischen Nebel abheben. Und manchmal – wenn er ein extremer Feuertyp ist – kann der Umriß des wirklichen Menschen ihn verstören und zu neuen Eroberungen aufbrechen lassen. Es ist leichter, die Idealgestalt als die wirkliche Frau zu lieben, denn mit der echten Frau muß man als Einzelwesen in Beziehung treten. Das heißt, man muß langsamer werden, sehen, nachdenken, fühlen und sich anpassen. Und der Widder ist für die Kunst des Anpassens nicht besonders begabt.

An Leidenschaft fehlt es dem Widder nie, auch nicht an Romantik. Er ist kein Mann für «einmal jeden Samstagabend um zehn Uhr». Der Widder kann ein Don Juan oder ein Casanova sein, bestimmt aber ist er kein Liebespartner für alle Tage. Seinen Hang zur Romantik muß man anerkennen und darauf eingehen. Zuviel Realismus löscht sein Feuer, und zuviel Routine lähmt sein Temperament.

Der Widder will Frauen hinreißen. Dabei kann es um physische Liebe, aber auch um subtile und intellektuelle Anziehung gehen. Er spielt gern Pygmalion, indem er ändert, neu erschafft, neue Gedanken eingibt und den Verstand anregt. Viele Widder-Männer denken gern, daß sie mit ungeformtem Ton beginnen und eine Göttin erschaffen. Pygmalion war zweifellos ein Widder. Für eine ausgeprägte Feministin kann das ärgerlich sein. Wenn man mit sich im Einklang lebt, sich nicht dauernd beweisen muß, kann es erheiternd, charmant, rührend, liebreizend – und immer noch ärgerlich sein. Die Schwierigkeit, der Gegenstand von Pygmalions Gestaltungsversuchen zu sein, liegt darin, daß er zufrieden ist, solange sein Geschöpf in der Form bleibt, die er ihm gegeben hat; entwickelt es aber eine andere Form und Eigenschaften, die nicht zu seinem Entwurf passen, kann er verletzt und beleidigt sein und sich sogar bedroht fühlen.

In Wahrheit ist der Widder ein sehr verwundbares Zeichen, wenn es um seine Beziehung zu Frauen geht. Andererseits aber hat der Widder-Mann eine herrliche Eigenschaft, die man gar nicht genug hervorheben kann: Er liebt den Wechsel, und dazu gehört auch, daß er sich selber verändern kann. Obwohl er manchmal zu Arroganz, Launenhaftigkeit und richtiger Gemeinheit fähig sein kann, ist er niemals selbstzufrieden. Wenn es ihm gelingt zu verstehen, daß eine Beziehung wächst, sich wandelt und der Einsicht und Aufmerksamkeit bedarf, wird er sich glücklich ihr Gedeihen zur Aufgabe machen. Geschieht dies, lernt man den Ritter in der schimmernden Rüstung nur von der allerbesten Seite kennen.

Die Widder-Frau

Es ist gar nicht so einfach, eine Widder-Frau in einer Welt zu sein, die die Jungfrau von Orleans verbrannt hat. Die Einstellung, die man zur Zeit der heiligen Johanna hatte, existiert auch heute noch. Was alle Welt über Johanna in Wallung brachte, waren nicht ihre Visionen, nicht ihr Charisma, ihr wilder Mythos, ihr Drama oder ihre seltsame Fähigkeit, Siege vorauszusagen; es war ihre Beharrlichkeit, Männerkleidung zu tragen. Jede überlieferte Aussage, die gegen sie gemacht wurde, erwähnt dies als schlimmstes Vergehen, als unverzeihlichste aller Sünden.

Die Widder-Frau, wie feminin sie sein mag, wie hingebungsvoll als Frau und Mutter, kommt auch nicht ohne Kreuzzug aus. Sie braucht Aufgaben und Ziele, die sie anfeuern und begeistern. Sie muß sich einer Sache verschreiben und einen Traum erfüllen. Sie kommt auch nicht ohne das Gefühl aus, etwas zu fördern, voranzutreiben und zu verändern, selbst wenn es um ein ganz kleines Projekt geht. Widder-Frauen haben eine natürliche Begabung für leitende Stellungen, für Führungspositionen, weil ihnen ihre Kraft, ihr Mut, ihre Gradlinigkeit und Überzeugung sowohl persönliche Ausstrahlung als auch Autorität verleihen. Sie sind aktiv. Man darf nicht von ihnen erwarten, daß sie vierundzwanzig Stunden lang still hinter einer Schreibmaschine sitzen oder in einer Küche Brot backen. In gewisser Hinsicht kommt erst die heutige Welt in die Lage, für die klar brennende Flamme der Widder-Frau einen Platz zu finden. Überkommene astrologische Deutungen haben immer ihre männlichen Eigenschaften hervorgehoben, als ob diese ihre Weiblichkeit minderten.

Natürlich ist die Widder-Frau nicht das Wesen, das die

Wunschträume der Liebhaber von Geishas wahrwerden läßt. Sie wird nicht sanft und unterwürfig sein und ein leeres Gefäß, das ein Mann mit all seinen Phantasien füllen kann. Heldenverehrung liegt ihr nicht, und sie wird kaum süß lächeln, wenn ihr Partner sich unleidlich aufführt. Es ist viel naheliegender, daß sie Widerworte gibt, schreit, einen Wutanfall bekommt, aus dem Haus rennt oder zuerst an die eigene Karriere denkt. Das ist für sie auch ganz richtig, denn ihr Zeichen ist temperamentvoll und hat unter den ihm auferlegten sozialen Zwängen leiden müssen.

Die Widder-Frau ist möglicherweise nicht besonders mütterlich. Ihre vom Mars beherrschte Energie braucht vielleicht andere Formen der Kreativität. Oft sind Widder-Frauen, die Kinder haben, sehr pflichtbewußt und fürsorglich, wenn auch im Wesen recht ungeduldig, und meist bessere Gefährten und Freunde, wenn die Kinder älter werden. Es fehlt ihnen die Ruhe und die Fähigkeit, den Lärm und das Durcheinander zu ertragen, die bei aller Liebe in den frühen Jahren der Kindheit mit dazugehören. Sie neigen auch dazu, ein Kind vorwärtszutreiben, wenn es sich in eine andere Richtung bewegt, als die Eltern es wünschen. Die Widder-Frauen als Mütter haben jedoch die wichtige Tugend, ihr Leben nicht durch die Kinder ausleben zu wollen. Das ist eine unschätzbare Gabe. Sie schont die Psyche des Kindes, so daß es sich selbst entwickeln kann.

Man könnte sagen – obwohl es natürlich Ausnahmen und große Unterschiede zwischen den einzelnen Widder-Typen gibt –, daß die Widder-Frau eine viel bessere Geliebte als Ehefrau ist. Der Grund ist, daß sie in ihren Beziehungen ein romantisches Element und Herausforderungen braucht. Außerdem ist sie manchmal leidenschaftlich unabhängig und zieht allzuoft einen leicht zu zähmenden Partner an, der nach einer Jungfrau von Orleans sucht.

Die Hauptschwierigkeit einer Beziehung mit einer Widder-Frau liegt in ihrem Konkurrenzverhalten. Sie kann in einem Mann nicht nur eine Herausforderung, sondern auch einen Rivalen in einem Wettbewerb sehen. Das Verlangen, um eine Nasenlänge vorn zu liegen, kann für eine Widder-Frau zu einem Problem werden; auch ihre naturgegebene Egozentrik kann ihr schwer zu schaffen machen. Sie ist bei der Widder-Frau nicht stärker ausgeprägt als beim Widder-Mann, aber es scheint, als wäre das männliche Ego in diesem Stadium unserer Entwicklung dem Angriff eines Widders weniger gut gewachsen als das weibliche, das immerhin einige tausend Jahre Erfahrung hat.

Die Widder-Frau neigt auch zum Versuch, die Ihren zu kommandieren und zu ändern. Diese Art der Einmischung ist für manche Menschen erheiternd, andere treibt sie jedoch zum Wahnsinn. Das hängt mit von den persönlichen Vorlieben und davon ab, ob man das verkraftet und in etwas Positives umwandeln kann. Besser ist es, dagegen anzukämpfen, denn die Widder-Frau hat Sinn für fairen Kampf, versteht jedoch keine raffinierten Gegenzüge, unterschwellige Abwehr oder versteckten seelischen Druck. Sehr oft ist die Widder-Frau wehrlos gegen verborgene Widerhaken und indirekte Feindseligkeit. Darum sind häufig ihre Freundschaften mit Männern besser als die mit Frauen. Es ist typisch für sie, daß sie die Gesellschaft von Männern vorzieht. Zum Teil liegt es daran, daß sie besonders unfähig ist, mit den kleinen Sticheleien, versteckten Eifersüchteleien und Einmischungen fertig zu werden, die zur Schattenseite der Frauenfreundschaften gehören. Zum Teil aber liegt es an dem für sie immer vorhandenen Funken der Herausforderung und des Flirts.

Diese Frau ist edel und hat einen edlen Geist. Aber aus all den erwähnten Gründen kann es ungeheuer schwer sein, mit ihr zu leben und eine Beziehung zu ihr aufzubauen. Im Gegensatz zur Löwe-Frau, die die Rolle der Königin vorzieht, oder der Schütze-Frau, die gern eine Hetäre spielen möchte, ist die Widder-Frau loyal bis auf die Knochen. Sie wird für die, die sie liebt, kämpfen, sich aufopfern, für sie arbeiten, an sie glauben und sie anfeuern. Sie ist fähig, Seite an Seite mit ihnen auf dem Schlachtfeld zu stehen und dennoch eine Frau zu bleiben. Männer mit zerbrechlichem Ego, das aufgepäppelt werden muß, sollten sich von ihr fernhalten. Männer, denen es widerstrebt, einer starken Frau Bewunderung und Respekt zu zollen, brauchen ein anderes Zeichen. Aber es entgeht ihnen viel.

Der Löwe

Beschützer der Schwachen

In den Astrologiespalten der Zeitungen wird der Löwe sehr emsig als König der Tiere und der Größte von allen porträtiert. Schließlich wird er von der *Sonne* beherrscht, dem Großen Licht, wie sie in der mittelalterlichen Astrologie genannt wurde. So gibt es also das traditionelle Bild des Löwen: fliegende Mähne, Zuversicht und Sonnenschein ausstrahlend, bereit, jeden Feind niederzuzwingen und ihn zu überflügeln, sich selbst, das Leben und den Applaus der Menge liebend. Die meisten Löwen geben sich die größte Mühe, dieses Bild zu kultivieren. Sie sind die letzten, die erzählen werden, daß das Zeichen in Wirklichkeit ganz anders ist. Das ist aber tatsächlich der Fall.

Unter einem bestimmten Zeichen geboren zu sein oder seinen Aszendenten und viele Planeten in ihm zu haben, zeigt einem nicht automatisch, daß man auch so *ist,* daß man all diese Eigenschaften besitzt, voll vergrößert und fertig zur Ausstellung im Schaufenster. Es bedeutet lediglich, daß einem ein Vorrat von Möglichkeiten angeboren ist, etwas, das man erstreben soll. Man wächst in sein Horoskop hinein wie ein Samen, der sich zur Pflanze entwickelt. Die Sterne entsprechen uns, reflektieren uns, stehen in Beziehung zu uns; aber sie formen nicht unser Schicksal.

Jemand, der viel vom Löwen in seinem Horoskop hat, muß

nicht unbedingt zuversichtlich, strahlend, egozentrisch, schöpferisch und selbstsicher sein. Er kann auch danach streben, Zuversicht zu entwickeln, danach trachten, sein Wesen auf seine Umgebung ausstrahlen zu lassen, versuchen, sich selbst zu entdekken und seine Kreativität auszudrücken. Und weil ihm diese Ziele wahrscheinlich ungeheuer wichtig sind, wird er viel Zeit und Energie darauf verwenden, sie zu erreichen. Aber ein zuversichtlicher Löwe? Wohl kaum. Gerade das Gegenteil ist der Fall, und darum braucht er auch soviel Zeit, um über sich nachzudenken.

Der Löwe ist ein Feuerzeichen. Das Element des Feuers befaßt sich vor allem mit der Entdeckung und Erfüllung zukünftiger Möglichkeiten. Beim Widder haben diese Möglichkeiten mit Handeln, mit Führung und mit Herausforderung zu tun, beim Löwen mit der Erfüllung seines eigenen, eigenartigen Mythos. Mehr als die beiden anderen Feuerzeichen liebt er es, aus sich selbst einen Mythos zu machen. Er ist so idealistisch, daß er einen zum Weinen bringen kann. Sogar der Löwe, der sich in den Mantel des Zynismus hüllt, ist im Herzen ein Romantiker. Und der eigene Idealismus bringt den Löwen selbst zum Weinen, denn er neigt dazu – da er von Natur aus ziemlich starr ist –, auch in seinen Gewohnheiten und Denkweisen etwas stur zu sein. In anderen Worten: Der Löwe macht sich gern ein Bild vom Leben, und dieses Bild ist meist von Zauber und Romantik gefärbt. Es braucht viel, ihn zu überzeugen, daß das Leben nicht das Märchen ist, das er sich ausgedacht hat und in dem die Schurken stets erkennbar und absolut böse und die Helden stets erkennbar und absolut gut sind, in dem immer der Held gewinnt und der Schurke verliert und die schöne, gerettete Prinzessin gebührend dankbar und hingebungsvoll ist. Manchmal, sehr zum Kummer des Löwen, haben die Helden und Schurken sanfte Grautöne und sind nicht leicht zu unterscheiden. Der Löwe sieht die Dinge schwarz oder weiß. In dieses Schema passen die Vielfältigkeiten und Schwierigkeiten der menschlichen Natur nur sehr schlecht. Auch die schönen Prinzessinnen haben, besonders in jüngster Zeit, die häßliche Angewohnheit, gar nicht gern gerettet werden zu wollen, weil sie gerade lernen, es selbst zu tun. Was soll der arme Löwe machen? Auf der Ebene des wirklichen Lebens erleidet er einen Schock nach dem anderen. Wie auch bei den beiden anderen Feuerzeichen muß seine Intuition Überstunden machen und ihm alles über die schöpferischen Möglichkeiten erzählen, aus denen heraus er seinen Mythos als Held, Schöpfer, Erhalter und Beschützer der Schwachen ausleben kann. Heutzutage ist dies eine verdammt schwer zu spielende Rolle, da die Menschen so wenig empfänglich dafür sind. Darum gibt es Zusammenstöße zwischen dem Löwen und einigen Aspekten des Lebens, die ihm gar nicht gut gefallen. Wenn er aber an seiner inneren Vorstellung von sich selbst festhalten kann und die Forderung aufgibt, daß der Rest der Welt sich seinen Idealen anpaßt, mag ihm eines Tages aufgehen, daß er wirklich der Held ist, der sich selbst sucht, und daß die in ihm blühende Liebe zum Leben nicht verschwendet ist, nur weil er sich gelegentlich der Wirklichkeit ein wenig anpassen muß.

Diese Tendenz, am Ideal festzuhalten und verwirrt zu werden, wenn es nicht der Wirklichkeit entspricht, zeigt sich am deutlichsten bei den Beziehungen des Löwen. Im Beruf, in der Liebe, in der Familie und unter Freunden reagiert er ständig fassungslos auf die Kleinlichkeit, Zwiespältigkeit, Eifersucht und generelle Bösartigkeit, mit denen die menschliche Psyche so reichlich ausgestattet ist. Nicht, daß er diese Eigenschaften nicht auch besäße. Aber normalerweise wird der Löwe sich jede Mühe geben, im Umgang mit anderen ehrenhaft aufzutreten. Das entspricht seinem ritterlichen Moralbegriff. Er ist ein lebender Anachronismus. Treue ist dem Löwen furchtbar wichtig, genau wie die Ehre – ein Wort, dessen Bedeutung auf den heutigen Märkten ziemlich angeschmutzt ist. Es ist gut zu verstehen, warum der Löwe so oft einen verletzten, desillusionierten Ausdruck auf seiner edlen Miene zur Schau trägt.

In der großen, weiten, farbenprächtigen Welt, in der der Löwe lebt, wird das Eindringen des Kleinen und Banalen nicht gern gesehen. Er malt sein Bild mit breiten, ungehemmten Pinselstrichen. Wo immer eine neue originelle Idee gebraucht wird, wo

Einfluß ausgeübt und eine neue schöpferische Möglichkeit vorausgesehen werden muß, wird man den Löwen antreffen. Manche Löwen geraten dabei allerdings in seltsame Extreme. Überall aber, wo es heißt, etwas sei unmachbar, wird ein Löwe auftauchen, der entschlossen ist, es zu machen.

Der Ärger mit all diesen großen, kühnen und farbigen Pinselstrichen auf der Leinwand des Lebens ist, daß jemand die Pinsel säubern und die Farbdosen auswaschen muß. Nicht nur hinterher, sondern auch während der Arbeit. Der Löwe wird es bestimmt nicht sein, denn er fühlt sich gefangen und unglücklich, wenn er sich mit dem Kleinkram des Alltags auseinandersetzen muß. In Heldensagen trifft man selten einen Helden an, der über den Einkauf von Mundwasser nachdenkt, damit er der Prinzessin angenehm ist. Solche Einzelheiten gehören nicht in die Welt der Sagen. Wer hätte je gehört, daß König Artus im Warenhaus einkaufte, um ein Sonderangebot verbilligter Kettenhemden auszunützen?

Der Löwe ist extravagant. Seine Extravaganz entstammt zwei Quellen. Erstens liebt er es, wenn alles Qualität hat, schön, luxuriös und dazu ausgefallen und stilvoll ist; zweitens gibt er sich nicht damit ab, auch noch nachzuprüfen, ob er genügend Geld auf dem Konto hat. Der Löwe schätzt es nicht, sich anpassen zu müssen, und er haßt Einschränkungen. Wenn er etwas haben möchte, meint er, es stünde ihm auch zu. Sparen? Ein Haushaltsplan? So was Albernes. Irgendwie wird es schon gehen. Die Intuition verhilft dem Löwen zu einem uferlosen Optimismus. Muß er stempeln gehen, wird er alle Gedanken in die ferne Zukunft richten, in der er wieder ganz oben ist. In der Zwischenzeit aber – und das ist die Schwierigkeit – muß sich oft ein anderer um seine Probleme kümmern. Man könnte sagen, daß der Löwe sich so aufführt, als brauche er rund um die Uhr ein Sekretariat und eine Hauptbuchhaltung. Es ist gut möglich, daß der erfolgreiche Löwe genau darüber verfügt. Für ihn ist das Leben dann wirklich ein Märchen, denn er kann seinen Phantasien nachgehen, wie es ihm gefällt. Für den Löwen mit beschränkten Mitteln aber kann das Leben zur Hölle werden. Oder er macht es seinem Partner zur

Hölle, denn der muß ihn erinnern, daß er einen Termin beim Arzt hat, die Stromrechnung noch nicht bezahlt ist, die Anzüge in die Reinigung müssen und so weiter. Löwen machen ganz unbewußt den Eindruck, daß sie erwarten, versorgt zu werden und jemand zu haben, der hinter ihnen herräumt, weil sie mit so viel wichtigeren Dingen befaßt sind.

Der Löwe als Feuerzeichen wird oft von Erdzeichen-Partnern angezogen, die die Stabilität und den Realismus zu bieten scheinen, die er zur Vervollkommnung seiner großen Träume braucht. Aber die Klagen dieser erdverhafteten Partner sind groß! Wie kommt der Löwe zu der Vorstellung, er hätte Wichtigeres zu tun und könnte die anderen immer mit der Dreckarbeit sitzenlassen? Es geht nicht um absichtliche Herrschsucht. Wenn man einem Löwen sagt, daß er sich schlecht benimmt, wird er meist zugleich erstaunt und verletzt sein. Er behandelt die Menschen nicht absichtlich wie eine Horde von Hofschranzen. Aber seine Gedanken richten sich so oft in die Zukunft oder in seine visionäre Traumwelt oder auf das große Ziel, daß er einfach nicht merkt, welche Schwierigkeiten er anderen bereitet. Seine Talente aber sind oft so überragend, daß die anderen ihm vieles durchgehen lassen. Wenigstens eine Zeitlang.

Dies steht mit einer weiteren merkwürdigen Facette der Psychologie des Löwen in Verbindung. Weil er in einer etwas dramatisierten Welt lebt, kann er sich oft nicht mit der Tatsache abfinden, daß die äußere Welt sich nicht ebenso wie seine innere Welt allein um ihn dreht. Darum fällt es ihm schwer zu erkennen, daß das Leben auch ohne ihn weitergeht. Er muß sich selbst für wichtig halten und versucht daher oft, dieses Selbstgefühl dadurch zu finden, daß er für andere wichtig ist. Wenn man ihn nicht bemerkt, verletzt ihn das. Objektivität ist nicht die Stärke des Löwen.

Löwen werden gern von anderen kopiert, weil sie häufig Stil und Charisma haben und weil es für andere so aussehen muß, als ob man mit ein wenig Aufwertung der eigenen Persönlichkeit enorm weit käme.

Für den Löwen ist nichts wichtiger als seine eigene Welt. Es schmerzt ihn und es fällt ihm schwer, über seine eigenen Grenzen hinauszugehen und zu verstehen, daß andere Menschen wirklich anders sind, anders denken und fühlen und – was das wichtigste ist – das Recht haben, anders zu sein. Im Herzen ist der Löwe das Götterkind des Tierkreises. Für ein Kind ist die Welt eine geheimnisvolle und aufregende Verlängerung des eigenen Selbst. Daß die Sonne scheint, daß es regnet, geschieht nur um seinetwillen, und Glück und Unglück stehen in persönlicher Beziehung zu einem Himmel, der belohnt oder bestraft, und sind nicht Ergebnisse eigenen Verhaltens oder reine Zufälligkeiten.

Löwe-Männern und Löwe-Frauen fällt es schwer, die Bühne mit jemandem zu teilen, denn das bedeutet ein Schmälern der Möglichkeiten zum eigenen schöpferischen Ausdruck. Es bedeutet auch eine Begrenzung, denn sie müssen sich an die Bedürfnisse und Gefühle eines anderen anpassen. Darum findet der Löwe oft ganz offene oder auch verborgene Wege – und es gibt viele getarnte Löwen, die gar nicht wie Löwen aussehen, ihrem Zeichen aber ebenso treu sind wie ihre strahlenden Brüder –, das aufgegebene Terrain zurückzuerobern. Ängstliche und heimlich nachtragende Menschen halten sich vom Löwen besser fern. Feuerzeichen sind nicht gerade für ihr Gespür für die Gefühle ihrer Mitmenschen berühmt; sie erfassen auch nicht durch Gedankenübertragung, was andere brauchen. Der Löwe kann unwissentlich auf den Gefühlen anderer herumtrampeln, ohne es überhaupt zu merken, einfach nur, weil er so sehr in die eigenen Vorstellungen verstrickt ist. Wer also selber ein wenig Platz auf der Lebensbühne für sich beansprucht, muß das laut sagen. Wer aber die zehn vergangenen Jahre in duldsamer Unterwürfigkeit verbracht hat und ein Magengeschwür oder Migräneanfälle hat, weil er vor Wut über den gefühllosen Löwen innerlich kocht, muß sich selbst die Schuld geben.

Obwohl er gern vor anderen paradiert und seine Eleganz vorführt, hat der Löwe entsetzliche Angst davor, ungeliebt, mittelmäßig, nicht anerkannt und unbemerkt zu sein. Und sein Stolz wird ihm meist nicht erlauben, es zuzugeben. Es ist manchmal schwer verständlich, daß diese prachtvollen und immer individualistischen Menschen nicht so extravertiert sind, wie sie wirken. Der Löwe ist oft scheu und sehr introvertiert, hängt aber so leidenschaftlich an der Liebe und Anerkennung anderer, daß er praktisch zu allem bereit ist, um ihren Beifall zu erringen. Dies ist ein Identitätsproblem. Die wichtigste Lebensaufgabe des Löwen ist, herauszufinden, wer er ist, warum er lebt und warum er er selber ist. Für ihn ist dies eine lebenslange Herausforderung. Wenn er die nötige Selbstachtung nicht in seinem eigenen Wesen findet, wird er sie wie Rauschgift von seiner Umwelt erbetteln.

Seine eigentliche Reise aber geht nach innen, zu den Quellen seines Daseins. Im Herzen ist der Löwe ein religiöses Zeichen, wenn man das Wort nach seiner ursprünglichen Bedeutung gebraucht: Wiederverbinden. Das ist das Geheimnis seines intensiven Verlangens, etwas zu erschaffen, das sein inneres Wesen widerspiegelt – sei es eine Gesellschaft, ein Buch, ein Gemälde, eine politische Bewegung, eine Fluggesellschaft, ein wissenschaftlicher Erfolg, ein Imperium oder eine Fotografie. Im Schöpfungsvorgang findet er seine Selbstbestätigung. Der Löwe, der sich bemüht, dem Rat und der Belehrung anderer zu folgen, ist eine Katastrophe. Ein Leben der Gefolgschaft läßt ihn an Herzkrankheit und Frustration sterben. Er muß etwas erschaffen können, das ganz und ausschließlich sein Werk ist, wie klein es auch sei.

Von anderen erwartet der Löwe dieselbe Vornehmheit, nach der er selbst strebt. Er kann sowohl bei anderen als auch bei sich selbst ein unerträglicher Perfektionist sein. Das Beste ist nicht gut genug. Wer seine Träume zerstört, bereitet ihm Schmerz, aber nur der Schmerz kann ihn aus seinem Stolz und seiner Selbstgefälligkeit aufrütteln. Er hat das Herz eines edlen Ritters, aber er braucht Realismus und Lebensweisheit und vor allem den Humor, um über sich und seine Schwächen lachen zu können. In den Sagen und Märchen sind die Helden nicht komisch. Diese Rolle bleibt dem Hofnarren überlassen. Wenn der Löwe lernt, selbst den Narren zu spielen und über sich zu lachen, zeigt sich seine wahre Vornehmheit. Außerdem ist es wichtig, daß er Anpassungsfähigkeit lernt, denn von Natur aus hat er das selten. Am wichtigsten ist, daß er an sich glaubt, an das, was ihm wichtig ist, was er werden möchte. Der Löwe ist das menschlichste, das edelste und das tragischste – im Sinne der Antike – aller Zeichen. Sein Zeichen ist der Inbegriff des Menschen, dieser verwirrten Kreatur, die halb Tier und halb Gott ist und bis heute weder die eigenen Ursprünge noch die Tatsache erkannt hat, daß die Erde noch von anderen menschlichen Wesen bevölkert ist, die anders als er sind. Der Löwe, der dies lernt, ist wirklich der Held.

Seltsamerweise ist der Löwe oft vaterlos oder hat eine schwierige Beziehung zu seinem Vater. Es scheint, als verlange die tiefere Bedeutung, der dieses Zeichen unterliegt, eine Art Suche nach dem wahren Vater, dem inneren Selbst oder dem geistigen Kern. Auch der Ruf, das Sichere und Vertraute um einer gefährlichen, aber glänzenden Zukunft willen zu verlassen, ist für den Löwen charakteristisch. Oft rebelliert er gegen die Autorität oder die soziale Struktur, wenn er zu neuen Taten aufbricht. Wo man den Löwen auch antrifft, immer richtet er den Blick darauf, größer und besser zu werden. Immer winkt ihm etwas, das anziehender ist als der Ort, an dem er gerade verweilt.

Die Suche des Löwen ist die Suche nach sich selbst. Wer bin ich? Welchen Sinn hat mein Leben? Wieso bin ich anders als die anderen? Es ist ein stark introvertiertes und tiefempfundenes Streben. Viele Löwen sind sich keineswegs klar darüber, daß sie diesen Weg beschreiten, aber sie folgen ihm dennoch. Der großspurige Löwe der alten Auslegung ist gewöhnlich ein sehr junger Löwe, der noch nicht geweckt ist, oder ein älterer Löwe, der sich auf der Suche nach dem Gral verirrt hat und nicht den Mut besitzt, es noch einmal zu versuchen. Darum sucht er seine Identität bei seinem Publikum. Aber der Löwe ist nicht der große Schauspieler des Tierkreises. Diese Rolle steht dem Schützen zu, dessen ausschweifender Beherrscher Jupiter ein viel besserer dramatischer Laienspieler ist. Der Weg des Löwen führt ins Innere, obwohl die Früchte seiner schöpferischen Suche oft zu Produkten werden, die die Welt sieht und anerkennt. Aber der schöpferische Vorgang als solcher hat in Wirklichkeit nichts mit Publikum zu tun. Er betrifft nur den Löwen selbst. Die Entdeckung, daß ein

Anderes, ein Etwas in ihm selbst ihm über das Medium seines Geistes und seiner Hände schöpferische Ideen und Vorstellungen vermittelt, ist für den Löwen wichtiger als alles andere.

Die Neigung des Löwen zur Egozentrik kann andere Zeichen irritieren. Sie muß aber als das gesehen werden, was sie ist: als starker Drang zur Selbsterkenntnis. Auch der Löwe sollte das wissen, denn sonst kann er in den Fehler verfallen, anzunehmen, daß sein «ich» das einzige Objekt des ganzen Energieaufwandes ist. Dann wird er wirklich unleidlich. Er kann sich aufblähen und glauben, das herrlichste Geschöpf auf Erden und der Auserwählte Gottes zu sein, dem jedermann Gehorsam schuldet. Wenn der Löwe aber begreift, daß das Andere nicht er ist, sondern seine innere Quelle, dann hat er wahrhaft die Vision vom Heiligen Gral und wird zu einem Licht, das das Leben anderer erleuchtet und zwar nicht durch das, was er tut, sondern durch das, was er ist – der wahre Held, der das Ziel seines Wegs gefunden hat.

Die Schattenseiten

Der Schatten des Löwen ist wahrscheinlich einer der bekanntesten aus dem Tierkreis, denn nichts, was der Löwe tut, ist klein oder unauffällig. Alles ist bei ihm überlebensgroß. Das umfaßt auch seine Schattenseiten. Nennen wir es mal das «Ich-der-König-Syndrom». Bei einem König erübrigen sich Debatten, Argumente, Verhandlungen. Es wird gehorcht.

Die Schattenseiten des Löwen sind vielfältig. Eine davon ist gelegentlich hinter seiner Großmut erkennbar. Manchmal ist die Großmut echt, und niemand auf der Welt kann so großmütig und freigebig sein wie der Löwe. Wenn sich aber der Schatten verschiebt, leidet die Echtheit. Es steckt eine Absicht dahinter. Der Löwe liebt es, gebraucht zu werden; er liebt das Gefühl, daß Menschen von ihm abhängig sind. Manchmal vergißt er, daß es ebenso wichtig ist, einen Menschen zu ermutigen, er selbst zu sein, wie immer nur zu geben. Manchmal ist es noch wichtiger, ein Geschenk annehmen zu können. Der Löwe gibt und gibt, will aber nicht nehmen, weil dann der andere auf derselben Ebene steht wie er und damit das Verpflichtetsein wegfällt.

Manchmal umgibt sich der Löwe auch mit schöpferischen Menschen, um selbst um so besser glänzen zu können. Das geschieht, wenn der Löwe nicht tun kann, was er gern tut, wenn ihm die Gelegenheit fehlt, sich selbst zu erschaffen. Dann aber schenkt er ihnen nicht die verdiente Anerkennung und übernimmt manchmal – unbewußt – ihre Ideen als die seinen. Möglicherweise spielt er die Tatsache gegen sie aus, daß er ihnen überhaupt erst die Chance gegeben hat; er erlaubt ihnen nie, ihr eigenes Licht leuchten zu lassen. Protestieren die anderen aber, dann fällt es ihm mit all seinem Charme sehr leicht, ihnen Schuldbewußtsein einzuflößen und sie undankbar erscheinen zu lassen, wo er doch so großzügig und duldsam war. Mit einem Löwen in dieser Stimmung ist der Umgang mehr als schwierig, denn es ist seine eigene Unsicherheit, die ihn so handeln läßt. Man weiß, daß man ausgenützt worden ist, kann es aber nicht beweisen. Nützen einen der Steinbock, die Jungfrau oder die Waage aus, weiß man genau wie und auf welche Weise. Der Löwe hingegen ist gewöhnlich so freigebig und großzügig, daß einem einfach keine Situation einfällt, auf die man ihn festnageln könnte. Also hängt er sich an einen, flößt einem Wohlbehagen ein, weil man ihm geholfen hat, und dann macht sich der Schatten des Löwen breit und raubt einem nach und nach alle Ideen und gibt sie als seine eigenen aus.

Dies ist ein ziemlich düsterer Schatten. Aber der Löwe hat für alles große Gesten, und seine Vornehmheit ist ebenfalls groß. Wenn der Löwe glänzt, überstrahlt er alle anderen. Wenn er im Schatten steht, ist er schwärzer als jeder andere. Die Wurzel dieses Schattens ist seine «Ich-der-König»-Psychologie. Für den Löwen sind die anderen Menschen in seinem Leben so etwas wie die Verlängerung des eigenen Selbst. Er glaubt ehrlich, ihre schöpferische Begabung und ihre Ideen gehörten ihm und er hätte das Recht, sich ihrer zu bedienen, weil ihm das Universum gehört und er der König ist. Es geht um Unsensibilität und die mangelnde Anerkennung der Individualität anderer. Schuld daran ist seine Selbstversenkung ins eigene Ich. Wenn der Schatten am Werk ist, vergessen manche Löwen, Leistungen anderer anzuerkennen, oder sie geizen mit Lob und Ermutigung. Der König und Vater Löwe hält die Menschen, die er liebt, häufig für seine Kinder. Unglücklicherweise rebellieren die Kinder gegen diese Herrschaft, und dann meint der Löwe, daß ihm Unrecht geschehen ist, und teilt es der Welt mit.

Dies ist einer der Gründe, warum es für den Löwen so wichtig ist, eigene schöpferische Möglichkeiten zu finden. Er braucht Anerkennung für die eigenen Fähigkeiten und sollte darum viel Zeit und Energie dafür aufwenden, etwas zu schaffen, das sie verdient. Der Löwe, der nichts Eigenes vollbracht hat, wird oft verbittert und eifersüchtig, und dann sieht man den Schatten deutlich. Er wird versuchen, jedem, der in der Nähe ist, die Schau zu stehlen, und vergißt, daß er im Mittelpunkt sein könnte, wenn er härter gearbeitet hätte.

Es gibt andere Formen der Schattenseiten. Eine davon ist: «Ich weiß, was für dich am besten ist.» Sie trifft auf viele sonst sehr warmherzige und ehrenhafte Löwen zu. Sie meinen es gut. Ihr Rat ist hilfreich, sie geben ihn gern und opfern viel Zeit und Mühe, anderen beizustehen. Der Ärger ist, daß man sie vielleicht gar nicht darum gebeten hat. Der Löwe ist berühmt dafür, daß er sich gern überall einmischt. Das kann einem auf die Nerven gehen, besonders dann, wenn er ungebeten das Leben anderer in Ordnung bringen will und dann zutiefst verletzt ist, wenn man seinen Rat ablehnt. Der Löwe braucht es, gebraucht zu werden. Weil aber sein Mythos die Heldensage ist, braucht er es noch mehr, daß man zu ihm als Retter aufblickt. Wie soll er ein Held sein, wenn er niemand retten kann? Und wenn man sich wehrt – weil man vielleicht gar keine Rettung braucht oder sich selbst helfen könnte –, dann gibt er dem anderen die Schuld, weil er undankbar und unempfänglich ist.

Eine dritte Variante des Schattens ist das «Ich-weiß-alles»-Syndrom. Der damit behaftete Löwe bringt es nicht fertig, zuzugeben, daß er etwas nicht kann oder nicht weiß. Hier gibt es eine leichte Ähnlichkeit mit dem Jungfrau-Schatten, der auch ein Alleswisser ist. Aber die Motivation ist anders. Die Jungfrau *muß* alles wissen, weil ihr alles Unbekannte entsetzliche Angst macht. Der Löwe *will* wissen, weil er doch der König sein muß. Selbst wenn das, was er sagt, völlig absurd ist und von Unwissenheit strotzt, wird er sich nicht zurückhalten.

Wie kann der Löwe seinen Schatten bekämpfen? Am meisten hilft es, wenn er sich sehr, sehr genau kennt. Es fällt ihm äußerst schwer zu erkennen, was andere Menschen brauchen, weil er so viel als selbstverständlich voraussetzt. Der Löwe ist kein Zeichen der Beziehung wie der Krebs, die Waage oder die Fische. Darum muß er sich jede Mühe geben, zu erkennen, wie sich sein Verhalten auf andere auswirkt, und er muß ihnen ihre Unabhängigkeit lassen und ihnen Achtung zollen, will er nicht Freunde und geliebte Menschen verlieren und zu Feinden und Gegenspielern machen. Für den Löwen, der es so nötig hat, geliebt zu werden, ist Feindschaft eine Qual. Der Löwe ist von Natur aus grundanständig, nur sein Schatten benimmt sich manchmal wie ein Bulle und trampelt unnötig auf Willen und Wünschen anderer herum. Wenn ihm keine Zeit für die eigene Kreativität bleibt, gerät er in Gefahr, sie anderen zu rauben. Es ist keine leichte Aufgabe für ihn, sich selbst zu erkennen, aber sie ist es wert, gelöst zu werden, und entspricht dem wahrhaft vornehmen Wesen, das der Grundzug des Löwen ist.

Der Löwe als Partner

Die Liebe ist für den Löwen wie jede andere Lebenserfahrung etwas Mythisches, etwas, das voll ausgespielt werden muß. Auch die Liebe muß groß, kühn, augenfällig und dramatisch sein. Ein bißchen Zuneigung paßt nicht zum Stil des Löwen. Er liebt es, verliebt zu sein, und er liebt es, den Liebenden zu spielen. Sein Partner wird vermutlich etwas erleben, was er nie zuvor erlebt hat.

Zuerst einmal hat der Löwe die magische Begabung für die genau richtige, großartige Geste. Er ist ein Romantiker, und er ist großzügig. Er zeigt seine Liebe, indem er den Partner mit Geschenken überhäuft. Diese Geschenke sind alles andere als die üblichen Pralinenschachteln. Höchstwahrscheinlich sind sie teuer, exotisch und schwer zu bekommen. Fast immer geht es um Dinge, die gezeigt werden sollen, damit auch andere sie bewundern können. Ein Löwe, der sich viel Mühe gemacht hat, etwas zu schenken, kann am Boden zerstört und erniedrigt sein, wenn das Geschenk nicht mit der gebührenden Begeisterung aufgenommen wird. Der Löwe ist ein besserer Geber als Empfänger. Er schenkt gern, aber er gibt seine Gaben nicht spontan; er ist sich ihrer bewußt und will dafür Dank einheimsen.

Die Ideen des Löwen von der Liebe sind völlig anders als die der Waage, dem anderen Zeichen, bei dem es sich am meisten um Liebe und Beziehungen dreht. Für die Waage ist Liebe eine Wechselbeziehung, eine Zweisamkeit, die Begegnung zweier verschiedener Wesen. Für den Löwen ist sie ein schöpferischer Akt, und er ist die Sonne im Mittelpunkt. Manchmal könnte man das Gefühl bekommen, daß der Löwe mitten in seiner Liebesgeschichte so verliebt in sein Verliebtsein ist und das liebreizende Bild seiner Liebe so sehr liebt, daß er das Liebesobjekt irgendwie aus den Augen verloren hat. Bei Liebesgeschichten ist das ein sehr typisches Problem des Löwen. Der Partner hat das Gefühl, gar nicht richtig dazuzugehören, es sei denn, er ist einer der Menschen mit der Begabung, mühelos in die Märchenwelt ein- und aussteigen zu können.

Abgesehen von diesem Problem, ist der Löwe der ideale Liebende. Ob Mann oder Frau, die Gabe, aus der Liebe etwas Magisches und Besonderes zu machen, ist eine der speziellen Eigenschaften des Löwen. Er vermittelt das Gefühl, daß zum erstenmal auf der Welt jemand verliebt ist. Er liebt stilvoll und rückhaltlos, und er ist von Natur aus treu. Denn obwohl eitel und gern vom anderen Geschlecht bewundert, ist er vom Wesen her ein beständiger Partner und hat die idealistische Vorstellung, daß Liebe beständig sein muß. Wenn er liebt, wird er Berge versetzen. (Wenn er nicht liebt, wird er häufig den anderen ausnützen.)

Für all seine Loyalität braucht er natürlich eine Gegengabe. Vor allem die Loyalität des Partners. Der Löwe und die Löwin sind eifersüchtige Katzen, die keine geringeren Nebenbuhler um die Gunst des Erwählten dulden. Jeder Löwe kann sehr deutlich und ziemlich grob die Konkurrenz beleidigen und aus dem Feld schlagen. In vieler Hinsicht erfreut ihn der Wettbewerb, wenn er auf sicherem Boden ist, denn diese Art des ritterlichen Kampfes paßt zu seinem Image. Nicht ertragen kann er Verrat, der ihn schwer verwundet und den er nur selten vergeben wird. Der Löwe hat ein naives Herz und einen hochfliegenden Idealismus. Verratenes Vertrauen ist für ihn etwas ganz Furchtbares. Wo der Steinbock damit rechnet und der Skorpion mit diesem steten Verdacht lebt, kann der Löwe einfach nicht daran glauben. Er wird selten nach dem wahren Warum suchen. Für ihn ist es eine Todsünde, eine schwerere kann man nicht begehen.

Der Löwe erwartet nicht nur Loyalität und Treue. Löwe und Löwin erwarten ebenfalls, wie ein König oder eine Königin behandelt zu werden. Das ist jedoch ein zweischneidiges Schwert. Einerseits kann der Löwe so liebenswert sein, daß man ihn sowieso königlich behandelt. Andererseits kann diese «Ich-der-König»-Routine ein bißchen ärgerlich werden, weil sie doppelte Maßstäbe anlegt. Der Löwe neigt nun mal dazu, mit doppelter Moral zu operieren. Was kann er dafür, wo doch sein wichtigster Beweggrund die Selbstverwirklichung ist? Aber es ist nicht ganz leicht, dem Löwen sanft klarzumachen, daß das, was für ihn gilt, auch für andere gilt. Er vergißt es so leicht.

Als Ausgleich für die Loyalität und die Liebe, die er so intensiv sucht, bietet der Löwe seine immer wache Bereitschaft, den anderen zu beschützen. Der Löwe-Mann und die Löwe-Frau kämpfen für einen geliebten Menschen und verteidigen ihn. Löwen können beschützen und unterstützen und unendlich fürsorglich sein, und sie scheuen nicht davor zurück, einem geliebten Menschen große Opfer zu bringen. (Kleine Opfer fallen ihnen oft viel schwerer.) Wenn es aber um eine große Tat geht, macht kein Löwe einen Rückzieher. Er ist voller Selbstaufopferung, gibt alles und bereut es nie.

Alles in allem sind die Liebesbeziehungen und Ehen des Löwen immer interessant, aber selten ohne Komplikationen. Er ist zu temperamentvoll, seine Vorstellungen und Ideale sind zu hochgesteckt, Konflikte in den Niederungen des Alltags dadurch unvermeidbar. Der Löwe wird mit der irdischen Wirklichkeit des Zusammenlebens und den Schwächen und Grenzen der menschlichen Natur schlecht fertig. Er will die totale Liebe, die mythologische Liebe, die Liebe der Minnesänger. Im realen Sinne existiert diese Art von Liebe natürlich nicht, und der Löwe erleidet deswegen häufig Enttäuschungen. Andrerseits hat kein anderes Zeichen gleich dem Löwen die Fähigkeit, die mythische Liebe in die Welt der Wirklichkeit zu übertragen und den anderen Sterblichen bewußt zu machen, daß auch sie Helden und Prinzessinnen sind und daß es noch immer Heldensagen gibt. Die Beziehung zu einem Löwen überzeugt den Partner, daß Märchen gar nicht so altmodisch sind.

Der Löwe-Mann

Der Löwe-Mann ist immer leicht etwas überlebensgroß. Häufig liegt das offen auf der Hand – er ist schöpferisch, er hat Erfolg, er ist eine beeindruckende Persönlichkeit. Der Löwe strahlt Charisma aus – und ob man ihn mag oder nicht, er wird auffallen. Manchmal aber erscheint der ruhigere, stärker introvertierte Löwe auf der Bildfläche, ohne mit großem Gebrüll auf sich aufmerksam zu machen. Lernt man ihn aber näher kennen, stellt man fest, daß er dieselben Eigenschaften hat und ebenso wie der laute Löwe das Bedürfnis, aus seinem Leben einen Mythos zu machen. Die stillen, schüchternen Löwen täuschen. Sie haben vielleicht reserviertere Aszendenten wie den Krebs, den Steinbock oder die Jungfrau. Aber sie bleiben Löwen. Das ausgeprägte Selbstbewußtsein, das Gefühl, sich auf einer Bühne zu befinden, vor Zuschauern zu spielen, ist beim introvertiertesten Löwen noch vorhanden.

Weil er so intensiv in einer Traumwelt lebt, wird der Löwe-

Mann oft von einer erdgebundenen Partnerin angezogen. Daraus kann eine wunderbar schöpferische Verbindung entstehen, es kann aber auch eine Katastrophe geben. Wo es gutgeht, sucht der Löwe-Mann bei seiner Partnerin nach einem stabilisierenden Einfluß und gewinnt vielleicht durch sie Nüchternheit und Kontakt zur Realität, indem er ihre erdverbundenere Lebenseinstellung akzeptiert. Wo es zur Katastrophe kommt, entsteht sie aus der Tendenz des Löwen, kleine Dinge des Alltagslebens stark zu unterschätzen. Stellt er sich so ein, behandelt er seine Frauen gern, als existierten sie in seinem Leben nur, um hinter ihm herzuräumen und ihn an seine Verabredungen zu erinnern. Am Ende hat er eine wütende und sehr verbitterte Partnerin.

Der verliebte Löwe kann hinreißend sein. Der Liebe gegenüber ist er weder ängstlich noch zurückhaltend, und seine großen Gesten – seien es Geschenke, zauberhafte Reisen zu zauberhaften Ferienorten oder dramatische Liebeserklärungen – sind unwiderstehlich. Ein Löwe-Mann kann einer Frau das Gefühl geben, unendlich feminin und begehrenswert zu sein. Allerdings ist es für den Löwe-Mann ebenfalls typisch, daß er eine große Schar von Bewundrerinnen und Bewerberinnen um sich sammelt. Auch wenn er kein besonders gutaussehender oder erfolgreicher Mann ist, hat er etwas an sich, das Frauen faszinierend finden. Der Löwe ist ein sehr männliches Geschöpf. Bei ihm gibt es keine Unklarheiten. Oft ist er geradezu das archetypische männliche Wesen, und aller Emanzipation zum Trotz ist es sehr schwer, diesem Magnetismus zu widerstehen.

Die Schwierigkeiten ergeben sich erst später. Vor langer Zeit, als die Rollen noch festlagen und die Frauen wenig Gelegenheit und vielleicht auch nicht den Wunsch hatten, aus der Rolle zu fallen, wäre der Löwe-Mann in jeder Hinsicht das Idealbild der Männlichkeit gewesen. Genaugenommen ist er das noch heute. Aber leider haben sich die Gesellschaft und die Menschen verändert; man erkennt in wachsendem Maße, daß Männer in ihrer Psyche eine weibliche und Frauen eine männliche Komponente besitzen. Das Bedürfnis, diesen inneren Gegensatz auszudrükken, steigert sich in unserer heutigen Welt. Hier treten nun die

Schwierigkeiten für den Löwen auf, denn der Gedanke, eine Frau zu haben, deren Leben sich nicht allein um ihn als Mittelpunkt dreht, sagt ihm wenig zu. Viele Löwe-Männer reagieren sehr unwirsch, wenn eine Frau zuviel Interesse oder zuviel Hingabe an einen Beruf, eine schöpferische Tätigkeit oder auch nur unabhängige Privatinteressen, Liebhabereien oder Ideen zeigt. Der Löwe braucht das Gefühl, daß er die Sonne ist, die von ihr als Mond umkreist wird; wenn sie plötzlich ihr eigenes Licht leuchten läßt, wird er im besten Fall leicht beleidigt sein, im schlimmsten aber wird er ihr Eigenleben ersticken, weil es das seine bedroht. Der Löwe ist selten, der nicht nur das Bedürfnis seiner Partnerin nach unabhängiger Kreativität, sondern auch noch das eigene Verlangen nach einer selbständigen Partnerin anerkennt. Das kann er nur dann, wenn er auf dem festen Boden des Selbstvertrauens und der Selbstachtung steht. Tut er das nicht, dürfte das Leben mit ihm schwierig sein, weil alles, was sie tut und was ihn nicht in den Mittelpunkt stellt, von ihm als Verrat betrachtet wird.

Der Löwe-Mann hat wahrscheinlich die harmonischsten Verbindungen mit den flüchtigeren Zeichen wie Zwillinge, Fische, Jungfrau, Schütze, vielleicht auch mit der Waage. Das liegt daran, daß er als Typ festgelegt ist. Er ändert nicht leicht seine Gewohnheiten und Ansichten, und schon gar nicht, weil ihn jemand dazu aufgefordert hat. Wer versucht, einen Löwe-Mann zu bedrängen oder zu ändern, verschwendet seine Zeit. Er kann bis zur Verzweiflung starrsinnig sein, und sein Stolz wird nicht zulassen, daß er die Klugheit eines Rates anerkennt. Es ist seine Aufgabe, Rat zu geben, nicht, ihn anzunehmen. Andererseits kann Glaube an ihn und an seine Träume, Vertrauen in seine Hoffnungen und die Anerkennung seines manchmal kindlichen Verlangens nach ständiger Bestätigung und Aufmerksamkeit wahre Wunder wirken.

Ein Löwe, der weiß, daß man an ihn glaubt, kann Unglaubliches erreichen – für sich selbst und für die Welt.

Für eine unabhängige und in sich ruhende Frau kann ein Löwe zu einem großen Problem werden. Er verlangt sehr viel Zeit, Liebe, Aufmerksamkeit und Verehrung. Wäre er nicht so, wäre er auch nur halb so interessant und charismatisch. Extreme Frauenrechtlerinnen sollten sich von diesem Tier fernhalten, denn obwohl der Löwe fast alle Frauentypen liebt und es liebt, Frauen zu lieben, erwartet er von *seiner* Frau, daß sie zuallererst eine Frau ist. Für wen es wichtig ist, erst als Einzelwesen und dann erst als Frau anerkannt zu werden, wird Schwierigkeiten haben, mit dem König der Tiere ein Heim zu gründen. Andererseits ist der zurückhaltende Typ der Märtyrerin auch nicht für den Löwen geschaffen, denn er möchte seine Partnerin ebenso königlich haben, wie er es ist. Das strahlt dann auf ihn zurück. Er muß stolz auf sie sein können.

Wer sich mit einem Löwen einläßt, dem steht eine schwierige, aber sehr lebendige Beziehung bevor. Er ist kein bequemes Zeichen, dazu ist er viel zu temperamentvoll. Aber keiner kann sich mit dem Löwen messen, wenn es um Lebensfreude, Vitalität und Farbigkeit geht. Er ist ein Partner, den man respektieren und auf den man stolz sein kann und bestimmt nicht irgendwer. Er ist er selbst, was immer es ihn – und den Partner – kosten möge.

Die Löwe-Frau

Zahm, sanft, farblos und zurückhaltend ist diese Dame nicht. Sie ist eine Königin und will wie eine Königin behandelt werden. Selbst die stillere Löwe-Frau wird diese Seite ihres Wesens zeigen, wenn sie sie auch unter der Wahrung gesellschaftlicher Formen und gutem Auftreten geschickt tarnen kann. In Wahrheit ist die Löwe-Frau eine ausgeprägte Persönlichkeit und eignet sich nicht im geringsten zur konventionellen Modellfrau. Sie wird sehr oft für Unruhe sorgen und die Leute bewegen, über sie zu klatschen. Sie muß ihr eigenes Leben auf ihre eigene Art leben, und dieses Leben braucht Farbe und muß dynamisch sein. Haben Sie jemals in einem Käfig gehaltene Löwinnen im Zoo gesehen, die mit böse funkelnden Augen hin und her und her und hin schreiten, weil sie keinen Platz haben, sich zu strecken und zu rennen? Das tut die Löwe-Frau, wenn sie in gesellschaftliche Normen oder einengende Beziehungen gezwungen wird.

Die Löwe-Frau braucht Raum für ihre kreativen Impulse. Ob diese sich als künstlerische Begabung, Organisationstalent, als Fähigkeit zum Umgang mit Menschen oder als sonst etwas ausdrücken, sie muß eine Persönlichkeit sein und etwas so gut tun, daß es ihr Anerkennung einbringt. Anerkennung ist der Löwe-Frau ebenso wichtig wie dem Löwe-Mann. Wenn eine Löwe-Frau kein Betätigungsfeld findet, neigt sie dazu, ihre Anerkennung darin zu suchen, daß sie jedem erreichbaren Mann den Kopf verdreht oder mit starker Pranke das Leben ihres Mannes und ihrer Kinder «gestaltet». Später wird sie auch noch für alles, was sie für sie getan hat, gebührenden Dank verlangen. Diese dynamische, energische Frau braucht eine Bühne, auf der sie auftreten kann. Hat sie die nicht, zieht sie dem Partner vielleicht die Bretter unter den Füßen weg.

Löwe-Frauen sind oft erbitterte Konkurrentinnen. Im Berufsleben müssen sie etwas darstellen. Die Löwe-Frau sollte keine Stellung haben, in der sie immer nur die Untergebene ist; sie braucht Raum für ihre eigenen Ideen und sollte ihre Pläne verwirklichen können. Oft konkurrieren Löwe-Frauen auch mit ihren Geschlechtsgenossinnen. Ihr Zeichen eignet sich wirklich nicht gut für schwesterliche Beziehungen, wenn die Schwestern nicht bereit sind, hinter der Hauptdarstellerin zurückzutreten und die Rolle der Choristin zu übernehmen. Es ist sehr typisch, daß man die Löwe-Frau stets von Freundinnen umgeben antrifft, die sich an sie anlehnen und ihren Rat und ihre Hilfe suchen. Zum Teil liegt das daran, daß sie stark und großzügig ist und das Bedürfnis hat, gebraucht zu werden. Zum Teil aber geht es darum, daß sie keine Konkurrenz mag.

Oft geben Löwe-Frauen dieser Tendenz nach und werden zur Stütze des schwächeren Partners in der Beziehung. Man trifft Löwe-Frauen gelegentlich mit einem sanften, freundlichen, aber im Kern unentschiedenen Mann an, der anbetend zu ihren Füßen liegt, ihnen die Verehrung zollt, die sie so nötig haben, und sich auch noch von ihnen formen läßt. Viele Löwe-Frauen haben

Angst vor stärkeren Männern, weil sie dominieren wollen. Daraus entwickeln sich große Schwierigkeiten, denn dieses Dominieren stillt die löwischen, aber nicht die weiblichen Bedürfnisse. Allzuoft übernimmt in der Beziehung die Löwe-Frau die Führung, trifft die Entscheidungen und ist die starke Persönlichkeit, nur um sich dann bitter zu beklagen, daß der Mann schwach ist, obwohl sie ihm in Wirklichkeit nie eine Wahl gelassen hat.

Aus diesem Grund ist es für die Löwe-Frau wichtig, ein Lebensgebiet zu finden, auf dem sie von ihrer Familie unabhängig selber glänzen kann. Wenn sie diese Erfüllung anderswo findet, kann sie die Beziehung zu ihren Angehörigen freizügiger gestalten.

Die Löwe-Frau befaßt sich intensiv mit ihrem Bild in der Öffentlichkeit. Selten trifft man sie mausgrau und unauffällig an. Es liegt ihr viel mehr, sich auffällig zu kleiden, dramatisch aufzutreten und Aufmerksamkeit zu erwecken. Das ist einfach ihr Stil und ihre Ausstrahlung.

Ihre Gaben liegen in ihrer Einmaligkeit und Lebendigkeit und in ihrer Treue und Großzügigkeit denen gegenüber, die sie liebt. Mehr noch als der Löwe-Mann wird die Löwe-Frau in die Partnerschaft Hingabe und unerschütterliche Liebe einbringen – wenn sie gut behandelt wird. Aber das ist nur fair, denn sie ist ein besonderer Mensch und weiß das auch. Einen Löwen darf man nie, aber auch wirklich nie für eine gegebene Größe halten. Die Löwin hat Krallen, und es stört sie nicht, eine Szene zu machen, die andere, angepaßtere Zeichen vor Entsetzen zur Salzsäule erstarren ließen. Wer wirklich eine individualistische Frau sucht, dem wird die Löwin gefallen. Er wird sie sogar lieben, denn ihr Zeichen löst starke Reaktionen aus. Und etwas wird bestimmt nie passieren: daß man sie übersieht.

Der Schütze

Erforscher des Lebens

Der Zentaur ist eine geheimnisvolle, vielschichtige Gestalt aus der griechischen Mythologie – halb Mensch, halb Pferd –, die ihren Pfeil immer auf ein fernes Ziel hinter dem Horizont abschießt und in wildem Galopp die Verfolgung aufnimmt. Manchmal allerdings läßt sich der Zentaur von den aufregenden Dingen, die am Wege geschehen, vom Ziel ablenken, bis er eine neue Beute erblickt. Dies ist eine sehr gute Beschreibung für den Schützen, das dritte und flüchtigste der Feuerzeichen. Denn dieser pferdefüßige Bogenschütze richtet den blitzenden Pfeil seiner intuitiven Vorstellungskraft auf ein fernes Ziel in der Zukunft; und er verbringt den größten Teil seines Lebens mit der Verfolgung dieses oder jenes Pfeils. Die große Frage ist, ob er genau gezielt hat. Die nächste heißt: Kann er seinen Pfeil überhaupt wiederfinden?

Was den Schützen wirklich interessiert, ist die Erregung des Zielens und die Faszination der Verfolgung. Das ist sein Leitmotiv. Dem Schützen wohnt die feste Vorstellung inne, daß das Leben ein Abenteuer, eine Reise, eine Gralssuche ist – und der eigentliche Sport des Lebens besteht darin, die Reise so interessant, so vielseitig und so ausgedehnt zu gestalten, wie es nur möglich ist. Denn die Reise ist das Ziel.

Jupiter, der König der Götter in der griechischen Mythologie, ist der herrschende Planet des Schützen. Wir können viel über unsere Schützen-Freunde erfahren, wenn wir uns die imponierende Gestalt Jupiters etwas genauer ansehen. Vor allem anderen ist er würdevoll, edel und majestätisch. Das heißt, er ist es meistens, wenn er Hof hält unter den Olympiern und die Galarolle des Götterkönigs in der Vollendung spielt. Unser Freund Jupiter ist der geborene Schauspieler. Außerdem ist er der lasterhafteste Gott des Olymp, der immer hinter etwas herjagt – meistens hinter Frauen. Manche von Jupiter beherrschte Menschen nehmen ihr Symbol beim Wort. Das soll aber nicht heißen, daß sie von einer unersättlichen sexuellen Leidenschaft getrieben werden. Die Idee treibt sie an, die Möglichkeit, etwas Neuem und Aufregendem zu begegnen; das Abenteuer, das unerforschte Rätsel, das unerreichbare Ziel, das, was sich nicht fassen läßt. Der Schütze, so scheint es, hat Jupiters Eigenschaft der Angst, etwas zu verpassen – sei es eine Frau, einen Plan, eine Idee, ein Buch, eine Schöpfung, einfach alles Neue, Unversuchte und Unerforschte. Auf einer extravertierteren Ebene wird man die Schützen überall da antreffen, wo ein neuer Klub, ein neues Restaurant eröffnet wird, wo ein prämierter Film, ein spannender Workshop oder irgendeine neue Gruppe zu besichtigen ist. Dieses Verhalten wird oft mit modisch, chic oder *in* abqualifiziert. In Wirklichkeit aber geht es darum, daß der Schütze ein instinktives Gespür dafür hat, was populär sein wird, bevor alle anderen es merken. Der Schütze macht oft Mode, weil er als erster zur Stelle ist, lautstark seinen Beifall verkündet und alle anderen hinter ihm dreinrennen.

Der introvertierte Schütze wird zwar nicht gerade in der neuen Disko oder Rollschuhbahn gesehen werden, aber er wird allen anderen um Meilen voraus sein, wenn es um einen neuen Roman, eine neue Philosophie, einen neuen Film oder ein anderes kulturelles Ereignis geht. Hier ist dasselbe instinktive Gespür am Werk, nur richtet es sich mehr nach innen; darin ist der Schütze allen anderen überlegen. Immer ist es der Zentaur, der «zufällig» dem Filmregisseur über den Weg läuft, der eine Hauptrolle zu besetzen hat, dem großen Boß, der gerade eine Sekretärin sucht, oder dem Direktor, der einen Abteilungsleiter braucht. Man könnte sich die Haare raufen, wenn man sieht, wie das Glück auf das strahlende Haupt des Schützen vom Himmel zu regnen scheint. Aber es ist nicht Glück, es ist der erstaunliche Blick für günstige Gelegenheiten, der gute Riecher für noch so entfernte Möglichkeiten und Hoffnungen. Hinzu kommt noch die Schnelligkeit, die Impulsivität, die Kühnheit, die dem Schützen die Nerven gibt, etwas zu wagen, wo andere Zeichen sich bescheiden im Hintergrund halten und abwarten.

Langweile ist der große Feind dieses schweifenden und ungestümen Zeichens. Der Schütze langweilt sich sehr schnell. Es genügt, wenn er etwas zweimal auf die gleiche Art erledigen muß, um diesen ruhelosen Zentaur hinter dem nächsten Pfeil herjagen zu lassen. *Das* hat er doch schon mal gemacht. Warum es wiederholen? Es hat keinen Sinn, ihm vom Preis steter, beständiger Mühe zu reden. Das kann man mit der Jungfrau oder dem Steinbock. Der Schütze ist daran nicht interessiert. Für ihn liegt die Begeisterung auf dem Weg zum Ziel. Er will keine Belohnung, die man in der Hand halten kann. Und wenn er sie doch einmal in der Hand haben sollte, wird er sie zweifellos in den nächsten fünf Minuten ausgegeben haben. Aber das Element der Gefahr und die Aufsässigkeit gegen gesellschaftliche Regeln sind das Herzblut des Schützen. Vielleicht sieht er ganz konventionell aus, aber er spielt trotzdem gern mit dem Schicksal.

Der Schütze verwandelt sich ständig. Er ist der ewige Schauspieler. Er spielt leidenschaftlich gern verschiedene Rollen, je theatralischer desto besser. Zweimal im selben Kostüm gesehen zu werden, ist ihm schrecklich. Sein ruheloser Geist sucht immer neue Wege, neue Kostüme, neue Posen, neue Techniken. Wechsel, Reisen, neue geistige Anregungen, die Erforschung unbekannter Gegenden – sagen Sie dem Schützen, daß unter dem fernen Berg dort ein Schatz verborgen ist, und er wird so glücklich sein wie ein Stier, dessen Bankkonto überquillt. Ein Schütze, der gezwungen wird, sich immer im selben Kreis zu bewegen und dieselbe Routinearbeit in ewiger Monotonie zu leisten, ist die unglücklichste aller Kreaturen.

Der Schütze hat ein explosives Temperament. Bei einem Wutanfall kann er einem richtig Angst machen. Ist es vorbei und der

Ärger verraucht, wird er wieder jovial. Er ist nicht nachtragend. Und obwohl der Schütze in flammende Wut gerät – inklusive drohender Gesten und zerschlagenem Porzellan –, grollt er nicht lange. Kein Schütze plant noch nach zehn Jahren seine Rache wie der Skorpion oder leckt seine Wunden wie der Krebs. Er schreit, und dann ist es vorbei. Oft begreift er nicht, warum das Opfer seines Zorns und Lärms so verletzt reagiert. Schließlich hat er es doch gar nicht so schlimm gemeint. All diese groben, haarsträubend ehrlichen Bemerkungen entsprechen doch gar nicht der Wahrheit, sie waren nur gerade so wirkungsvoll. Wenn man sich nach seinem Beschuß mit tödlichen Wortpfeilen wieder aufrappelt, wird man womöglich sehr erstaunt sein, wie schnell er wieder freundlich und ausgeglichen ist. Der Schütze ist nicht gerade für sein Einfühlungsvermögen berühmt. Seine Pfeile können die gefühlvollen Zeichen wie die Fische, die Jungfrau und den Krebs vernichtend treffen – nur merkt er es nicht. Haut man *ihm* eins über den Schädel, wird er keineswegs entsetzt in sich zusammensinken, sondern wahrscheinlich zurückhauen, denn das gehört eben mit zum Spiel. Wie kann man bei so großer Naivität noch wütend sein?

Wenn man ihm geschickt schmeichelt, ist der Schütze leicht zu umgarnen. Das ist eine liebenswerte Eigenschaft, wenn man nicht zufällig seine Frau ist und eine andere Dame ihm schmeichelt. Alle Feuerzeichen haben ein treues Herz, nur ist es dem Ideal treu und nicht dem physischen Erscheinungsbild mit all seinen kleinen Fehlern. Wenn man das versteht und ihn an der langen Leine führt, hat man einen Freund fürs Leben gewonnen.

Freundschaft ist übrigens für die Schützen ein Schlüsselwort. Er wird oft den geliebten Menschen als «mein Freund» bezeichnen, denn das bedeutet ihm mehr. Große Gefühlsausbrüche, vor allem tränenreiche, denen es an romantischem Glanz mangelt, verstören den Schützen. Ein großes Drama, jawohl – das veranstaltet er schließlich selbst auch –, aber Pathos kann er nicht ausstehen. Zuviel Häuslichkeit kann ihn um den Verstand bringen. Das trifft auch auf Schütze-Frauen zu. Unwandelbare häusliche Sicherheit hat nichts mit der Idee des Schützen von einem glücklichen Leben zu tun. Er braucht einen Rucksack und einen zu besteigenden Berg. Das Heim ist ganz angenehm, solange die Gartentür unverschlossen bleibt.

Worin besteht denn nun diese Gralssuche, auf die sich jeder echte Schütze begeben will? Das ist verschieden. Über die sportliche Seite dieses Zeichens ist viel geschrieben worden, aber sie ist mehr ein Seitenpfad als der Weg zum Ziel. Viele Schützen hassen Sport sogar. Und das Reisen, oft ein beliebtes Hobby der Schützen, ist eigentlich nur ein Mittel, den Horizont zu erweitern. Der reisende Schütze bucht nicht die Zwei-Wochen-Gesellschaftsreise in das riesige Hotel an der Costa del Sol und sitzt in der Sonne, um schön braun zu werden. Er muß beweglich sein; er braucht eine Stadt, die er erforschen kann, eine Ruine, ein Schloß, eine Bibliothek, einen Berg oder einen Ort, an dem noch keiner gewesen ist.

Im Herzen des Schützen liegt die tiefe Sehnsucht, das Leben zu erforschen und zu verstehen. Ob junggläubig oder nicht, der Schütze ist wie der Löwe ein sehr religiöses Zeichen – das Wort Religion wird hier im ursprünglichen Sinn der «Rückbindung» gebraucht. Es bedeutet, sich rückverbinden mit der Quelle und den Wurzeln des Lebens, mit der Sinngebung. Ob als reisender Vertreter, Archäologe, Dichter oder Gelehrter, welchem Beruf er auch nachgeht, immer versucht der Schütze seinen Horizont zu erweitern und sein Bewußtsein zu vertiefen. Das Leben ist für den Schützen seltsam und interessant. Es ist etwas, womit man spielen, was man erforschen, genießen und in das man eindringen kann. Und das es zu verstehen gilt.

Der Schütze beobachtet andere genau, hat viel Sinn für Ironie und ein großes Maß an Einsicht. Die rasche Intuition der Feuerzeichen ist beim Schützen auf die Welt der Ideen gerichtet, oft mit großer Brillanz oder zumindest mit der Fähigkeit, Folgerungen zu ziehen oder Themen zu erfassen. Und kein Schütze, mag er noch so unbelesen oder schlecht ausgebildet sein, der nicht den Zusammenhang zwischen dem Lächerlichen und dem Erhabenen erkennen könnte!

Der intuitive und visionäre Schütze hat eine starke Beziehung zu allem Geheimnisvollen. Er hat ein inneres, oft unausgesprochenes Gefühl, daß das Leben sinnvoll und der Mensch göttlichen Ursprungs ist, daß hinter allen Dingen eine Absicht steckt, die man erkennen und an der man wachsen kann. Aber die Distanz zwischen seinen Visionen des Lichts und den Begrenzungen seines Menschseins ist riesig. Die Wirklichkeit des greifbaren physischen Lebens ist immer unvollkommen, immer vergiftet, wenn er sie mit den Visionen vergleicht, die er vor Augen hat. Dies ist die immerschwärende Wunde des Schützen. Er wird versuchen, der Verwundung auszuweichen, indem er sich in eine schier endlose Flucht stürzt, von einer Sensation zur nächsten hastet und zu vermeiden versucht, anzuhalten, damit er den Schmerz nicht spürt. Viele Schützen gehören zu den Menschen, die in die Wohnung kommen und sofort das Fernsehen und das Radio anstellen und noch einen Freund anrufen, nur um nicht mit ihren Gedanken allein zu sein. Der Schütze, der den Mut hat, sich seiner Vision und der Wirklichkeit seines Lebens zu stellen, ist selten; gelingt ihm dies aber, ist er wahrhaftig der geläuterte Heiler, denn er hat Mitfühlen gelernt, eine Eigenschaft, die dem naiveren oder blinden Schützen völlig fremd ist. Er kennt außerdem eines der tiefsten Geheimnisse des Lebens und des menschlichen Daseins – die Dualität von Gott und der Bestie, die wir alle in uns tragen.

Die Schattenseiten

Es gibt einige sehr typische Erscheinungsformen der dunklen Seite des Schützen. Der Schattenseiten-Schütze kann ganz entsetzlich mit berühmten Namen hausieren gehen und zur Anhängerschaft eines Prominenten gehören. Es gibt den literarischen Schütze-Anhänger, der Bestseller-Autor X. sehr gut kennt und stets bei ihm absteigt. Der esoterische Schütze-Anhänger ist eng mit dem Guru Y. befreundet und weiß alles über dessen Sexualleben. Der politische Schütze-Anhänger ißt mit den Helmuts dieser Welt zu Abend. Es gibt sogar den wissenschaftlichen, den juristischen oder medizinischen Schütze-Anhänger. Kurz gesagt: Der Schattenseiten-Schütze ist gern dort, wo die Dinge geschehen, und unter den Leuten, die die Dinge geschehen machen; und irgendwie, dank seiner fabelhaften Spürnase, gelingt es ihm auch, im richtigen Restaurant zur rechten Zeit zu sein und die richtige Person zu treffen. Eine der Gaben des Schützen ist seine Fähigkeit, Kontakte zu knüpfen und Möglichkeiten zu erfassen. Diese Gabe nützt der Schatten aus, wenn der Schütze Menschen auswählt und sie wieder fallenläßt, weil sie ihm nicht nützlich sind.

Dieses Phänomen der Anhängerschaft kann man in jedem Beruf beobachten, bei dem es um Ruhm, Glanz, Farbigkeit und Sensationen geht. Die wirklich begabten Anhänger, denen es gelingt, daraus eine eigene Karriere zu starten, sind üblicherweise Schützen.

Der Schatten des Schützen hört immer zuerst von einem neuen Klub, einem neuen Restaurant oder einer neuen Kneipe, die bei den interessanten Leuten Mode geworden ist. Er wird immer zuerst die neueste Platte kaufen, das Buch lesen und den Film sehen. Und wie er dann darüber redet! Es gehört mit zum Spaß, daß man die Chance hat, allen Freunden mit nicht so guten Verbindungen zu erzählen, wie es sich in jener Götterwelt lebt, zu der sie keinen Zugang haben, weil ihnen eben das gewisse Etwas fehlt. Mit Unbekannten und Leuten, die nichts Bedeutendes vorhaben, wird diese Sorte Schütze nicht umgehen. Auch für die auf dem absteigenden Ast wird er immer weniger Zeit haben. Er nützt schamlos, dafür aber sehr charmant aus, daß man ihm oft auf den Leim geht; irgendwie schafft er es, daß man sich armselig und uninteressant vorkommt, wenn man nicht die Orte und die Menschen kennt, von denen er spricht.

Es gibt noch eine andere Variante der Schattenseite des Schützen: das Vielversprechen, ein bekannter Wesenszug des Schützen. Er hängt mit seiner Neigung zusammen, sich zu sehr ins Zeug zu legen. Der Vielversprecher verspricht einfach. Er verspricht, Ihnen Geld zu leihen, wenn Sie es brauchen; er verspricht, daß Sie seine Wohnung haben können, wenn er verreist ist; er verspricht Ihnen Hilfe bei der Wohnungssuche; er verspricht, Ihre Wohnung zu streichen, Ihren Garten umzugraben und Sie auf eine Reise nach Indien mitzunehmen. Er wird Sie am Samstag, noch heute nachmittag oder nächste Woche anrufen. Er gibt eine Einladung, kauft ein neues Auto – nehmen Sie, was Sie wollen, er wird es versprechen. Und all diese materiellen, emotionellen und geistigen Versprechen wird er nie und nimmer halten können, weil er sie in einem Augenblick wilder Begeisterung gegeben hat, um sich selbst zu überzeugen und andere zu beeindrucken. Die Wirklichkeit sieht anders aus. Üblicherweise muß man zweimal auf den Vielversprecher hereingefallen sein, ehe man ihn durchschaut. Danach wird man ihm nie mehr glauben. In dem Augenblick läßt er einen fallen und sucht sich ein angenehmeres Opfer.

Verspricht man *ihm* jedoch etwas, kann man ganz sicher sein, daß er zur festgesetzten Zeit auftaucht, um das Versprechen einzulösen. Und er reagiert sehr sauer, wenn es gerade in dem Moment nicht erfüllt werden kann. Ein typisches Gebiet, auf dem der Vielversprecher seine Schattenseite zeigt, ist die Geldfrage. Im allgemeinen bietet er es großzügigst an – nur nicht, wenn man es braucht. Denn dann ist er gerade selbst völlig pleite. Um gerecht zu sein: Viele Schützen sind so freigebig und großzügig, wie man sie sich nur wünschen kann, aber ihre Schattenseite ist es nicht. Die ist ausgesprochen geizig. Sie hört sich nur so großzügig an – und genau das ist das Talent des Vielversprechers: er hört sich so gut an. Der Schütze hat manchmal eine seltsame unbewußte, miese Art – «unbewußt», weil die wahre Schütze-Persönlichkeit großherzig, extravagant, generös und völlig unberührt von materiellen Einschränkungen ist. Es geht wiederum um diese elende Schattenseite, die andere Vorstellungen hat. Sie raubt dem Schützen seine natürliche Vornehmheit und sein großes Herz und entwickelt statt dessen eine raffinierte Geschäftemacherei, gegen die jeder Steinbock naiv wirkt.

Die Wurzel der dunklen Seite des Schützen liegt in seiner Schwierigkeit, sich den Grenzen der Realität anzupassen. Der

Bogenschütze, der in der Welt kein Selbstvertrauen hat, der sich vor dem Versagen fürchtet, der in sich nicht genügend Reife oder Disziplin hat, an etwas festzuhalten und es zu vollenden, fällt oft seinem Schatten in die Hände, weil es so viel leichter ist, das Streben anderer auszunützen. Im Grunde ist das gar keine Schlechtigkeit, sondern nur Angst. Der Schütze fürchtet sich oft davor, sich der faßbaren Welt zu überantworten, denn dann stünde er nicht nur der Begrenzung der Materie gegenüber, sondern auch der Tatsache, daß sein Genie möglicherweise nicht so grenzenlos und kosmisch ist, wie er es glauben möchte. Jupiter, der Herrscher der Götter und beherrschende Planet des Schützen, ist eine ausschweifende Gottheit, die keine Einengung ertragen kann. Für Jupiter mag das gut und schön sein, denn er ist ein Gott und kann damit durchkommen. Der sterbliche Schütze kann das nicht. Zugegeben, er kommt mit mehr durch als fast jedes andere Zeichen, weil er seinem Glück vertraut und optimistisch ist; und weil er an das Leben glaubt, behandelt das Leben ihn oft gut. Aber er ist kein Gott. Es ist hart für ihn, sich mit seiner Sterblichkeit und seinem gewöhnlichen Mensch-Sein abzufinden. Darum wird er zum Anhänger, nimmt die Errungenschaften anderer stellvertretend als die seinen an, ohne selbst etwas zu wagen, oder er wird zum Vielversprecher, der es verzweifelt nötig hat, reich, erfolgreich und wichtig zu scheinen, weil er sich selbst so fühlen kann, wenn andere ihn so sehen. Es ist, als beobachte man ein Kind, das einen Kaiser spielt. Der Schütze kann herumstolzieren und verzweifelt versuchen, seine Phantasie auszuleben. Aber erst wenn er sich selbst erlaubt, der begabte, phantasievolle, kosmische, intelligente und ruhelose Erforscher des Lebens zu sein, der er in Wirklichkeit auch ist, kann er sich um seiner selbst und nicht um seiner Phantasie willen lieben lassen.

Der Schütze als Partner

Es ist eine alte Geschichte, daß der Schütze eine gewisse Zurückhaltung zeigt, wenn es um Dinge wie etwa Ehegelöbnisse geht.

Das ist gut zu verstehen, denn da die große Liebe des Schützen den offenen Möglichkeiten gehört, wird er natürlich scheuen, wenn er all diese zukünftigen Möglichkeiten für eine einzige Realität bis ans Ende seines Lebens opfern soll. «Bis daß der Tod uns scheidet.» Dieser Satz findet hauptsächlich wegen des Wortes *Tod* einen Widerhall in seinem Bewußtsein, denn gerade als das mag dem ewig suchenden Schützen eine solche Bindung erscheinen. Das trifft besonders dann zu, wenn einem der Schütze begegnet, der bereits eine Ehe hinter sich hat, die geschlossen wurde, als sein Idealismus noch nicht von der Erkenntnis getrübt war, daß nicht immer alles so geht, wie es gehen soll. Ein einmal geschiedener Schütze wird in jeder Weise davor zurückschrekken, daß ihm das noch einmal widerfährt. In vieler Hinsicht paßt der Zustand der Ehelosigkeit gut zum Schützen, nicht weil er unbedingt flatterhaft und unzufrieden wäre, sondern weil er so wenigstens sicher ist, den Abbruch einer Beziehung mit einem Minimum an Schwierigkeiten bewerkstelligen zu können.

So betrachtet, scheint der Schütze nicht gerade der ideale Partner für eine enge Beziehung zu sein. Das stimmt jedoch nicht ganz; es hängt einfach von der Qualität der Bindung ab. Sein Mythos ist nun einmal der des Wanderers. Aber die nie endende Suche nach zukünftigen Zielen und Möglichkeiten, nach einem Sinn kann auch ein seelischer Vorgang sein und braucht sich nicht real und in ständigem Partnerwechsel auszudrücken. Es gibt jedoch Schützen, die halten sich genau an den Mythos des Wanderers. Daran läßt sich dann nicht viel ändern.

Hat man sich mit einem solchen zügellosen Schützen eingelassen, hilft es wenig, eine zänkische, eifersüchtige und argwöhnische Frau zu werden. Es nützt nichts und treibt den Schützen oft geradewegs in offene freundlichere Arme. Dies alles trifft auch auf die Schütze-Frau zu, die häufig dieselben Eigenschaften wie ihr männlicher Gegenpart besitzt. Sobald man einen Schützen erinnert, daß er jemandem für etwas verantwortlich ist, kann er mit ungeheurem Unbehagen reagieren und muß sich sofort selbst überzeugen, daß er nicht durch Verantwortung gefesselt werden darf.

Ein Trost ist, daß der Schütze als geborener Idealist fast immer vom Bedürfnis getrieben wird, seine romantischen Phantasien auszuleben. Die Kontakte, die er auf dieser Basis anknüpft, bedeuten ihm meist wenig, und er wird üblicherweise kehrtmachen und wieder nach Hause kommen, denn dort hat er festen Boden unter den Füßen. Er verlangt und fürchtet diese Sicherheit gleichzeitig, wird aber sicherlich mehr nach ihr verlangen, wenn sie ihm nicht wie ein Mühlstein um den Hals gehängt wird. Sehr oft quält den Schützen das Gefühl sexueller Unzulänglichkeit. Da er so feurig ist, fällt es ihm schwer, überhaupt mit einem physischen Körper belastet zu sein, der ihm ärgerliche Einschränkungen auferlegt. Auch seine Vorstellung von der Liebe kann ein Wunschtraum sein, angefüllt mit feurigem Drama, Perfektion und geistigem Einssein, so daß keine reale Beziehung jeden seiner Wünsche ganz erfüllen kann. Aber die Verfolgung des ewig Weiblichen ist nun mal ein Teil seines Wesens, und er muß die Möglichkeit haben, ihm zu folgen und von ihm enttäuscht zu werden. Wird er verlassen, hilft ihm das manchmal, gewisse Erkenntnisse zu gewinnen – zum Beispiel die, daß andere nicht immer bereit sind zu warten, bis er zurückkommt.

Der junge Schütze, der sich die Erforschung der Liebe nicht gestattet, entdeckt oft in den mittleren Jahren, daß er sich aus den Fesseln der Konvention befreien muß. Das ist in diesen späteren Lebensjahren dann sehr viel schmerzhafter, denn was soll aus den Kindern, den Hypotheken und all den anderen Belastungen werden, die sich im Laufe des Älterwerdens angesammelt haben?

Natürlich gibt es sehr viele Schützen beiderlei Geschlechts, die durchaus bereit und fähig sind, dauerhafte Bindungen einzugehen. Aber auch hier darf man den Zentaur niemals mit einem Haustier verwechseln. Er mag immer noch nicht eingesperrt sein, selbst wenn er glücklich mit einem einzigen Menschen zusammenlebt. Das bezieht sich auf die psychologische und die sexuelle Einsperrung. Es bedeutet: Wenn er in seine Phantasiewelt entfliehen muß oder in ein Buch, das ihn tief berührt, oder in eine philosophische Spekulation, der andere fassungslos und gestrandet wie ein Fisch auf dem Trockenen gegenüberstehen, dann muß er das einfach. Wenn er reisen muß – und das Reisen ist für viele Schützen ein Lebenselixier –, dann muß man ihn lassen, notfalls auch allein. Es bedeutet nämlich nicht, daß der Bogenschütze einen sitzenlassen will. Es bedeutet lediglich, daß er sich die Beine vertreten muß, daß er spüren will, wie sich der Boden unter ihm bewegt, und daß er ein paar Pfeile abschießen muß, um seine Armmuskeln zu üben. Das Temperament des Schützen läßt sich nicht zügeln. Man versucht es besser erst gar nicht. Ein Schütze, der von jemand geknebelt und gefesselt ist, der ihm seinen Geistesflug nicht gönnt, ist ein tragischer Anblick. Diese Fesselung kann sehr fein sein und geht nicht einfach darum, daß er nach Hause kommen darf, wann er will. Die Art, in der wir Menschen uns manchmal gegenseitig kontrollieren und beherrschen, ist ein sehr delikater psychologischer Vorgang. Sehr oft geht es dabei um die Zerstörung der Träume des anderen.

Der Schütze aber muß an etwas glauben, und er muß Ziele haben, auch wenn sie nicht realistisch sind. Wenn man ständig an diesen Zielen herumschneidet, kommt das seiner Zerstörung gleich. Wenn ihm ständig gesagt wird, daß etwas, das ihm teuer ist, töricht, unmöglich, unrealistisch oder kindisch sei, ist das die beste Methode, ihn für immer zu vertreiben.

Schützen haben großzügige Seelen, gleich, ob es um Gefühle oder materielle Dinge geht. Aber sie können nicht auf Bestellung liefern wie ein Wasserhahn, der kaltes oder warmes Wasser gibt. Wenn der Schütze spontan schenken darf, kann er den Partner mit einem aufregenden Plan oder Vorhaben überraschen – meist handelt es sich um eine Reise –, gerade wenn er es am nötigsten hat. Seine Eingebung leistet auf dem Gebiet viel. Verlangt man aber, daß er regelmäßig und in konventioneller Art gibt, wird er sich gedemütigt und überfordert fühlen. Der Schütze-Mann und die Schütze-Frau haben egozentrische Seelen – wie eben alle Feuerzeichen leicht gefühllos wirken. Man muß ihnen sagen, daß sie geistesabwesend oder nicht rücksichtsvoll genug sind. Wenn man es ihnen nicht deutlich sagt, merken sie es einfach nicht. Wer den Blick auf den fernen Horizont gerichtet hat, kann nicht gleichzeitig achtgeben, wo er hinläuft. Wer jeden Grashalm unter den Füßen betrachtet, dem entgeht der Horizont. Beides zusammen geht nicht.

Wenn er das Gefühl hat, er selbst sein zu können, verströmt sich der Schütze freiwillig. Und niemand ist so unterhaltsam und anregend als Partner wie er; denn für ihn ist das Leben voller Aufregung und neuer Möglichkeiten, und seine Begeisterung steckt an. Die ganze Welt ist ein großer Kinderspielplatz. Der Schütze kann die meisten Leute, die ihm ständig sagen, daß er erwachsen und verantwortungsbewußt werden muß, nicht leiden. Er kennt diese Stimme; er hört sie in sich, und sie ähnelt sehr unangenehm der seines Vaters oder seiner Mutter. Das ist der sicherste Weg, ihn in Wut zu versetzen, und ein wütender Schütze hat keine Ähnlichkeit mit einem wütenden Krebs, der mault, oder einem wütenden Skorpion, der brütet, oder einer wütenden Jungfrau, die keift, oder einem wütenden Steinbock, der schäumt. Ein wütender Schütze wird wahrscheinlich Porzellan zerschlagen, Stühle umwerfen und lange und laut schreien. Später wird er alles vergessen, weil er einfach nicht zu krankhaftem Brüten neigt, aber während der Wut kann er einen Höllenlärm veranstalten.

In der Partnerschaft ist für den männlichen und weiblichen Schützen das Gefangensein in einer Welt von endloser, trauriger Verantwortung und stumpfer Routine gleich Tod. Die persönliche Freiheit ist für den Schützen ein Gott, und er opfert viel, um diesem Gott nahe zu sein. Außerdem glaubt er an Demokratie und nicht an Befehle. Was der Schütze braucht und auch voll anerkennt, ist ein Freund, der seine Träume teilen kann und der zur Stelle ist, wenn er unsanft daraus erwachen muß.

Der Schütze-Mann

Dieses schwer erfaßbare und faszinierende Wesen läßt sich oft an zu lebhaften Gesten und dem Erzählen sehr komischer Geschichten erkennen. Am stärksten aber fällt sein Sinn für theatralische Ironie auf.

Der Schütze-Mann unternimmt seine Reisen und Wanderungen oft auf geistiger und nicht auf physischer Ebene. Die Schützen sind offensichtlich die Intellektuellen des Tierkreises, die Bücher und Wissen wie ein gutes Mahl verschlingen. Dennoch ist der Schütze anders intellektuell als der Zwilling; er neigt nicht dazu, alle Arten von Erkenntnissen, die er aufnimmt, mit einem Staubkamm zu prüfen und zu analysieren. Dazu ist er zu intuitiv, und es interessiert ihn mehr, Wissensgebiete zu koppeln, statt sie zu sezieren. Er denkt spekulativ – ob es sich um Philosophie, Literatur, Kunst oder den Aktienmarkt handelt.

Für ihn ist die Gedankenwelt wichtiger als das Abendessen, und er wird tatsächlich oft Mahlzeiten vergessen. Der Schütze-Mann hat eine merkwürdige Angewohnheit, sich vor allem in jüngeren Jahren an mütterliche und erdgebundene Frauen zu binden, die diese gewinnende Geistesabwesenheit erkennen und sofort das Gefühl haben, sich seiner annehmen zu müssen. Was genau das ist, was er nicht braucht. Vielleicht würde er in einem Schweinestall leben, wären seine Anzüge zerknittert und er ginge nie zum Friseur. Wenn sich aber jemand um all das kümmert, wird er darüber nicht nur ärgerlich werden, sondern auch nie lernen, es selber zu erledigen. Ganz abgesehen davon, legt er gar keinen Wert darauf. Der Schütze wird, wie die anderen Feuerzeichen, oft von den Erdzeichen angezogen, vom Stier, der Jungfrau und dem Steinbock. Der Schütze-Mann wird einer Erd-Partnerin zwar eine Zeitlang einräumen, für ihn zum Symbol der Beständigkeit, Sicherheit und Zuverlässigkeit zu werden, aber im Grunde ist es ein tragisches Mißverständnis, das bei Verbindungen mit Schützen sehr regelmäßig vorkommt. Man darf ihn nicht bemuttern, ehe er erwachsen geworden ist. Und das Erwachsenwerden bedeutet für ihn etwas ganz anderes als für Menschen, für die es gleichbedeutend mit der Übernahme von Verantwortung ist. Für feurige Menschen jedoch liegt die Reife im Sehen, Wissen und Verstehen. Nach Erdbegriffen wird der Schütze also nie ganz erwachsen werden – und soll es auch nicht. Und all das treue Bemuttern und Hemdenbügeln, das meist (insgeheim) darauf hinzielt, diesen strahlenden, wandernden Typ für alle Ewigkeit an sich zu binden, kann leicht zu häßlichen Fehlreaktionen führen. Trotz aller Sehnsucht nach Erde und Beständigkeit muß der Schütze sie am Ende in sich selbst finden. Je weniger Verantwortung man für ihn übernimmt, desto weniger Ärger wird man haben; und je freier er sich fühlt, um so besser wird die Zukunft für beide aussehen.

Der Schütze ist ein anregender, aufregender und dynamischer Mann. Seine Schnellfüßigkeit, sein oft quälerischer Drang zu freier Entfaltung und ungezähmten Träumen machen ihn ungeheuer anziehend besonders für jene Frauen, die sich nach ein wenig Aufregung und Abenteuer sehnen. Ohne jeden Zweifel langweilt die abenteuerliche Seele des Schützen niemals. Aber man sollte versuchen, Abenteuer und Anregung zuerst in sich selbst zu finden; denn dann wird man ihn und seine Vision unendlich viel mehr genießen können. Eine Grundhaltung des Schützen ist es, sich dem Leben lachend zu stellen. Was ist schon so ernst daran, wenn man es sich genau überlegt? Man muß Sinn für Humor haben, sonst begreift man nämlich nicht, worüber er lacht, vor allem dann nicht, wenn er über *Sie* lacht. Der Schütze macht sich recht gern über andere lustig, und manchmal teilt er auch kleine Stiche aus, wenn jemand zu ernsthaft oder pompös auftritt. Zum Glück wird diese nicht immer angenehme Eigenschaft dadurch ausgeglichen, daß er auch sehr gut über sich selbst lachen kann.

Bei engen Beziehungen ist das größte Problem des Schütze-Manns, die Brücke zwischen der romantischen Phantasie und der irdischen Wirklichkeit zu schlagen. Für viele Schützen ist diese Kluft zu breit, und es gelingt ihnen nie, sie zu überbrücken. In der Phantasiewelt zu leben, ist für diesen Schütze-Typ die einzige Rettung, vorausgesetzt, daß sich dieses Leben finanzieren läßt. Manche Schützen verzweifeln und glauben, niemals eine erfolgreiche Bindung eingehen zu können. Sie ziehen durchs Leben und lassen eine Spur gescheiterter Affären, mißlungener Geschäfte und nie bezahlter Schulden hinter sich. Die Furcht des Schützen, im Leben zu scheitern, ist ebensogroß wie die vor dem materiellen Versagen. Hinter der oft verächtlichen und ironischen Einstellung, die viele Schütze-Männer zur Liebe und zu festen Bindungen zeigen, findet man häufig ein verängstigtes Kind, das fürchtet, seine Märchenwelt könnte zerstört werden. Dieses Kind baut um sich eine hohe Mauer aus Zynismus auf. Es kann sich mit einem beeindruckenden Arsenal von Sticheleien, boshaften Scherzen und häßlichen Randbemerkungen bewaffnen, so daß jeder am Ende glaubt, es hätte kein Herz. In Wahrheit hat der Schütze ein Herz von Gold. Es bekommt nur zu leicht Schrammen. Allmählich wird er lernen, daß es darum geht, das erste Ziel zuerst zu erreichen. Und Vertrauen und Freundschaft sind die Wegweiser, die ihm vorwärts helfen. Er selbst bietet sie im Überfluß und verdient es wirklich, daß sie ihm auch als Gegengabe geboten werden.

Die Schütze-Frau

Die echte Schütze-Frau ist ebenso ruhelos, hungert ebenso nach Erlebnissen und sehnt sich ebenso danach, diesen faszinierenden Karneval kennenzulernen, als den sie das Leben sieht, wie ihr männlicher Gegenpart. Diese Frau braucht sehr viel persönliche Freiheit; sie ist weder bereit, sehr schnell zu heiraten, noch drängt es sie, häusliche Pflichten zu übernehmen. Oft verbringt sie ihr Leben glücklicher allein. Es paßt auch zu ihr, ein uneheliches Kind zu bekommen und es glücklich als Weggefährten aufzuziehen, statt sich hinter sicheren Ehemauern zu verschanzen. Mauern sind für alle Schützen unerträglich.

Jeder Beruf, der ihr Raum läßt und ihr die Möglichkeit zu Reisen, Bewegungsfreiheit und neuen Kontakten gibt, eignet sich für die Schütze-Frau. Aber auch eine nicht auf ihre Karriere bedachte Schütze-Frau braucht diese Dinge. Wenn nichts anderes klappt, wird sie sich ins Gesellschaftsleben stürzen, denn dort kann sie Einladungen geben und interessante Menschen treffen. Es gibt auch introvertiertere, philosophische Schütze-Frauen, die sich sozialen Aufgaben verschreiben, weil ihr Gefühl für Strömungen ihr Interesse am allgemeinen Wohlergehen weckt.

Etwas aber ist sie nicht, die Schütze-Frau, sie ist nie meinungslos. Ein Schütze denkt immer über etwas nach, grübelt, lernt, liest und diskutiert. Überzeugungen sind der Schütze-Frau überaus wichtig, wenn sie sich auch oft wandeln können. Der Schütze ist ein flüchtiges, wandelbares Zeichen. Manchmal wird auch die geistige, religiöse Seite der Schütze-Frau deutlich, die sich als Interesse an der Religion, an Mythen, Psychologie und vielerlei esoterischen oder okkulten Dingen offenbart. Sie liebt das Unbekannte, das Herausfordernde, das Magische und Unerklärbare.

Im übrigen hat die Schütze-Frau Sinn für Spaß und Humor. Auch die berühmte Ungeschliffenheit des Schützen tritt bei ihr deutlich zutage. Von ihr darf man keine diplomatischen Schmeicheleien erwarten. Viel eher wird sie ziemlich grob beleidigend, nicht weil sie grausam ist, sondern weil sie dazu neigt, schneller zu reden als zu denken und nicht gleich zu erkennen, daß empfindliche Seelchen durch diese Verunglimpfung gerade von ihr am Boden zerschmettert worden sind. Meistens hat sie dabei sogar noch recht. Es ist ziemlich schwierig, den sicheren Instinkt des Schützen hinters Licht zu führen, der Posen und Heuchelei schnell durchschaut.

Die Schütze-Frau hat das Bedürfnis, dort zu sein, wo etwas los ist, wo spannende und interessante Menschen anzutreffen sind. Alles Neue und Wichtige zieht sie an. Und sie muß immer in Bewegung sein, an etwas arbeiten oder sich mit Plänen beschäftigen können. Sie funktioniert schlecht, wenn es um die acht bis fünf Uhr Büroroutine oder den Haushaltsalltag geht. Für die Organisation des normalen Alltags ist sie häufig unbegabt. Wenn sie damit fertig wird, dann meist durch Hilfe von Erdzeichen, von Jungfrauen, Steinböcken und Stieren, die sich still im Hintergrund halten, das Geld kassieren und das Geschirr spülen. Aber das ist nicht so wichtig. Denn ihre Begabung ist es, Menschen zusammenzuführen, sie zu inspirieren, sie zu erfreuen, zu belehren und ihnen die Welt zu öffnen, und nicht, hinter ihnen herzuräumen.

Die romantischen Schützen haben es mit dauerhaften Bindungen immer schwer. Weil sie das Neue und Erregende liebt, sucht die Schütze-Frau gern nach dem Märchenprinzen, der sie aus dem täglichen Trott entführt und ihr seine Märchenwelt zeigt. Dabei kann es um tatsächliche oder um geträumte Eskapaden gehen, aber sie kommen häufig vor, und man muß mit ihnen rechnen. Doch sie kommt zurück, wenn man sie gewähren läßt. Auf Besitzansprüche reagiert sie mit Kämpfen, und es macht ihr nichts aus, einfach zu verschwinden. Schütze-Frauen sind überaus unabhängig. Dieser Zug läßt sich schon am Schütze-Kind beobachten. Ihm befiehlt man nicht. Man bittet es – und zwar sehr freundlich.

Der Schütze braucht, wie der Zwilling, den Umgang mit Menschen. Viele Schütze-Frauen reden ausgesprochen gern; und sie werden über alles reden, das ihnen als spannend und bemerkenswert aufgefallen ist. Sie sind begabt dafür, das auch für andere spannend zu machen. Manchmal aber walzen sie das Thema zu sehr aus und werden langweilig; und es gibt niemand, der langweiliger ist als ein Schütze-Langweiler, der auf sein augenblickliches Lieblingsthema kommt. Im allgemeinen aber ist der Schütze ein gesprächiges Wesen, das einen Partner braucht, der ebenso interessiert ist und gern redet. Stille, schweigsame Typen passen nicht sehr gut zum Schützen.

Alle Feuerzeichen brauchen ständige Verliebtheit. Der feine Unterschied zwischen lieben und verliebt sein mag für die rationaleren Elemente wie Luft und Erde gut sein. Aber das Feuer erlischt ohne den Glauben an die Liebe. Und die Schütze-Frau ist wirklich und aus tiefstem Herzen heraus in die Liebe verliebt. Die muß gelebt und nicht eingesperrt werden; und obwohl sie dabei unvermeidlich einigen Anfällen von Liebeskummer ausgesetzt ist – nicht zuletzt, weil ihr Verlangen nach Unabhängigkeit und persönlicher Freiheit einige ängstliche Partner vertreibt –, gibt sie nie die Hoffnung auf die Zukunft auf. Diese Frau ist eine Optimistin. Sie hält das Leben und die Liebe für lebenswert.

Erdzeichen – die Welt der Wirklichkeit

Da Erde das ist, worauf wir stehen, aus dem wir erschaffen sind, was uns erhält und worin wir unlösbar verwurzelt sind, ist das Element Erde in der Astrologie ein Symbol der dreidimensionalen Welt der Materie, die sichtbare Verbindung von Raum und Zeit. Die Erde ist real, zuverlässig, vorhanden und gegenwärtig. Und die Erdzeichen – *Stier, Jungfrau* und *Steinbock* – sind in erster Linie Realisten. Erdzeichen interessieren sich nicht für das Warum und Wie, fragen nicht danach, was sein könnte, was gewesen ist oder was sein sollte. Sie interessieren sich für das, was geschieht. Sie sind immer pragmatisch.

Wirklich wichtig beim Studium der Astrologie ist nicht das Katalogisieren von Verhaltensweisen, sondern das Verständnis für das echte Wesen, die innere Motivation und die Art der Wahrnehmung des Lebens, die von Menschen eines Zeichens – oder einer Gruppe von Zeichen, die einem Element zugeordnet sind – geteilt werden. Reines Katalogisieren der Züge von Jungfrau, Stier und Steinbock wird diesem faszinierenden, scheinbar schlichten, oft unterbewerteten und unterschätzten Element nicht gerecht. Die echte Erdzeichen-Persönlichkeit hat keine Zeit für abstruse kosmologische Spekulationen. Sie interessiert sich viel mehr dafür, was gerade in der Welt geschieht, wie man damit umgeht und fertig wird, wie man Ordnung und Sicherheit in einem chaotischen Kosmos schafft, wie man seine Fähigkeiten einsetzt, für sich ein produktives und nützliches Leben aufzubauen.

In den meisten Fachbüchern werden die drei Erdzeichen mit denselben Adjektiven beschrieben. Zum Beispiel: praktisch, fähig, vernünftig, sinnlich, realistisch, gut organisiert, auf Geld, Sicherheit und Status ausgerichtet. Das trifft weitestgehend zu. Was den Realitätssinn betrifft – oder was wir kraft unserer Sinne als Realität betrachten –, übertreffen die Erdtypen alle anderen. Irgendwie gelingt es ihnen, in das willkürliche Angebot von Anregungen, dem die Sinne ausgesetzt sind, Ordnung zu bringen. Sie prüfen jede Erfahrung oder jedes Objekt einzeln, untersuchen seine Gesetze und seine Natur, nehmen es in sich auf, wenden sich dann dem nächsten zu und bauen allmählich aus Tatsachen und Erfahrung einen Begriff, der ihnen ermöglicht, im Leben zu funktionieren. Sie können mit den Gegebenheiten dieses Lebens umgehen. Die Feuerzeichen verbringen viel Zeit damit, Gott zu geben, was Gottes ist, während die Erdzeichen sorgfältig darum bemüht sind zu erfahren, was der Kaiser braucht und erwartet.

Fast alle Erdzeichen fühlen sich in ihrem Körper wohl. Sie mögen ihren Körper, empfinden ihre Haut als angenehme Hülle und glauben oft sogar, selbst ihr Körper zu sein. Wenn man mehrere Menschen einzeln fragt: «Wer bist du?» und ihre erste spontane Antwort nimmt, wird man feststellen, daß die Elemente sich sehr schnell zu erkennen geben. Die Intuitiven werden zu formulieren versuchen, daß sie ihre innere geistige Substanz sind, ihre kreative Quelle. Das Erdzeichen wird sagen, daß es sich als Körper empfindet. Was für einen besseren Freund als den Körper soll es geben? Er ist für viele von uns die eigentliche Realität. Darum sind Erdzeichen-Menschen meistens gesund; sie unterdrücken und unterschätzen die Bedürfnisse des Körpers nicht.

Sie fühlen sich in der gegenständlichen Welt zu Hause und werden normalerweise mit Geld und Verpflichtungen so mühelos fertig, daß ihre feurigen Kollegen geradezu erschüttert sind. Erdmenschen können ihre Wünsche verwirklichen. Sie nehmen sich die Zeit, die praktischen Aspekte einer Situation zu erforschen, und greifen nicht nach dem Unerreichbaren. Darum sind sie in jenen Gebieten erfolgreich, in denen es um Disziplin, harte Arbeit, Anpassung, Fleiß, Geduld und Sorgfalt geht. Das Feuer ist viel zu flatterhaft, um sich solchen Geduldsproben zu stellen. Die Erde weiß, daß jeder Geburt eine Schwangerschaft vorausgehen muß. Wenn man die Augen fest auf den Boden richtet, entgeht einem kein Hindernis auf dem Weg. Allerdings sieht man auch nie etwas vom Himmel. Und es ist naheliegend, daß man ein Bild des Universums bekommt, das nur Stückwerk ist und sich auf die ewige monotone Wiederholung täglichen Kleinkrams beschränkt.

Die große Gefahr für die Erdzeichen ist es, die ungezügelteren, großartigeren, phantastischeren Traumbilder und Neigungen ihrer Natur zu negieren, zu unterschätzen oder zu unterdrücken und dadurch dem Dogmatismus, der Engstirnigkeit, Herrschsucht, Übervereinfachung und einem zwanghaften Herumkommandieren zu verfallen. Wo die Einzelheiten des Alltagslebens die Traumbilder der Feuerzeichen bedrohen, bedroht eine zu starke Einbildungskraft die Sicherheit der Erdzeichen. Das Feuer fürchtet die Ordnung; die Erde fürchtet die Unordnung.

Weil das dem Leben innewohnende Chaos, seine Zufälligkeiten, seine Wechselhaftigkeit und Veränderlichkeit für den Erdzeichen-Menschen so erschreckend sind, möchte er Festungen errichten, in die er sich zurückziehen und in denen er sich sicher fühlen kann vor der allgegenwärtigen Bedrohung durch das Unbekannte. Wie das Feuer das Unbekannte, Niegesehene liebt, verehrt die Erde das Bekannte, Vertraute und Zuverlässige. Das so widersprüchliche Leben vereint beides. Während die Erdmenschen mit Leichtigkeit mit den Gegebenheiten der materiellen Welt fertig werden, droht ihnen immer die Gefahr, die innere Bedeutung des eigenen Lebens zu übersehen. Wegen ihrer Angst vor dem Chaos und dem Unbekannten oder Veränderlichen werden die Erdzeichen oft von irrationalen Ängsten und vagen Vorahnungen heimgesucht.

Manchmal begegnet man Erdzeichen-Menschen, die ihre Phantasie und Intuition so brutal unterdrückt haben, daß sie in einem nie endenden grauen Dämmerlicht von Arbeit und Routine leben. Während sie allmählich Berge von Besitztümern um sich aufhäufen, gelingt es ihnen nie, die innere Leere auszufüllen.

Und aus ihrem tiefsten Inneren kann man ihr Klagen hören, die Sehnsucht nach einem Sinn, nach dem Gefühl, Teil eines größeren Lebens zu sein, nach der Hoffnung auf die Zukunft. All die viele Arbeit macht es schwer für sie, schöpferisch zu leben. Es läßt sich auch so ausdrücken: Das Problem der Erdzeichen-Menschen liegt darin, daß sie nicht wissen, wie man spielt. Sie haben das Stadium der Kindheit vergessen, das uns nicht verlorengeht, nur weil unser Körper erwachsen geworden ist. Heimlich lebt in uns allen ein Kind, das voller Verwunderung und Naivität und Hoffnung ist, daß das Leben uns Überraschungen, Freuden und unerwartete Gaben bringen wird. Wenn das Feuer das ewige Kind ist, ist die Erde der ewige alte Mann oder die ewige alte Frau. Erdzeichen wirken oft alt, wenn sie jung sind, weil sie soviel Verantwortungsbewußtsein haben, und gerade diese Gabe, die ihnen erlaubt, nüchtern das zu betrachten, was sie im Leben erreichen müssen, ist auch ihr größter Feind. Wenn der Erdzeichen-Mensch sich nicht aus der Versklavung durch die Tretmühle befreien kann, die er «Wirklichkeit» nennt, wird er besonders dazu neigen, den Tod als Abrechnung und Gerichtsurteil zu fürchten; als endgültiges Resümee seines Lebens, dessen eigentliche Bedeutung ihm irgendwie entgangen ist.

Feuerzeichen verspüren oft eine tiefe, geheime Sehnsucht nach genau der Sicherheit, Stabilität und «Normalität», die sie womöglich vor anderen als langweilig und erstickend schmähen. Erdzeichen dagegen haben eine ebenso geheime und unausgesprochene Sehnsucht nach dem Geistigen. Das tritt dann häufig in der Verkleidung des Aberglaubens auf, was sie peinlich berührt, weil sie doch die ersten sind, die nach Tatsachen verlangen und scheinbar nicht hinters Licht geführt werden können. Aber es gibt kein spirituell leichtgläubigeres Element als die Erde, obwohl man seinen Erdzeichen-Freund wahrscheinlich erst unter Alkohol setzen muß, ehe er zugibt, daß er dauernd auf Holz klopft, nie unter Leitern durchgeht und Angst davor hat, Salz zu verschütten. Erdzeichen sind von Geistern, Übersinnlichem und anderen parapsychologischen Erscheinungen fasziniert. Für die Feuerzeichen gehören sie zum normalen Leben. Der Erdzeichen-Mensch jedoch betrachtet diese Phänomene selten als natürlichen Bestandteil des Universums, der vielleicht nur noch nicht richtig verstanden wird. Er «glaubt» an das «Übernatürliche» nur ganz heimlich, ohne dessen Bedeutungen zu begreifen. Wie nicht anders zu erwarten, sucht er bei seinem Partner nach diesen Gaben. Die Erde wird vom Feuer angezogen und das Feuer von der Erde. Der Erdmensch läßt sich häufig bei der bedachten, systematischen Werbung um ein Liebesobjekt beobachten, das Medium, Inspiration, schöpferischen Geist versinnbildlicht – den Führer, der mit ihm die Geheimnisse des Kosmos teilt, den Überbringer von erregendem Geschehen, von Feuer und Leben. Leider können diese feurigen Partner, die vielleicht geistig oder unbewußt mit inneren Mysterien in Verbindung stehen, diese Art des Sehens nicht wie Brot und Käse austeilen. Solche Erfahrungen bleiben auf die Person beschränkt, sind nur ihr eigen und in konkreten Begriffen nicht zu erklären.

Man kann sich leicht vorstellen, vor welchen Problemen ein Erdmensch steht, der die dunkle und flüchtige Symbolsprache des Feuers verstehen möchte. Er kann einfach nichts akzeptieren, das nicht durch die Zeugenaussage seiner Sinne bestätigt ist. Er ist wie ein an einer langen Leine an einen Pfosten gebundener Hund. Er rennt unaufhörlich im Kreis herum, kommt aber nie weiter, als es die Länge der Leine erlaubt – und die Leine steht hier für sein Beharren, daß die Sinne das einzige Mittel sind, die Wirklichkeit zu erfassen.

Die Erdzeichen können hervorragende Aufbauer, Versorger, Hausväter oder Hausmütter sein und gewissenhaft für die sorgen, die sie lieben. Ihre Hauptsünde ist niemals der Mangel an Fürsorge oder Mühe, sondern der an Vorstellungskraft. Dadurch unterdrücken und zerstören sie durch zu starke Betonung des Praktischen oft ihre eigene erwachende Kreativität – und leider auch die anderer.

Wir wissen allzugut, wie sich dieses Verhalten auf die jüngeren Generationen ausgewirkt hat. Man könnte sagen, daß der Blickwinkel der Erdzeichen nach den Schrecken zweier Weltkriege und nach schweren wirtschaftlichen Depressionen für einige Zeit sogar zur allgemeinen Lebenshaltung unserer Gesellschaft wurde. Das Resultat waren zwei ganze Generationen von Aussteigern und Deserteuren, die heftig gegen die übertriebenen, erdgebundenen Werte rebellierten, die ihnen von wohlmeinenden Eltern aufgezwungen wurden; von Erwachsenen nämlich, die nach den durchlebten wirtschaftlichen und politischen Alpträumen und Unsicherheiten dieses Jahrhunderts vergessen hatten, daß die Zukunft immer neue Möglichkeiten in sich birgt. Erdmenschen schätzen nur das, was sie kennen und was sie durch ihre Sinne wahrnehmen. Dadurch entgeht ihnen sehr viel. Wer gibt sein letztes Geld für Blumen aus, um seiner Seele wohlzutun, wo doch ein Topf Suppe viel vernünftiger wäre?

Der Ärger ist, daß das Erdzeichen sein Leben lang andere mit Dingen versorgen wird, von denen es glaubt, daß sie sie brauchen, nur weil es sie selbst braucht. Und wenn dann der feurige Partner zu erkennen gibt, daß er lieber Blumen als Suppe haben möchte, ist das wie ein Schlag ins Gesicht. Das alte Problem also, das für uns alle gilt: Verschiedene Menschen sehen verschiedene Wirklichkeiten und haben verschiedene Wünsche.

Wenden wir uns nun ein wenig eingehender den Erdzeichen und seinen Beziehungen zu anderen zu. Es dürfte mittlerweile klar sein, daß ein Erdmensch, wenn auf sexuellem Gebiet alles stimmt und er in einer Situation lebt, die sein Verlangen nach materieller Sicherheit befriedigt, im allgemeinen solide, treu und unerschütterlich – zumindest meistens – in einer Partnerschaft verharrt, die andere Elemente, besonders das Feuer, zur Verzweiflung triebe. Während die Erde sich immer sicherer fühlt, empfindet das Feuer immer stärker das Eingesperrtsein. Und obwohl die Sinnlichkeit den Erdmenschen oft zu Seitensprüngen verleitet, die ihm ebenso angenehm sind wie eine wirklich gute Mahlzeit, wird er selten etwas unternehmen, das die Substanz einer langwährenden Beziehung oder Ehe gefährdet, wenn diese sein Bedürfnis nach Sicherheit und gesellschaftlicher Anerkennung erfüllt. Gesellschaftliche Anerkennung ist für das Erdzeichen ungeheuer wichtig, denn die Gesellschaft bietet Sicherheit. Die Gesellschaft ist eine Schöpfung der Erdzeichen. Sie schützt und erhält. Sie bewahrt Traditionen und bietet Regeln, nach denen das Verhalten und das Leben in ein System gebracht werden können. Erdzeichen-Menschen lieben so etwas. Das Feuer haßt es. Das Feuer ist leidenschaftlich individualistisch und wird sich immer als außerhalb der Gesellschaft stehend oder nicht an sie angepaßt empfinden. Sie ist ihm einfach zu konservativ, zu traditionell und zu sicher.

In Gesprächen zwischen Erde und Feuer kommen sehr häufig die Begriffe normal und anormal vor. Die Normalität – was immer das sein mag – ist sicher, beständig, ein Maßstab, mit dem die Erdtypen ihre Realität messen können. Anormalität ist Krankheit. Für das Feuer ist Normalität langweilig. Anormalität ist für das Feuer einfach ein anderer Ausdruck für Individualismus. Beide Zeichen fürchten und sehnen sich insgeheim nach dem Gegenteil. Erdzeichen-Menschen würden dann und wann einmal gern total verrückt sein. Feuerzeichen-Menschen würden dann und wann einmal gern vollkommen durchschnittlich sein.

Weil die Wirklichkeit für den Erdmenschen auf dem beruht, was er vor sich hat, ist die physische Präsenz des Partners und die Tatsache, daß eine Ehe existiert, bereits gleichbedeutend mit Partnerschaft. All das Gerede, daß der Beziehung etwas fehlt, ist für ein Erdzeichen reichlich unverständlich. Pflicht, Treue, Verantwortung, Zusammengehörigkeit und Sicherheit sind sehr viel wichtiger als ein wilder, romantischer Idealismus. Die feineren Nuancen einer Beziehung kann der Erdmensch oft nicht wahrnehmen. Es ist tragisch, daß ihm darüber häufig der Partner verlorengeht, der nach chaotisch-feuriger Essenz geistiger und seelischer Leidenschaft sucht. Gewöhnlich wird es das Feuer sein, das eine Verbindung mit einem Erdzeichen löst, es sei denn, das Feuerzeichen hätte eine Affäre zuviel und das Erdzeichen zöge sich verwundet und rachsüchtig zurück.

Unter rein sexuellen Schwierigkeiten leiden die Erdzeichen selten. Wohl aber können sie beim Ausleben erotischer Phantasien gehemmt sein; sie erweisen sich als ziemlich prüde, wenn es um etwas exotischere Liebesspiele geht. Sie halten viel von den Sinnen und wenig von der Phantasie.

Der Stier

Sinnenfreudiger Pragmatiker

Der Stier wird vom Planeten *Venus* regiert. In der Mythologie ist Venus die Göttin der Liebe und der Schönheit. Sie ist auch die faulste aller Gottheiten des Olymps und legt viel mehr Wert auf ihr Vergnügen als auf lästige harte Arbeit. All dies beschreibt sehr hübsch eine wesentliche Seite der Natur des Stiers: Friede, Heiterkeit, Vergnügen, Ruhe, Sicherheit und Gelassenheit. Die Geduld des Stiers beruht nicht auf Disziplin und Zynismus wie beim Steinbock. Sie ist die Geduld der Natur, der Erde selbst, heiter jeden Tag erlebend, während der morgige Tag – solange eine gewisse Garantie besteht, daß morgen so sein wird wie heute – vergessen werden kann.

Selbstverständlich hat der Stier auch andere Seiten. In gewisser Weise kann man die Stiere in eine ihrer beiden Lebensphasen einordnen, *vor* oder *nach* dem vom Stier am meisten gefürchteten Lebensaspekt, der gegen sein innerstes Wesen geht: der Veränderung.

Von alters her bringt man den Stier mit materieller Beständigkeit und Sicherheit in Verbindung. Und es besteht gar kein Zweifel, daß der Stier seine Sicherheit in greifbaren, unveränderlichen Formen schätzt: etwa als Goldbarren, als wertvolle antike Möbel oder als wirklich erstklassiges Auto. Abstrakter Reichtum, der in Investitionen festgelegt ist, oder ein Reichtum nicht greifbarer Art wie Wissen, Selbsterkenntnis, gute Freunde erscheint dem Stier nicht als wirklicher Reichtum. Sicherheit ist etwas, auf das man bauen kann. Man kann allem vertrauen, das sich nicht verändert, vergeht, einen verläßt, verschwindet oder dessen Wert von anderen abhängt. Wenn der Stier es einmal besitzt, kann er beruhigt sein. Manchmal beruhigt er sich so sehr, daß er sich kaum mehr bewegt.

Es gibt noch einen weiteren Aspekt des Sicherheitsbestrebens des Stiers. Er hängt mit seiner Lebensphilosophie zusammen. Sein Element ist mit der Wirklichkeit verbunden, mit der kompakten, greifbaren Realität. Der Stier, das erste der Erdzeichen, übertrifft die beiden anderen mit seinem realistischen Blickpunkt. Er neigt nie zu wildem Idealismus und steht den Bedürfnissen und Anforderungen des normalen Lebens niemals naiv gegenüber. Ein echter Stier schielt immer mit einem Auge nach der Sicherung seines Lebensunterhalts. Er sieht seine Ziele realistisch und steckt sie so, daß er sie auch erreichen kann. Für sich genommen, ist der Stier kein ehrgeiziges Zeichen. Er kann sehr zufrieden die unsichtbare Macht hinter den Kulissen bleiben. Er ist der Geldgeber, der Finanzexperte, der dafür sorgt, daß alles gut läuft, ohne in der Öffentlichkeit Lob einzuheimsen. Er ist realistisch genug zu wissen, daß Lorbeeren nicht eßbar sind und man mit ihnen auch kein undichtes Dach reparieren kann.

Die Kehrseite dieses Realismus ist, daß dem Stier viel entgeht, das er mit seinem erdgebundenen Auge nicht wahrnimmt. Er schätzt Einfachheit und schlichte Tatsachen; nur sind eben viele Aspekte des Lebens weder einfach noch auf Formeln reduzierbar. Man könnte es das Syndrom des langweiligen Pragmatikers nennen. Er ist hauptsächlich deswegen langweilig, weil er über nichts etwas zu sagen hat, sofern er es nicht in der Hand halten kann, geschweige denn, daß er einzelne Nuancen erkennen könnte.

Der Stier liebt einfache Kost, aber selbstverständlich von allerbester Qualität. Von Raffinesse hält er nichts. Auch Möglichkeiten schätzt er wenig. Wenn für den Stier etwas real sein soll, muß es mehr als möglich sein: es muß definitiv sein.

Viele Stiere sind notorische Skeptiker, wenn ihnen etwas «mystisch» erscheint. Dieser Pragmatismus bei allem, das nebelhaft, verworren, schwindlerisch oder falsch sein könnte, dient dem Stier übrigens zum Vorteil. Er bewahrt ihn vor Mißgeschick und verhilft ihm dazu, nur dem absolut Zuverlässigen einen Platz in seinem Leben einzuräumen. Dies trifft auch auf seine menschlichen Kontakte zu. Der Stier will ganz genau über andere Bescheid wissen und ihre Referenzen mit geradezu bizarrer Gründlichkeit prüfen, ehe er zu Eingeständnissen bereit ist. Schließlich ist das die vernünftige, realistische Methode. Obwohl er eine sentimentale, sanfte, romantische Ader hat, steht im Hintergrund immer der gesunde Zyniker. Durch den großen Rosenstrauß hindurch wirft er in aller Stille einen Blick auf Bankauszug und Familienverhältnisse. Er weiß einfach gern, daß alles stabil, sicher und zuverlässig ist.

Betrachten wir nun die berühmte Sinnlichkeit des Stiers. Zweifellos ist er ein sinnliches Wesen, und das bezieht sich nicht nur auf das Gebiet der Sexualität, sondern auf alle Sinnesfreuden. Sehen: Der Stier hat ein Flair für Gestaltung, für Farbe, vielleicht auch für Malerei und Fotografie. Hören: Der Stier ist für seine musikalische Begabung bekannt, und viele Stiere sind Sänger oder Komponisten. Fühlen: Das bedeutet nicht nur, daß er auf physische Berührung reagiert, sondern er liebt auch Materialien wie Seide, Samt, Satin und Pelz. Das kostet natürlich Geld, aber der Stier ist nicht an Billigem interessiert. Schmecken: Das kann zu einem Problem werden. Die Liebe zum guten Essen wird für viele Stiere zu einer Frage des Gewichts. Ein Stier weiß meist, wo man gut ißt, wobei dies nicht unbedingt Restaurants sein müssen, die gerade in Mode sind (dorthin gehen die Zwillinge und Schützen). Riechen: Stiere sind außerordentlich geruchsempfindlich und lieben meist ganz besonders kostbare Düfte aller Art. Von Blumen bis zum teuersten Parfum umgibt sich der Stier gern mit guten Gerüchen. Oft reagieren seine Sinne so scharf und intensiv, daß es ihm unerträglich ist, etwas um sich zu haben, das unangenehm, billig oder häßlich aussieht, riecht oder sich anfühlt. Der Stier hat einen starken Instinkt für Harmonie.

Viele Stiere haben einen ausgeprägten Sinn für Geschmack. Allerdings neigt ihr Geschmack mehr zum Konventionellen als zum Modernen. Die realistisch und gesellschaftlich angepaßten Erdzeichen neigen mehr zum qualitativ Wertvollen, das nicht nach sechs Monaten wieder aus der Mode ist. Stiere sind keine Modegecken. Aber innerhalb der Grenzen ihres soliden, fast bürgerlichen Geschmacks unterlaufen ihnen kaum Fehler. Der Stier wurzelt tief in der Tradition. Oft liebt er das Alte, das Antike – antike Möbel, Porzellan, Teppiche oder Schmuckstücke, Gemälde alter Meister, solide, alterslos und wertvoll.

Wegen seiner Schönheitsliebe ist der Stier fast gezwungen, sich eine Atmosphäre zu schaffen, die so schön und erfreulich wie nur eben möglich ist. Andererseits ist er oft so mit der physischen Schönheit befaßt, daß er nicht merkt, was sich darunter verbirgt. Es ist typisch für Stiere, auf jedes hübsche Gesicht hereinzufallen. Sie legen soviel Wert auf Schönheit – bei Gegenständen und bei Menschen –, daß sie Eigenschaften wie Wahrnehmungsfähigkeit, Geist, Intelligenz und Charakter übersehen oder unterbewerten. Leider muß es gesagt werden: Viele Stiere lassen sich hoffnungslos vom äußeren Schein trügen. Das ist einer ihrer großen Fehler.

Der Stier ist ein Sammler von Gegenständen, Geld und Menschen. Was er sammelt, soll für ihn wertvoll sein. Er wird es schätzen, hüten, beachten und mit aller Kraft festhalten wollen. Darum ist der Stier oft der Partner, nach dem Menschen suchen, die wirkliche Sicherheit und eine feste, unwandelbare Partnerschaft ersehnen. Gleichgültig was geschieht oder was der andere tut, der Stier wird ihm zur Seite stehen. Er wird nicht immer seine Beweggründe verstehen, dennoch aber loyal bleiben.

Der Sammeltrieb des Stiers kann außer Kontrolle geraten. Vielleicht sammelt er um des Sammelns willen, und bei Gegenständen schadet das nichts; aber wenn es um Menschen geht, kann es sehr ärgerlich werden. Manchmal muß man zur Schocktherapie greifen und mit ihm Streit anfangen, bis er begreift, daß man ein Individuum ist und ein eigenes Innenleben hat. Man muß es ihm sagen. Gedankenübertragung ist nicht sein Fall, und auf sanfte Hinweise reagiert er selten. Das Aufspüren von Beweggründen ist für ihn höllisch schwer.

Paradiese des Wohlbehagens ohne störende Schlangen scheint es in diesem Leben nicht zu geben. Ohne daß es ihm bewußt wird, macht der Stier dieser Schlange aber auch noch den Hof und schafft damit unbewußt eine Situation, aus der er dann in dem Glauben hochschreckt, sie sei zufällig entstanden oder durch andere herbeigeführt worden. Läßt die Schlange ihn jedoch in Frieden, bleibt er charmant und kindlich. Viele erwachsene Stiere sind von erstaunlicher Kindlichkeit. Das Leben ist für sie ganz einfach schwarz und weiß. Grautöne gibt es nicht. So haben sie es sich logisch, systematisch und schlicht zurechtgelegt. Gute Menschen sind gut und kommen in den Himmel; schlechte Menschen sind schlecht und kommen in die Hölle.

Eine beherrschende Kraft im Leben des Stiers ist das Begehren, ob er nun nach sexueller Erfüllung, Speise, Trank, Geld, Status oder sonst etwas verlangt. Wenn der Stier vom Gegenstand seines Verlangens besessen ist, läßt er sich nicht zurückhalten. Er ist wie eine Dampfwalze; es dauert vielleicht ein bißchen, bis er herausgefunden hat, was er wünscht, und bis er sich dafür erwärmt hat, aber wenn er sich dann in Bewegung setzt, kann ihn nichts auf Gottes weiter Erde mehr aufhalten. Wichtig für ihn ist, dem Begehren Zügel anzulegen, damit es für ihn arbeitet, statt daß es ihn hinter sich herzieht.

Mit der Voraussicht ist es beim Stier nicht weit her, und auch das Gewirr menschlicher Beweggründe und Gefühle bleibt ihm oft unbegreiflich. Infolge seiner Liebe zum Einfachen und seiner intensiven Abneigung gegen Hypothesen, schattenhafte und doppelsinnige Suggestionen, Unterschwelliges und Nuancen verliert er häufig den Weg im Labyrinth menschlicher Beziehungen und in seinem Innenleben. Er braucht einen gebahnten Weg und eine Vorstellung vom Lageplan. Hat er beides, ist er auch schon unterwegs.

Wenn der Stier sein Ziel, seinen Zweck und ein Arbeitsgebiet finden kann, die seine enorme Strebsamkeit und seine Energie ausfüllen, ist er ein wahrer Künstler – ob es dabei um eine Skulptur, eine Symphonie, ein Bauwerk oder eine Regierung geht. Zuerst muß ihm klargemacht werden, daß er nicht sein ganzes Leben lang behaglich Gras kauend die anderen Stiere von der Weide vertreiben kann. Jeder Stier trägt tief in sich das Bedürfnis, nützlich zu sein, zu produzieren, etwas zu bauen, das solide, dauerhaft und greifbar ist und Zeugnis von seiner Existenz und seiner Leistung ablegt. Der Stier sucht nach einem Symbol seines eigenen Wertes. Darum muß er etwas schaffen, das Bestand hat. Bevor er sich seinem Lebenswerk hingibt, ist der Stier oft ziellos oder lethargisch oder von der Hilfe anderer abhängig. Seiner wahren Natur nach ist er ebensosehr Vulkan, der Gott des Feuers, wie auch Venus, die schöne und träge Göttin. Verbinden sich die beiden, gibt es wunderbare Nachkommen.

Die Schattenseiten

Alle Erdzeichen haben als Unterströmung das Feuer. Sie manifestiert sich oft in Form von religiösem Eifer oder Fanatismus. Dieser Stier-Schatten bleibt bei manchen Menschen dieses Zeichens völlig verborgen, kommt bei anderen aber in voller Stärke zum Ausbruch. Niemand, wirklich niemand kann dann so fanatisch sektiererisch sein wie der Stier.

Der religiöse Fanatismus durchdringt häufig alle Bestrebungen des Stiers. Die Liste ist sehr lang und reicht von großer Helligkeit – Buddha soll ein Stier gewesen sein – bis ins tiefste Dunkel – Hitler war ein Stier.

Im normalen Leben kann dieser Fanatismus auf sehr verschiedene Weise zutage treten. Die typischste Form ist Unduldsamkeit. Der Stier ist nicht dafür berühmt, die Meinungen anderer ohne weiteres gelten zu lassen. Was nicht zu seinem Bild der Wirklichkeit paßt, wird von ihm negiert. Für ein so realistisches Zeichen neigt der Stier zu seltsam unbedachten Leidenschaften. Oft hat sein Pragmatismus Unterströmungen von wildem, blindem Fanatismus – der ganz und gar nicht pragmatisch ist. Meistens erkennt er das aber nicht. In seinen Augen ist keiner realistischer als er. Dabei kann der Stier so einseitig sein, daß er nur noch rotsieht.

Unduldsamkeit und Vorurteile sind nahe verwandt. Voreingenommenheit ist eine der Hauptschwierigkeiten der Schattenseite des Stiers. Hat er einmal die Überzeugung gewonnen, daß eine bestimmte Ideologie, Religion, Rasse oder ein bestimmter Menschentyp nichts taugt, ändert er seine Meinung nicht mehr. Er wird nicht weichen und wanken, und nichts kann ihn davon abbringen. Seine Kritik der Werte anderer Menschen kann unglaublich beleidigend sein. Für den Stier gibt es keine anderen Werte als die eigenen. Und es macht ihm nichts aus, grob oder verletzend zu reagieren, wenn man ihm widerspricht.

Die Schattenseite des Stiers hat noch andere Facetten, die mit den eben erwähnten eng zusammenhängen. Eine davon ist seine Neigung, andere Menschen auszunützen. Sie gehört zu seiner Suche nach Bedeutung, nach dem Glanzvollen, dem Mystischen, dem Dramatischen. Manchmal, wenn er diese Eigenschaften im eigenen Leben nicht findet, wird er zu einer Art geistigem Anhänger. Oder zu einem echten Anhängsel. Viele Stier-Frauen sieht man Arm in Arm mit berühmten Pop-Stars, Filmschauspielern oder anderer Prominenz.

Der Stier ist manchmal fähig, sich selbst für eine Beteiligung an der Aktivität eines anderen zu verkaufen. Für ihn ist das ein gerechter Tausch; er gibt eigene Werte für etwas ab, das er höher einschätzt. Sowohl bei den weiblichen wie bei den männlichen Stieren gibt es etwas, das sich gern von jemand anderem aushalten oder kaufen läßt, weil es einen Preis oder einen Wert darstellt. Je höher der Preis, desto größer der Wert.

Fanatismus und Opportunismus: zwei verzerrte Gesichter des vom Stier unterdrückten Feuers. Die Feuerzeichen haben auch beides, aber auf andere Art, gemilderter und ehrlicher. Beim Stier aber sind es Eigenschaften der Schattenseite, und meist weiß er nicht, daß er sie zeigt. Wie soll er mit ihnen fertig werden? Wie bei allen Schatten-Eigenschaften hilft es schon, wenn man ihr Vorhandensein kennt. Im Fall des religiösen Eifers und des Fanatismus hilft es, wenn der Stier bereit ist, anzuerkennen, daß es im Leben viele Dinge gibt, die nicht allein durch die fünf Sinne erfaßbar sind. Es gibt Geheimnisse und Bedeutungen des Lebens, die sich nicht pragmatisch und statistisch festlegen lassen. Das bedeutet, daß er nicht auf Stierart die Werte anderer zertrampelt, und es bedeutet auch, daß er sie nicht stiehlt, wie es der Opportunismus seiner Schattenseite gern tut. Dazu gehört, daß er sich eigene Werte aufbaut und lernt, das eigene Wesen zu schätzen. Und er muß lernen, anpassungsfähig und duldsam zu werden. Dann erst kann der Stier das werden, wozu er wirklich vorgesehen ist: der Bewahrer, der Erhalter, der Erbauer, der Künstler, der Gabenspender. Der Stier ist nicht das Zeichen eines Schwächlings. Man darf schon von ihm erwarten, daß er sich mit seiner Schattenseite herumprügelt. Ebenso darf man erwarten, daß er auf der positiven Seite über enorme Kraft, Ausdauer, Geduld und Mut verfügt.

Der Stier als Partner

Der Stier ist ein sehr körperliches Zeichen. Es wird kaum einen Stier geben, der nicht eine starke und intensiv begehrende Natur besitzt. Er ist sinnlich, liebt die Schönheit und kann sehr schwelgerisch sein. Dies ist kein Zeichen für Asketen.

Für viele Stiere ist die sexuelle Seite einer Beziehung ausschlaggebend. Wo der Sex gut ist, wird der Stier bleiben. Es wäre ein Fehler, dem Stier einen besonderen Sinn für Moral beizumessen; der hängt von seinem persönlichen Standpunkt, seiner Generation und seinen privaten Wertungen ab. Wenn er sich entschließt, treu zu sein, ist er sehr treu. Wenn nicht, wird er fröhlich seine Seitensprünge machen und sie außerordentlich genießen, jedoch niemals zulassen, daß sie die Stabilität seiner Ehe gefährden. Stabilität ist für den Stier wirklich wichtig. Aber auch die Befriedigung. Wenn man den Stier festhalten will, muß man auf erotische Spielchen wie: Jetzt kannst du mich haben, jetzt nicht – verzichten. Er wird sich sonst etwas leichter Erreichbares suchen.

Der von der Venus beherrschte Stier hat Sinn für Romantik. Er ist nicht stilvoll romantisch wie die Waage, leicht zerstreut wie die Fische oder intensiv und dunkel wie der Skorpion, nein, bei ihm geht es um die gute alte Märchenromantik, denn er hat nun mal einen konventionellen Zug. Die althergebrachten Rituale und Methoden sind für ihn die besten. Der echte Stier hält Versprechen, verspricht nichts, bevor er nicht sicher ist, und ist nicht sicher, ehe er nicht alle Einzelheiten der Lage überprüft hat. Das ist nicht besonders romantisch, aber seine Romantik, die manchmal ein wenig schwerfällig wirkt, ist trotzdem echt. Er glaubt wirklich an Verlobungsringe und weiße Hochzeitskleider. Sie sind ein greifbarer Ausdruck seiner Gefühle. Der Stier ist fähig, Geschenke zu machen und Gefühle auszudrücken. Nur kann er gleichzeitig Komplimente machen und schwierig sein, weil ihm das Zeigen von Gefühlen wegen seiner festgelegten und vorsichtigen Natur nicht leichtfällt.

Der sich des Wertes der Beständigkeit so bewußte Stier wird selten von einer Beziehung zur nächsten taumeln. Vielleicht hat er viele sexuelle Kontakte, aber «Beziehung» ist für ihn etwas viel Gewichtigeres. Oft wird ihn sein Verantwortungsbewußtsein, gepaart mit seinem Verlangen nach Sicherheit, in einer Beziehung festhalten, die schon lange allen Charme eingebüßt hat. In diesem Fall findet er den Charme höchstwahrscheinlich anderswo, solange er nur nicht die Grundfesten des sicheren Heims erschüttert. Mit seiner Einfalt kann einen der Stier zur Verzweiflung treiben. Partnerschaft bedeutet, physisch anwesend zu sein. Es ist schwer, mit einem Stier über tiefere Nuancen zu sprechen. Man muß meinen, was man sagt, weil er sonst die falschen Schlußfolgerungen zieht. Er nimmt Gesagtes wörtlich und wird ebenso geradeheraus antworten. Bei Feindseligkeit, emotionaler Erpressung oder anderen unterschwelligen Gefühlen, auf die beispielsweise jeder Skorpion sofort reagieren würde, wendet der Stier sich angewidert ab. Mit ihm muß man konkret und direkt reden. Unterschwellige Kräfte, die so oft die beste Beziehung zerstören, kann er gar nicht erkennen, denn seine Vorstellung erschöpft sich in dem, was im Schaufenster ausgestellt ist.

Der Stier kann überaus sanft, zärtlich und liebevoll sein. Weil sie ein so physisches Zeichen sind, brauchen die meisten Stiere einen greifbaren Ausdruck ihrer Liebe. Das kann zwar sehr schmeichelhaft und aufbauend sein, aber es kann auch den Partner ersticken. Die berühmte Besitzgier des Stiers existiert tatsächlich. Er ist ein machthaberisches Zeichen, allerdings aus anderen Gründen als der Skorpion, der ebenfalls für seine Eifersucht bekannt ist. Der Stier besitzt, und das bedeutet, daß der Partner ihm ebenso gehört wie seine geschätzten Gemälde, seine wertvollen Antiquitäten oder seine seltenen alten Bücher. Er wird dies oft mit besitzerischen Gesten in der Öffentlichkeit demonstrieren. Es ist eine Frage des Geschmacks, ob einem das gefällt. Der Stier ist ein Zeichen, mit dem man sich nicht verbinden sollte, wenn man Abstand und eine freie Verbindung vorzieht; zumindest nicht, wenn er verliebt ist.

Es braucht viel, einen Stier in Wut zu versetzen. Die endlose Geduld und angenehme Gelassenheit dieses Zeichens sind für jeden, der in einer Beziehung Ruhe und Frieden sucht, ein wahrer Segen. Setzt man ihm aber zu sehr zu, so hat man den sprichwörtlich wütenden Stier vor sich. Und wenn er einmal wütend ist, schreckt er nicht vor körperlicher Gewalt zurück. Er ist selten subtil genug, sich mit verbalen Attacken zufriedenzugeben wie die Jungfrau oder die Zwillinge oder eine vergiftete Atmosphäre zu schaffen wie der Skorpion. Seine Sprache ist offen: Er zerschlägt Porzellan oder haut einen ins Gesicht.

Diese Gewalttätigkeit wird provoziert, wenn man ihm zu direkt vorführt, daß man unabhängig von ihm ist. Hat man sich einmal an ihn gebunden, ist das ein sicherer Weg, ihn zur Weißglut zu bringen. Ein weiteres ist, seine materielle Sicherheit zu bedrohen. Stier-Frauen, die sich scheiden lassen oder getrennt leben, werden sich am Haus, am Auto, an den Möbeln und dem Bankkonto festhalten, die Zähne fletschen und die Krallen zeigen. Nimmt man ihm seinen Besitz und seine Sicherheit, hat man einen sehr wütenden – und sehr unsicheren – Stier vor sich.

Wenn es um Loyalität und Standfestigkeit geht, bleibt der Stier unübertroffen. Ebenso, wenn es um Ruhe geht, die bis zur Selbstzufriedenheit reichen kann. Der Stier wird oft von feurigen Temperamenten angezogen, welche die mutige, kindliche Hingabe, die spielerischen Instinkte, die Liebe zur Gefahr, Einbildungskraft und Entschlossenheit besitzen, die er selbst nicht zu zeigen wagt. Der Stier braucht ein wärmendes Feuer, das ihn lockert und ihm zeigt, daß es noch andere Dimensionen der Wirklichkeit gibt. Er braucht Feuer, um ans Leben glauben zu können, denn sein eigener Glaube beruht weitgehend auf dem, was er auf dem Konto hat. Außerdem braucht er das Feuer als schöpferische Inspiration und als Muse. Und die unbeständigeren Temperamente, die Zigeuner, Wanderer, Traumtänzer und Propheten brauchen den Stier, weil seine Kraft, mit den gewöhnlichen Problemen des Lebens fertig zu werden, unerschöpflich ist. Sie brauchen ihn auch, weil er im Gegensatz zu den schwierigeren Zeichen nichts anderes will als glücklich sein; und das Glück ist für ihn nicht so schwer zu finden. Seine Schlichtheit und Liebe zum Natürlichen machen es für andere ebenfalls ein wenig leichter, Glück zu finden.

Der Stier-Mann

Der Stier ist ein extrem männliches Tier. Obwohl der Stier als weibliches Zeichen angesehen wird, zeigt die männliche Version wenig Weibliches – falls man Sanftheit, Sinnlichkeit und Schönheitsliebe nicht als feminin einschätzt. Viele Stier-Männer neigen ein wenig zum Machismo – zum großen Teil, weil es ein so physisches Zeichen ist und der Stier für die von der Gesellschaft angebotenen kollektiven Rollen so empfänglich ist. Darum neigt der Stier-Mann dazu, all das in sich zu vereinen, was die Gesellschaft als männlich betrachtet, von der Kleidung, dem Gehabe bis zu den Besitzansprüchen auf seine Frau.

Viele der Helden aus den romantischen historischen Romanen müßten eigentlich Stiere sein. Der starke, schweigsame Held – eine Kreuzung zwischen Clint Eastwood und Herkules – paßt zum Zeichen des Stiers. Meistens sieht er blendend aus, hat ein im konventionellen Sinn gut geschnittenes Gesicht und ist auffallend gut gekleidet. Letzteres spielt bei vielen Stier-Männern eine große Rolle. Manchmal nennt man es Eitelkeit, manchmal guten Geschmack. Der Stier liebt die Eleganz, und viele Männer widmen, ohne deshalb «affig» zu sein, ihren Haaren, Schuhen, Fingernägeln und ihren Kosmetika sehr viel Zeit. All dies sind physische Freuden, Ausdruck physischer Schönheit und guten Stils. Es gibt kaum einen Stier-Mann, der nicht irgendwo eitel wäre. Stiere werden von der Venus regiert – und Venus stand immer vor ihrem Spiegel.

Starke Leidenschaften sind ein weiterer Wesenszug von Romanhelden, der auch bei vielen Stier-Männern auffällt. Wer auf starke Sinnlichkeit aus ist, findet sie beim Stier im Überfluß. Viele Stier-Männer sind stolz auf ihre sexuelle Leistungskraft; physische Liebe ist – genau wie physische Schönheit – sehr wichtig für sie und nicht etwas, das man hastig oder gar schlecht hinter sich bringt.

Wer nichts für stumme, starke Helden übrig hat, dann und wann gern mit jemand schwatzt und es überhaupt differenzierter mag, für den ist der Stier kein Partner. Spielereien liegen ihm nicht. Und selbst wenn man ihn in der schlechtestmöglichen Situation antrifft, wird er immer noch so wirken, als ruhe er in sich. Die Ausstrahlung von Erdverbundenheit kann man ihm einfach nicht nehmen. Die ausgeprägte Sexualität und die totale Ungeniertheit gegenüber allem, was den menschlichen Körper betrifft, sind sehr typisch für den Stier.

Für Flair, Kompliziertheit und Tiefgang wendet man sich besser einer Waage, einem Skorpion oder einem Fische-Mann zu. Stier-Männer können geradezu ärgerlich einfach sein. Wenn sie etwas nicht verstehen wollen, schließen sie es aus und werfen dem anderen vor, irrational, unvernünftig oder töricht zu sein. Und sie werden gönnerhaft. Das ist eine der am wenigsten zu verkraftenden Eigenschaften des Stier-Manns: er kann überheblich sein. Weil er selbst nicht so leicht aus der Ruhe zu bringen ist, reagiert er verächtlich oder mit Unverständnis auf die Nöte und Ängste oder auf die Nervosität anderer. Er verteilt dann freundlich einen Klaps und den Ratschlag, ein Aspirin zu schlucken und auszuschlafen. Oder er schlägt vor, die Nacht auf die Art zu verbringen, die in seiner Gesundheitsfibel sowieso als Allheilmittel fungiert.

Ist man am Boden zerstört, wird er ein Fels in der Brandung sein, wahrscheinlich aber, ohne zu verstehen, warum man so zerstört ist. Es hat keinen Zweck, es ihm zu erklären, wenn es sich nicht in schlichte Worte fassen läßt. Mit «hysterischen Frauen» kann er nichts anfangen. Für alles sollte es eine einfache Lösung geben. Unglücklicherweise gibt es das für manche Dinge nicht. In diesen Fällen verschließt der Stier seine Augen vor dem Problem.

Sehen Sie sich vor, daß Sie ihn nicht betrügen. Verständnis für Verwirrspiele von ihm zu erwarten, ist sinnlos. Wo es um seine romantischen Gefühle geht, ist der Stier äußerst verwundbar. Wenn er in Ihnen sein romantisches Ideal sieht, wird er verwundet und verwirrt, wenn Sie doppelsinnig oder gar doppelbödig werden. Man kann einen Stier zwar lange Zeit an der Nase herumführen, weil er so beständig liebt; wenn Sie es aber zu weit treiben, kann er Sie durchaus mit all Ihrer Habe aus dem Haus werfen und nie wieder ein Wort mit Ihnen sprechen. Er ist beständig – in der Liebe und im Haß –, aber im Alles-Verzeihen ist der Stier nicht besonders gut. Vergessen, ja, oder einfach nicht darüber reden. Aber vergeben, nein. Er wird sich erinnern, für lange, lange Zeit.

Der Stier-Mann kann unglaublich träge sein. Seine Vorstellung von Entspannung ist eine Flasche Bier vor dem Fernsehapparat. Er neigt auch dazu, sich behaglich an den Tisch zu setzen und aufs Essen zu warten. Keine Methode, die darauf abzielt, das Herz von Feministinnen zu erobern! Er läßt sich gern verwöhnen und meint häufig, es stünde ihm zu. Ob man das mag, ist eine Frage des persönlichen Geschmacks. Aber man sollte nie vergessen, daß er, wie schillernd seine Vergangenheit oder wie bilderstürmerisch seine Ansichten auch sein mögen, im tiefsten Inneren konventionell ist und immer etwas vom männlichen Chauvinisten an sich hat. Doch so schlecht ist das gar nicht, wenn man bedenkt, wie reizvoll es sein kann, einen «richtigen» Mann um sich zu haben. Stier-Männer haben etwas an sich, das Frauen dazu bringt, sich sehr weiblich zu fühlen.

Die Stier-Frau

Ist der Stier-Mann oft ein übermäßig männliches Wesen, so ist die Stier-Frau häufig der Inbegriff für das instinktiv Weibliche – das Traumbild vieler Männer –, ausgestattet mit der Weichheit, Kraft, Weisheit, Geduld und Leidenschaft ihrer Göttinnen-Vorfahren.

Es scheint zwei unterschiedliche Typen von Stier-Frauen zu geben. Die einen sind die echten venusbestimmten Stier-Frauen. Sie sind die Liebreizenden mit dem wunderbaren Teint, in herrliche Düfte gehüllt, elegant und teuer gekleidet. Verwöhnt, träge, sinnlich und sehr mit der eigenen Anziehungskraft und ihrer Wirkung auf Männer befaßt, stellen sie für viele Männer die Idealfrau dar. Ihr Problem ist nur, daß sie oft auch an nichts anderes sonst denken und nichts anderes tun.

Die venusbestimmte Stier-Frau ist hingebungsvoll und meist loyal – vorausgesetzt, man gibt ihr Sicherheit, sorgt für sie und verwöhnt sie. Sie gibt sich ganz, und ihre Stetigkeit und Treue sind bewundernswert. Gelegentlich vielleicht zu bewundernswert. Um sich aus einer Bindung mit einer solchen Stier-Frau zu lösen, muß man entweder sehr hart sein oder aufgeben, denn sie wird mit der unglaublichen Zähigkeit des Stiers an dem Partner hängen, bis er aus reiner Erschöpfung nachgibt. Stier-Frauen können warten; und oft warten und warten und warten sie, bis man eine Verpflichtung eingeht oder sein Versprechen einlöst. Der Stier wird vom Feuer angezogen. Viele Stier-Frauen sind von den feurigen Typen fasziniert – und damit leider von den unzuverlässigsten aller Tierkreiszeichen-Männer. Sie lieben Glanz, Erfolg, ein wenig Draufgängertum und etwas unberechenbare Leichtfüßigkeit. Für sich selbst hingegen sind sie willens und bereit, die Rolle der Urmutter Erde zu übernehmen. Man muß sich natürlich genau überlegen, ob man eine Urmutter Erde will. Als Flirt beginnend, entwickeln sich beim Stier die Dinge leicht und schnell zur Stabilität. Die Vorteile der Liebe und Fürsorge der Stier-Frau sind fraglos unschätzbar. Wem aber seine Freiheit wichtig ist, der wendet sich besser einem anderen Zeichen wie den Zwillingen oder dem Wassermann zu.

Der andere Typ der Stier-Frau ist die «Natürliche». Auch sie ist immer noch die Erdmutter, und ihre Zuneigung, Sanftheit, Beständigkeit und Stärke sind genauso vorhanden, vielleicht sogar noch stärker. Aber dies sind die Frauen, die Make-up eher ablehnen, die gesund essen, auf dem Land leben, Zigarettenrauch abscheulich finden und zum einfachen Leben zurück wollen. Für den geheimen Träumer vom kletterrosenumrankten Haus auf dem Lande mit eigenem Pferd auf der Weide und dem Duft frischgebackenen Brotes ist diese Stier-Frau die Richtige. Aber Vorsicht! Wer zur Unrast neigt und gern reist, muß ihr mindestens drei Monate Vorwarnung geben. Und darf, um Gottes willen, seine Pläne nicht in letzter Minute ändern!

Stier-Frauen nehmen alles sehr wörtlich. Das heißt, sie glauben einem aufs Wort und nehmen einen beim Wort. Man darf also nichts versprechen, das man nicht halten will. Dafür hat die Stier-Frau gar kein Verständnis.

Gleichgültig, was die Stier-Frau anfängt – ob sie ein teures Callgirl oder eine Führungskraft der Wirtschaft ist –, sie behält ihre angeborene Naivität und damit eine Sicherheit und Natürlichkeit, die keine Erfahrung trüben kann. Die große Gabe der Stier-Frau ist ihre Fähigkeit, alles im Rahmen des gesunden Menschenverstandes sehen zu können, ob es sich um häusliche Dinge oder Probleme in ihrem Beruf handelt. Ihr Blick für das Realistische, das Solide, das Zuverlässige ist untrügerisch scharf. Sie ist kein guter Menschenkenner, weil Menschen so kompliziert und vielschichtig sind. Dafür kann sie aber fabelhaft gut mit Tatsachen umgehen. Und ihre klare Vernunft ist Lebenselixier für den erschöpften Idealisten und Träumer, der zu viele Möglichkeiten gesehen und sein Talent so verzettelt hat, daß er das Ziel aus dem Auge verloren hat. Der Stier holt ihn auf den festen Boden zurück. Und da er ein sanftes Zeichen ist, kann man damit rechnen, daß die Landung weich sein wird.

Die Jungfrau

Realistin im Einklang mit sich

Das uralte Klischee der adretten, ordentlichen, sauberen Seele mit dem ausgeglichenen Bankkonto und der makellosen Küche sollten wir gleich von Anfang an aufgeben. Über diese Vorstellung können die meisten Jungfrauen nur zynisch lachen. Aus schwer begreiflichen Gründen wird die Jungfrau auf traurige Art fehlgedeutet. Diese Gründe rühren möglicherweise wie so viele andere astrologische Fehlinterpretationen aus dem Mittelalter her, als man versuchte, ein symbolisches System, das viel älter und umfassender als das Christentum war, zu «christianisieren» und zu moralisieren. Manche Zeichen schneiden ziemlich schlecht ab, wenn man versucht, Symbole gesellschaftlichen Vorstellungen anzupassen, und die Jungfrau und den Skorpion hat es dabei am schwersten erwischt. Ewig als Sekretärin einerseits oder als Sexbesessene andererseits abgestempelt zu werden, hat schon viele Skorpione und Jungfrauen erbost.

Jedes Zeichen besitzt einen tiefen, wesenhaften Antrieb, eine innere Motivation, die sich auf das Einzelwesen auswirkt, ob es sich dessen bewußt ist oder nicht. Dieser innere Antrieb wirkt sich auf verschiedene Menschen natürlich verschieden aus. Ob er sich nun physisch, psychisch oder geistig umsetzt, er kommt aus derselben Quelle. Der innere Antrieb der Jungfrau gilt nicht der Sauberkeit. Es wird immer wieder behauptet, Perfektionismus sei eine Haupteigenschaft der Jungfrau. Nach meinen Beobachtungen ist dies nicht der Fall. Differenziertheit, ja, das ganz bestimmt. Niemand differenziert mehr als die Jungfrau. Ein schlichtes Ja oder Nein tut es bei ihr nicht; sie sagt ja zu diesem Teil und vielleicht auch zu jenem, aber sicher nicht zu dem mittleren, und zum letzten sagt sie bestimmt nein. Nichts ist für sie schwarz und weiß. Das würde ja eine einfache Welt voraussetzen, und für die Jungfrau ist die Welt selten einfach. Sie ist wie ein riesiges, grenzenloses Puzzle-Spiel, und es treibt die Jungfrau zum Wahnsinn, wenn sie auf dem Deckel des Kastens keine Vorlage hat, ehe sie beginnt, die Teile zusammenzusetzen. Die Jungfrau hat eben ein stark entwickeltes Unterscheidungsvermögen. Das drückt sich bei ihrer Wahl von Freunden, Liebespartnern, Ideen, ihrer Ernährung, ihrem Lebensstil, der Kleidung, der Lektüre, ihrem künstlerischen Geschmack und auf jedem anderen Gebiet aus, auf dem es Wahlmöglichkeiten gibt. Um Perfektionist zu sein, muß man jedoch auch Idealist sein, mit dem Idealbild dessen, was perfekt ist. Und die Jungfrau ist kein Idealist. Sie ist eines der realistischsten, wahrscheinlich *das* realistischste Zeichen des Tierkreises. Die Jungfrau hat keine unmöglichen rosaroten Vorstellungen von einer perfekten utopischen Welt, nicht mal die einer perfekten utopischen Küche. Die Jungfrau greift immer nach dem Erreichbaren. Das Element der Erde strebt nach irdischer Realität.

Es ist auch behauptet worden, daß es zwei Typen der Jungfrau gibt, die ordentlichen und die schlampigen. Das mag wahr sein, denn bei jedem Zeichen gibt es zwei Typen, die introvertierten und die extravertierten. Die extravertierte Version eines jeden Tierkreiszeichens will sich nach außen hin ausdrücken. So sieht der extravertierte Widder in der Welt eine Herausforderung; der extravertierte Schütze erforscht die Welt; der extravertierte Fisch projiziert seine Visionen in die Welt. Die extravertierte Jungfrau versucht zweifellos, ihr Verlangen nach Klassifizierung und Ordnung auf eine weltliche Ebene zu verlegen, während die introvertierten Menschen dieses Zeichens ihre Natur durch eine innere Wirklichkeit ausdrücken. So wie der introvertierte Steinbock geistig und psychologisch ehrgeizig ist, der introvertierte

Schütze die grenzenlosen Räume von Geist und Seele durchreist, der introvertierte Fisch sich in die Tiefen seines inneren Ozeans mit seinen geheimnisvollen Bewohnern versenkt, versucht die introvertierte Jungfrau, sich selbst zu ordnen und in Einklang zu bringen. Das bedeutet, daß sich sehr wohl im Spülbecken ein Wochenvorrat an schmutzigem Geschirr ansammelt, im Haus das totale Chaos herrscht und die Welt vor die Hunde gehen kann, solange sie nur in der Lage ist, in der Alchemistenküche ihres Inneren für sich selbst zu experimentieren.

Das Wort Einklang bietet einen besseren Schlüssel zur inneren Motivation der Jungfrau als der Begriff Perfektionismus. Einklang bedeutet, daß verschiedene Dinge zusammengebracht werden. Es bedeutet auch, daß man Dinge, Ideen oder Aspekte des Lebens vereinbar findet, von denen die meisten Menschen glauben, daß sie einander ausschließen. Der Zwang und die Gabe der Jungfrau liegen auf dem Gebiet der Synthese. Alles muß zusammengefügt und eingepaßt werden. Sie muß herausfinden, wie und wohin alles paßt, indem sie es benennt, erforscht, kategorisiert und klassifiziert. Bei *Merkur,* dem Götterboten und Gott der Intelligenz und der Kommunikation, als dem heutigen Beherrscher dieses Zeichens, sollte man den Drang nach Wissen erwarten. Aber der Unterschied zwischen der Jungfrau und den Zwillingen, die ebenfalls von Merkur regiert werden, ist der, daß die Zwillinge Wissen um ihrer selbst willen ansammeln wollen, während die Jungfrau Wissen nur dann für wichtig hält, wenn sie es verwenden kann.

So kann man sagen, daß im Geist der armen Jungfrau eine kleine Stimme bei jeder neuen Erfahrung ständig wiederholt: «Wie kann ich das in Einklang bringen? Wie kann ich das verwenden?» Wenn sie keine Synthese dafür findet, wird sie so tun, als existiere es nicht, oder sie macht sich zäh auf die Suche nach Namen und Definitionen, die es ihr ermöglichen, für die Erfahrung eine Schublade zu finden und so mit ihr umgehen zu können. Kann sie sie nicht verwenden, wird sie von ihr recht frech und arrogant abgetan. Sollen sich doch die weniger praktischen Leute damit abgeben.

Der Zwang zur Unterscheidung macht die Jungfrau manchmal schroff. Sie wird Menschen, Ideen, Karrieren oder schöne Dinge beiseite werfen, weil sie sich nicht in ihr Bild der praktischen Realität einfügen oder ihm anpassen lassen. Manchmal wirft sie sogar die Liebe über Bord, und das ist tragisch, denn dann lernt man die Art von Jungfrau kennen, deren Leben aus nichts als Arbeit und Mühsal besteht. Dieser Jungfrau-Mensch ist dann oft ein Zyniker, der die Wirklichkeit mit scheelem Blick betrachtet; er weiß sehr genau, daß man schlau sein muß, wenn man überleben will, und ist bereit, ein wenig zu schwindeln und alles aufzupolieren, weil es sich dann besser verkauft. Andererseits: Wenn er etwas tut, tut er es gut; einmal, weil er stolz auf seine Fertigkeit ist, zum anderen, weil er ein guter Geschäftsmann ist.

Gelegentlich ist das einzig Ordentliche, das man bei einer Jungfrau sieht, das Büchergestell. Viele Jungfrauen stufen die Wissenschaft übermäßig hoch ein. Bücher sind für sie eine Personifizierung des Geistes, und ihr Geist funktioniert oft wie ein sehr empfindliches Uhrwerk: er ist ständig in Bewegung, katalogisiert, sortiert, überdenkt und etikettiert. Vielleicht sammeln sich auf ihrem Teppich die Wollmäuse, aber man kann sicher sein, daß sie gerade ihre Psyche putzt. Viele Jungfrauen fühlen sich von der Astrologie angezogen wie die Ente vom Wasser; allerdings nur dann, wenn es ihnen gelingt, ihren Widerstand gegen die Aura von vagem Spiritismus zu überwinden, mit dem populäre Zeitungsspalten dieses Wissensgebiet umgeben haben. Die Astrologie und andere kosmologische Karten bieten der Jungfrau nämlich die Bestätigung, daß das Universum geordnet und Gott überaus penibel ist.

Auch der Drang zu Dienstleistungen ist bei der Jungfrau stark entwickelt. Sie muß gebraucht werden und muß das Gefühl haben, nützlich zu sein. Die typische Jungfrau ist nicht besonders ehrgeizig; ihr fehlt die Einseitigkeit, ausschließlich *ein* Ziel zu verfolgen. Ihre Neigung, nach immer größeren Stücken zur Vollendung des gewaltigen Puzzle-Spiels zu suchen, nimmt ihr das Verlangen, den Blick allein auf ein Stück zu konzentrieren. Selten nur wird eine Jungfrau nach offenkundiger Macht streben. Meistens findet man sie als Berater eines anderen, der töricht genug war, sich den Thron zu erobern und all die damit verbundene Mühsal auf sich zu nehmen. Die Jungfrau selbst, klug wie immer, zieht es vor, hinter dem Thron zu stehen und sich aus der Schußlinie zu halten. Sie ist realistisch. Draufgängerische Löwen, Widder und Steinböcke drängen nach oben. Die Jungfrau weiß, daß das, was oben ist, wieder herunterkommen muß; sie bleibt lieber gleich auf der Erde. Falls eine Jungfrau nicht viel vom Löwen in ihrem Horoskop hat oder der Einfluß der Sonne sehr stark ist, wird man sie eher durch ihre Arbeit kennenlernen als durch ihre entgegenkommende Persönlichkeit. Die meisten typischen Jungfrauen sind ziemlich scheu; wenn sie nicht ausgesprochen zurückhaltend sind, dann doch stiller und verschlossener als ihre Freunde mit anderen Zeichen. Da sie so erdgebunden ist, liebt die Jungfrau Sicherheit, und dieses Verlangen nach Sicherheit wird oft zu einem Problem; denn es hält sie davon ab, sich auf schöpferischem Gebiet zu versuchen, was Mut und einen hohen Einsatz verlangt. Man wird häufig Jungfrauen begegnen, die seit vielen Jahren in untergeordneten beruflichen Positionen ausharren, in denen ihre natürliche Intelligenz und Phantasie verkümmern, weil das monatliche Gehalt eine so wunderbare Sicherheit mit sich bringt. Abgesehen davon interessiert es die Jungfrau mehr, weshalb sich die Räder am Auto drehen, als es zu fahren und damit an Rennen teilzunehmen. Sie studiert und beobachtet das Leben; sie ist kein Spieler oder Unternehmer. Es wird behauptet, die Jungfrau sei ein besserer Diener als Herrscher. Das ist zweifellos wahr. Hinter dem Thron Macht auszuüben, paßt der Jungfrau sehr. Kunstfertigkeit und Schläue treffen bei diesem schwierigen Zeichen häufig zusammen. In der griechischen Mythologie war Merkur auch der Gott der Diebe und der Lügner, und er war der Geschäftsmann.

Es gibt noch einen manchmal liebenswerten und manchmal in Wut versetzenden Wesenszug der Jungfrau, der erwähnt werden sollte. Es ist ihre Besessenheit. Sie mag von äußerer Ordnung und Sauberkeit besessen sein; ebensooft ist sie aber von seelischer Ordnung und Sauberkeit besessen, und das heißt dann: Nie die eigenen, inneren Schwächen zeigen. Die Jungfrau ist groß im Beherrschen der Gefühle. Sie erfindet Rituale, um ihre dunklen Seiten im Zaum zu halten. Ob es nun die objektbesessene Jungfrau ist, die alle gelben Hemden auf eine Seite des Schrankfachs legt und hysterisch wird, wenn ein blaues dazwischengemogelt wird, oder ob es die schmallippige, gefühlsgehemmte Jungfrau ist, die aus dem zwanghaften Wunsch heraus, nur ja keine Schwäche zu zeigen, alles analysiert: die Wurzel ist dieselbe. Chaos und seelische Empfindsamkeit, Schlampigkeit, Romantik und Vorstellungskraft lauern heimlich in den Tiefen der Seele der Jungfrau. Sie muß zu oft gegen das eigene Chaos kämpfen, um vage Verschwommenheit bei anderen oder in der sie umgebenden Welt zu tolerieren. Dazu hat sie selbst zuviel davon in sich. Die scheinbare Härte und Rücksichtslosigkeit der Jungfrau – kein Zeichen sagt so schnell nein – ist nur ihre Methode, die eigene ungeheure Empfindlichkeit zu schützen. Ihr berühmter Geiz – und viele Jungfrauen sind wirklich ungeheuer geizig, wenn es um Geld geht – ist oft eine Tarnung der eigenen, angeborenen Extravaganz. Und der Zwang, sich an den Realitäten des Lebens festzuhalten, hilft ihr, den Geheimnissen der eigenen Seele zu entfliehen.

Ein komisches Wesen, diese Jungfrau. Gar nicht tief unter der kühlen, analytischen Lackschicht steckt ein sentimentaler Romantiker. Die Jungfrau kann schroffen Wesens sein, und man versucht besser nicht, sich von ihr Geld zu leihen, wenn man nicht schon bewiesen hat, daß man es zurückzahlen kann. Fische mögen vielleicht ihre letzte Mark einem betrunkenen Stadtstreicher schenken, selten jedoch eine Jungfrau. Sie wird viel eher einen strengen und kaum zu ertragenden Vortrag über das Thema «Hilf dir selbst, dann hilft dir Gott» halten. Das liegt häufig nur daran, daß sie sich der Trinker, Versager, Rumtreiber und des Strandguts des Lebens allzu bewußt ist und entsetzliche Angst davor hat, selbst so zu werden. Die Sicherheit der Zukunft zu planen und zu garantieren, ist für die Jungfrau ein Zwang, weil es ihr die geschärften Sinne für die Welt, wie sie wirklich ist, schwermachen, dem Leben zu vertrauen und an es zu glauben.

Sie wird mit dieser Wirklichkeit, in der sie so verhaftet ist, nicht richtig fertig. Sie bedroht ihre Stabilität. Darum schließt sie sie aus. Sie bekämpft alles, was ihr unverständlich ist, und sorgt für das Wichtigste, sich selbst. Man wird zwar oft großzügigen und scheinbar altruistischen Jungfrauen begegnen, die freigebig mit ihrer Zeit und ihren Talenten umgehen, vor allem dann, wenn sie jemand etwas beibringen können, und die es lieben, ihre Geschicklichkeit vorzuführen, und ihr Wissen gern mit anderen teilen. Aber das Geben hat seine Grenzen. Meistens lernt die Jungfrau ihre Lektion früh. Es ist fast so, als hätte sie einen verborgenen Fisch in sich und auch dessen Lektion gelernt: Wo keine Grenzen sind, beginnt die Selbstauflösung.

Das große Ziel dieses scheinbar so bescheidenen Zeichens ist die eigene, von ihm selbst beherrschte Psyche, die in sich selbst integrierte Persönlichkeit, die sich frei geben kann, weil sie nicht fürchten muß, sich in einem anderen zu verlieren. Die Jungfrau kann aus der eigenen Vollkommenheit heraus ihre Lebenserfahrung wählen, statt sich durch das Verlangen, sich in anderen zu finden, in Beziehungen oder Situationen treiben zu lassen, die sie zerstören oder unterjochen. Manchmal erkennt man im Leben von Jungfrauen dieses Bestreben nach Selbstfindung daran, daß sie zeitweise allein leben müssen. Tatsächlich scheint dies fast eine Notwendigkeit für die Jungfrau zu sein, um sich selbst entwickeln zu können. Für jeden Menschen ist es schwer, sich der Einsamkeit zu stellen, aber viele Jungfrauen erlegen sie sich auf, nicht weil sie andere nicht brauchen, sondern weil etwas in ihnen sagt, daß man erst lernen muß, man selbst zu sein und die eigene Gesellschaft zu schätzen, ehe man dies anderen erlaubt.

Für die Jungfrau ist jede Erfahrung eine persönliche Begegnung und nicht ein Gruppentreffen. Sich einem großen Kreis zu stellen, liegt ihr nicht. Sie hält sich für sich. Die zwanghafte Selbstvervollkommnung, die man so häufig bei Jungfrauen antrifft, der endlose Strom von Büchern, Arbeitsgemeinschaften, Vorlesungen und Gesprächen darüber, wie man gesund lebt, wie man dieses lernt und jenes beherrscht, all das hat eine tiefe symbolhafte Wurzel. Es ist das Bedürfnis, sich für eine vage gefühlte nächste Phase vorzubereiten, auf die die Jungfrau wartet, ohne wirklich zu wissen, worauf sie wartet und sich vorbereitet.

Die Schattenseiten

Bei einem so von Zwängen besessenen Zeichen wie der Jungfrau muß man mit Recht einen sprunghaften Schatten erwarten. Die Schattenseite der Jungfrau ist ebenso komplex wie ihr Wesen am hellen Tag. Einen Hauptaspekt könnte man das «Ich-weiß-alles»-Syndrom nennen.

Oberflächlich gesehen, scheint das sehr harmlos. Ein Alleswisser, mehr nicht. Aber die zerstörerische Seite des Schattens der Jungfrau kann auf die Dauer verheerende Wirkungen zeitigen. Wenn man Besserwisserei jahrelang an jemand ausprobiert, verliert er die Chance, selbst etwas zu lernen, zu erfahren oder zu denken, und er kann nichts geben. Das ist wohl eine der heimtückischsten und tödlichsten Methoden, die Kreativität eines anderen zu zerstören. Und genau das ist es, was die dunkelste Seite der Jungfrau tut. Sie vernichtet langsam und in winzigen, kaum merkbaren Schritten das Selbstvertrauen anderer Menschen. Es ist einer der Zwänge ihrer Schattenseite, daß die Jungfrau eine geradezu entsetzliche Angst hat, sich zu irren oder nicht recht zu haben. Es ist ihr unerträglich, etwas nicht richtig gewußt, etikettiert und klassifiziert zu haben. Aber das Leben ist nun mal voller Fehler und die Menschen auch. Der Schatten der Jungfrau tötet das Leben auf seine Weise, weil er versucht, ihm alles Unvorhersehbare und Unregelmäßige zu nehmen.

Eine ähnliche Variante des Schattens ist das «Ich-habe-es-dir-gleich-gesagt»-Syndrom. Wir sind ihm alle schon begegnet, entweder bei uns selbst oder bei einem anderen. Es kann einen zum Wahnsinn treiben. Der blasierte, selbstgefällige Gesichtsausdruck, den die Jungfrau manchmal annimmt, wenn etwas eintrifft, vor dem sie gewarnt hat, schafft ihr nicht gerade Freunde. Aber auch das ist nur eine Methode, nie etwas geschehen zu lassen, das unerwartet, unordentlich und unvollkommen ist. Es ist die Art der Jungfrau, sich selbst zu sagen: «Mir wäre das nie passiert. Ich weiß es besser.»

Der Schatten entstammt also hauptsächlich einer übersteigerten Angst der Jungfrau vor dem Unbekannten. Wenn eine Jungfrau wirklich in sich ruht, ist sie vielleicht ein wenig vorsichtig, aber sie macht sich nicht lächerlich. Sie ist empfindsam, und das weiß sie; die Welt ist schwierig, voller Veränderungen und Probleme, und sie bemüht sich um die Geschicklichkeit und das Werkzeug, die ihr helfen sollen, damit zurechtzukommen. Aber eine Jungfrau, die unsicher ist, übertreibt ihre Vorsicht ins Maßlose. Hört sie etwas Neues, gibt sie vor, es längst zu wissen, oder sagt, daß es nicht wahr ist. Zeigt man sich ihr von einer Seite, die sie noch nicht kennt, wird sie kritisieren oder dem anderen sagen, wie er sich ändern kann; die Vorstellung, die sie sich von ihm gemacht hat, ist bedroht. Zeigt man ein wenig Spontaneität, wird sie versuchen, sie zu zerstören, weil ihr das entsetzliche Angst einjagt. Zeigt man unerwartete Gefühle, wird sie erstarren, weil sie nicht weiß, wie sie sie einordnen und klassifizieren soll. All dies gehört zur Schattenseite der Jungfrau. Und wie bei allen Schatten geht es auch hier um Beherrschen. Bei der Jungfrau wird das zu einem verrückten, naiven, fast lächerlichen Versuch, das Leben zu beherrschen, damit alle unbekannten und bedrohenden Elemente ausgeschaltet werden.

Es gibt noch eine weitere Schattenseite, die man manchmal sehen kann, wenn die Feinfühligkeit einer Jungfrau zu schwer verletzt worden ist. Man könnte sie den Geschäftemacher nennen. Es ist eine Variante der Jungfrau, die auftritt, wenn die Wirklichkeit und ihre Schwierigkeiten auf der Waagschale zu schwer, Hoffnung, Glaube und Zuversicht hingegen zu leicht wiegen. Der Geschäftemacher nützt das natürliche Talent der Jungfrau für alles Geschäftliche aus und verdreht es, bis das ganze Leben zu einem Geschäft wird. Er ist bereit, alles zu verkaufen, solange der Preis stimmt. Jeder Mensch ist dann ein möglicher Kunde, ein mögliches Opfer. Wahrscheinlich ist dies die tragischste Form des Jungfrau-Schattens, denn er tritt nur auf, wenn die Jungfrau so desillusioniert und so verängstigt ist, daß sie gegen alles und jedes Schutzwälle errichten muß. Dann ist sogar die Liebe käuflich, und die «passende» Heirat muß mit der Mitgift gekoppelt sein, die sich auf dem Bankkonto ablesen läßt. Diesem Jungfrau-Schatten ist es durchaus zuzutrauen, daß er Bankauskünfte einholt, ehe er das entscheidende Rendezvous verabredet.

Leider taucht diese Seite des Jungfrau-Schattens oft bei männlichen Jungfrauen auf. Meiner Meinung nach liegt das daran, daß die Gesellschaft es dem Jungfrau-Mann ziemlich schwer macht. Sein gefühlvolles und aufnahmefähiges Zeichen ist von Natur aus ohne Ehrgeiz und sich oft verborgener Strömungen und intuitiver Veränderungen bewußt, die den dickhäutigeren Zeichen entgehen. Es ist ferner ein Zeichen, das lieber folgt als führt. All dies paßt wenig zum Macho-Image, das von den Männern unseres Kulturkreises erwartet wird. Der Jungfrau-Mann hat es nicht leicht in einer Welt, die von ihm verlangt, daß er gefühlskalt statt mitfühlend, erfolgreich statt geschickt ist, daß er ein Führer und kein Künstler und mehr Geldverdiener als Naturliebhaber sein soll. Wie kann er da er selbst sein? Darum taucht aus seiner Schattenseite der Geschäftemacher auf, der nicht sehr liebenswert ist.

Alle Schatten verschwinden, wenn das Licht auf sie fällt. Es ist sehr heilsam für die Jungfrau, sich im hellen Licht zu sehen, mit allen Fehlern und allen Ängsten. Wenn sie einmal, nur einmal versucht, sich und anderen und dem Leben zu vertrauen, statt zu fordern, daß alles benannt und garantiert wird, ist das ebenfalls heilsam. Und wenn sie einmal begreift, daß das Leben Geheimnisse birgt, die sie nie wird verstehen oder erklären können, daß es ein Chaos gibt, das vielleicht nie geordnet werden sollte, und daß Fehler, Versagen und Unordnung vorkommen, die nicht ausgeräumt zu werden brauchen, dann ist die Heilung da. In anderen Worten: Die realistische Jungfrau ist gar nicht so realistisch. Sie sieht nur die offen zutage liegende Wirklichkeit. Sie muß nach der anderen suchen und ihr vertrauen. Dann kann sie das werden, was ihrem mythischen Bild entspricht: Weil sie mit dem Unbekannten Frieden geschlossen hat, kann sie Menschen, Ideen oder ihre Kunst fördern, aufbauen und zum Leben erwecken.

Jungfrauen schätzen Gebrauchsanweisungen auf Schachteln, Packungen, Büchern oder sonstwo. Wenn man ihnen die Gebrauchsanweisung fortnimmt, geraten sie leicht in Panik. Das geht schon wieder auf die Schwierigkeiten zurück, die die Jungfrau mit dem Unbekannten hat. Und Sexualität und Liebe sind nun mal Geheimnisse, über die wir kaum etwas wissen.

Bei der Liebe begegnen wir einer scheinbar kühlen und unromantischen Jungfrau, die vielleicht technisch geschickt ist, ihre Gefühle aber verbirgt. Eine Jungfrau aber, die ihrer Sinnlichkeit die Zügel schießen läßt, wird zu einem völlig verwandelten Wesen. Wie der Stier und der Steinbock ist die Jungfrau erdgebunden. Ihr sexuelles Begehren ist tief und sinnlich. Und diese Sinnlichkeit und ihre Feinfühligkeit geben ihr ein Gespür für die Bedürfnisse des Partners, das hitzigeren Zeichen fehlt. Das Problem ist, dieser Sinnlichkeit freien Lauf zu lassen. Es wird behauptet, Jungfrauen brauchten eine lange Zeit zum Warmwerden. Wahrscheinlich stimmt das. Zum Teil liegt es wieder an der alten Furcht vor dem Unbekannten, dem Chaotischen. Leidenschaft läßt sich nicht besonders gut definieren oder gar absichern.

Ein weiterer Grund für die scheinbare Langsamkeit der Jungfrau in der Liebe ist der, daß sie sich nicht leicht zum Narren halten läßt oder auf ein hübsches Gesicht (ob männlich oder weiblich) hereinfällt. Dafür denkt die Jungfrau zuviel. Das heißt, sie braucht eine Wechselbeziehung und eine Basis, die über das rein Sexuelle hinausgeht. Oft ist der Jungfrau die Berufsarbeit ungeheuer wichtig – Jungfrauen identifizieren sich häufig mit ihrem Beruf und schätzen sich danach ein, wie tüchtig sie in ihrer Stellung sind –, und wenn man ihr Interesse an ihrer Arbeit nicht teilt oder nicht mit ihr darüber sprechen will, wird sie sehr bald selbst des sinnlichsten und aufregendsten Partners müde werden. Gefühl und Sex reichen nicht aus, die Jungfrau zu binden. Dieses Zeichen wird von Merkur regiert und kommt – wie die Zwillinge – einfach nicht ohne eine, wie auch immer geartete Geistesverwandtschaft aus.

Auch der Realismus der Jungfrau spielt hier eine Rolle und macht es ihr ziemlich schwer, sich in eine wilde, leidenschaftliche Liebe auf den ersten Blick zu stürzen. Sie beobachtet die Welt zu genau und weiß zuviel, um so etwas sehr ernst zu nehmen. Sie neigt ja auch nicht zu Glücksspielen, und das Glücksspiel mit plötzlichen Leidenschaften kann im besten Fall Schmerzen bereiten und desillusionieren. Manchmal kann sie deswegen plötzlich stark abkühlen und jemand aus ihrem Leben ausschließen, von dem sie sehr angezogen war, einfach weil sie allem Plötzlichen, Unkontrollierbaren und Unerklärbaren mißtraut.

Man kann auch einer Jungfrau begegnen, die über die Stränge schlägt, aber meistens entdeckt man dabei, daß ihr Herz unbeteiligt bleibt. Ob männlich oder weiblich, sie braucht lange, bis sie auftaut und echte Gefühle zeigt. Sie gestattet sich schon, sich zu verlieben, aber lieben, das ist für sie etwas, das Zeit und sorgfältige Pflege braucht. Sie ist eben realistisch. Am Ende wird sie immer den zuverlässigen Partner wählen und nicht den schillernden. Das läßt sich schon an ihrem Geschmack erkennen, an ihrer Einrichtung und an ihren Gewohnheiten. Immer wählt sie das Nützliche, Sichere und Überschaubare; die Qualität kommt vor dem Strahlenden, dem Spontanen und Unzuverlässigen. Das kann entsetzlich langweilig werden. Wird es aber durch ein wenig Humor und Sinn für Komik gemildert, kann es sich in Verständnis, Wärme und Weisheit verwandeln, in Eigenschaften, die ansprechend und von magnetischer Anziehungskraft sind. Das magische Wort heißt Spaß. In der Liebe muß die Jungfrau es häufig erst lernen.

Wie bei jedem anderen Menschen sind es auch bei der Jungfrau genau die Dinge, die sie in sich selbst unterdrückt, die sie nun beim Partner sucht. Die Jungfrau, der erdgebundene Konstrukteur von Flugzeugen und der ans Land gefesselte Schiffsbauer, schickt sich selbst oft in einen unsinnigen Irrgarten. Sie sieht den Wald vor lauter Bäumen nicht. Sie ist so damit beschäftigt, das Schiff vollkommen zu machen, daß sie darüber vergißt, daß es etwas transportieren soll. Darum wird das, was die Jungfrau im Leben am meisten fürchtet, in der Liebe zu dem, was sie am stärksten fasziniert: das feurige Chaos und der spontane Ausbruch von Intuition und Phantasie, die jene draufgängerischen und unzuverlässigen Feuerzeichen verkörpern, die einen geheimen Pakt mit den Göttern zu haben scheinen und Spielernaturen sind. Wenn die Jungfrau einem dieser feurigen Typen begegnet, möchte das in ihr unterdrückte Kind ausbrechen und frei sein. Erdgebunden, wie sie ist, versagt sich die Jungfrau leicht jede Lebensfreude. Sie arbeitet lieber, denn es gibt ja so viel zu tun. Jungfrau-Männer und -Frauen kann man mit langen Listen über die täglich zu bewältigenden Dinge sehen, und unweigerlich steht Spielen ganz unten am Ende.

Es gehört zum Wesen der Jungfrau, sich einen Partner zu wählen, der für all das steht, was sie sich selbst nicht erlaubt, den Leichtsinn und das Drama, die Unbeständigkeit und die Selbstsucht. (Dieses Wort wendet sie gern auf die an, die ihren Prioritäten nicht folgen.) Natürlich gibt es für diese Art von Beziehung zwei Möglichkeiten. Entweder erwärmt und lockert sich die Jungfrau und findet ihr Gleichgewicht, oder sie versucht, Pygmalion zu spielen, indem sie den schönen, ungeschliffenen Stein zu bearbeiten beginnt. Die nächste Szene ist dann, daß der feurige Partner wirklich Feuer spuckt, weil er ständig angenörgelt oder kritisiert wird.

Partnerschaften sind für die Jungfrau selten glatt und bequem, falls sie nicht ganz auf Nummer sicher geht und sich einen anderen Erdzeichenpartner sucht, der in ihre sichere Welt paßt. Leider ist sie dann aber immer ein wenig gelangweilt, das Leben ist ziemlich trist, und sie bekommt das Gefühl, den Zug verpaßt zu haben. Das Rezept zum Glück ist hier dasselbe, das auch für den Jungfrau-Schatten gilt. Eine gute Portion Kindlichkeit: etwas aufs Spiel setzen, spielen; ein Quentchen Erkenntnis, daß das, was nützlich ist, nicht notwendigerweise mit Leben und Sinn gleichzusetzen ist. Und gelegentlich sich mal irren und sich zum Narren machen können. In unseren ältesten Sagen ist der Narr heilig!

Einige der besten Jungfrau-Eigenschaften treten beim verliebten Jungfrau-Mann in Erscheinung. Eine davon ist sein Wunsch, gebraucht zu werden, und seine Großzügigkeit und Hilfsbereitschaft, wenn man Unterstützung, jemand zum Reden, Verständnis oder materielle Hilfe braucht. Der immer vernünftige Jungfrau-Mann wird die Probleme aus den anderen herausholen und ihnen liebend gern raten. Man gebe ihm ein lösbares Problem, und er wird es angehen wie eine schwierige Schachaufgabe. Seine objektive Meinung ist oft nützlich und konstruktiv. Er verbreitet das Gefühl von Sicherheit, Wahrheitsliebe und Genauigkeit. Und die Jungfrau spielt sich selten als etwas anderes auf als das, was sie ist. Man wird nicht in eine Ecke gedrängt werden, um die bewundernde Zuschauerin zu spielen, wie es beim Löwen oder dem Widder so leicht geschehen kann.

Andererseits aber ist es möglich, daß einen die Selbstbeherrschung und Kühle des Jungfrau-Manns in Wut bringt. Er kann zu dem Typ gehören, der unbedingt erst seinen Mantel aufhängen muß, ehe er zum Begrüßungskuß schreitet, weil alles der Reihe nach zu geschehen hat. Manchmal ist er auch entsetzlich öffentlichkeitsbewußt und wird vermeiden, seine Partnerin auch nur zu berühren, wenn es jemand sehen kann, weil dann herauskommen könnte, daß er nicht völlig beherrscht oder sogar leidenschaftlich ist. Im Extremfall wird man damit fertig werden müssen, daß alles reglementiert wird, auch sein Werben und sogar der Sex.

Es ist schwer, ein Jungfrau-Mann zu sein. Er ist, wie die Fische, in einem feinfühligen, verwundbaren Zeichen geboren, das nicht gut zum typischen Bild des Mannes paßt. Jungfrau-Männer wirken manchmal arrogant, weil sie sich so sehr bemühen, kühl und beherrscht zu sein. Jeder Gefühlsanspruch, der nicht in klaren, nüchtern geordneten Worten ausgedrückt wird, kann ihnen wie eine überwältigende Forderung vorkommen. Der Jungfrau-Mann kann merkwürdig verschlossen sein. Um diese Tendenz des Sich-in-sich-Zurückziehens zu ertragen, braucht die Partnerin des Jungfrau-Manns viel Sinn für Humor, denn andernfalls kann dieses Sichabkapseln verletzend sein und die ganze Beziehung gefährden.

Es gibt aber etwas, das dieses schwierige und manchmal schwer zu ertragende Temperament dennoch erträglich macht. Wenn man ihm die Wahrheit ruhig und klar sagt, wird der Jungfrau-Mann immer zuhören. Dies ist eine seiner liebenswertesten Eigenschaften. Wenn er einen verletzt hat, zu kalt war oder zu festgelegt, muß man das aussprechen. In aller Ruhe. Fast immer wird er zuhören. Wird man jedoch gefühlvoll, wird er nicht zuhören. Die Jungfrau verkraftet einfach keine Wutausbrüche, stürmischen Szenen oder langen Tränenausbrüche mit einem Berg aufgeweichter Taschentücher. Zappelige Jungfrau-Männer, die zuviel rauchen, Fingernägel kauen oder andere Angewohnheiten haben, die das dünne Nervenkostüm dieses Zeichens verraten, sieht man häufig. Dazu kommt dann noch die Tatsache, daß der Jungfrau-Mann von Natur aus dazu neigt, sich ständig zu überarbeiten. Er braucht Spiele, Ruhe und Natur als Ausgleich. Normalerweise wird er sich aber nicht die Zeit nehmen, denn oben auf seiner Liste steht die Arbeit. Es bleibt dem Partner überlassen, ihm zuzureden, Vernunft zu predigen oder ihn irgendwohin zu schleppen, wo er nach anfänglichem Wehgeschrei vielleicht sogar entdeckt, daß es sehr angenehm ist, in der Sonne zu sitzen und nichts zu tun.

Aus all diesen Gründen ist der verliebte Jungfrau-Mann vielleicht nicht für jede Frau das Traumbild des idealen Ehemanns. Er hat ein empfindsames, nervöses und schwieriges Temperament, ist selten aggressiv, frißt aber oft Ärgerliches und Schwieriges in sich hinein, wo es nagt und nagt, bevor er sich zu Taten entschließt. Der Jungfrau-Mann ist kein Don Juan, obwohl es eine ganze Menge ziemlich guter Don-Juan-Imitationen gibt, die in der Gestalt sehr unsicherer Jungfrauen vorzugeben versuchen, sie seien Schützen oder Löwen. Er braucht Vertrauen, Stille, Wärme und Sicherheit, um die mystischen, empfindsamen Seiten seines Wesens zu zeigen. Ihn zu wählen, damit er Sicherheit gibt, wäre ein trauriger Irrtum. Denn die Rolle des beschützenden

Vaters kann er nicht lange spielen. Dazu ist er zu fließend und wandelbar, und er fürchtet sich zu sehr vor dem eigenen Hang zum Wechsel, um lange ertragen zu können, für einen anderen der Fels in der Brandung zu sein. Erkennt man seine Intelligenz an, seinen Geist, seine Freundlichkeit und seine Empfindsamkeit, wird man einen sehr ausgefallenen Liebhaber haben. Für die, die Feinfühligkeit und Geist schätzen und seine innere Einsamkeit respektieren, läßt der Jungfrau-Mann die strahlenderen Zeichen beim Vergleich ziemlich ungeschlacht erscheinen.

Die Jungfrau-Frau

Wer nach einer perfekten Haushälterin sucht und gerade irgendwo gelesen hat, daß weibliche Jungfrauen Meisterinnen auf diesem Gebiet sind, sollte sich besser an ein anderes Zeichen wenden. Die große Gabe der Jungfrau ist ihre Intelligenz, nicht ihre Ordnungsliebe; und wenn man dennoch unter diesem Zeichen den sogenannten Hausteufel findet, der dreimal am Tag staubwischt, dann braut sich Böses zusammen, denn dann hat man eine Jungfrau erwischt, die ihre Schattenseiten auslebt, und all das gute Haushalten wird neben der dazugehörenden Zanksucht schnell zur Unbedeutendheit verblassen. Mit dem Zeichen der Jungfrau hat das jedoch gar nichts zu tun, schon gar nichts mit der weiblichen Jungfrau. Es ist lediglich ein Seiteneffekt, der sich als zusätzlicher Bonus auswirken kann, denn viele Jungfrauen nehmen ihr Heim sehr wichtig und leben gern in einer ordentlichen Umgebung. Aber ansonsten drückt sich die weibliche Psyche der Jungfrau durch Dinge wie guten Geschmack, Feinfühligkeit, Verständnis und klare Urteilskraft über Menschen und das Leben aus.

Natürlich gibt es auch Haken. Die Verschlossenheit tritt bei der weiblichen Jungfrau stark in Erscheinung, und oft fällt es ihr schwer, wirklich «verheiratet» zu sein. Die Jungfrau-Frau hat etwas an sich, das psychologisch nicht faßbar ist, und wenn man versucht, dort einzudringen, wird sie reagieren, als hätte man versucht, ihr physisch Gewalt anzutun. Weibliche Jungfrauen sind keine anschmiegsamen, hilflosen Wesen. Viel häufiger sind sie Amazonen, die auf körperlichem oder geistigem Gebiet – manchmal auf beiden zugleich – fast beängstigend tüchtig und leistungsfähig sind. Bei den Feministinnen bringt das Punkte ein, nicht aber bei einem Mann, der im Mittelpunkt stehen und von einem freundlich widerspiegelnden Mond umkreist werden möchte.

Vor allem aber: Weibliche Jungfrauen haben Meinungen – und die teilen sie mit. Merkurs Verbindung mit dem Zeichen scheint dazu zu führen, daß sie das Bedürfnis haben, zu kommunizieren, zu reden, manchmal aber auch nur zu klatschen und zu tratschen. Viele Jungfrauen können endlos reden. So endlos, daß man sich die Ohren zuhält und zu schreien beginnt, nur um das Geräusch abzustellen. Es braucht dabei gar nicht um die herkömmliche Kritiksucht der Jungfrau zu gehen. Es kann um das Buch gehen, das sie gerade gelesen hat, den Film, in dem sie war, oder um die Person, die sie gerade auseinandernimmt und psychologisch analysiert. Jungfrauen reden gern in aller Ausführlichkeit über andere Menschen. Wer auf eine schöne, schweigsame Frau aus ist, läßt besser die Finger von der Jungfrau. Sie hat zu allem hin nämlich auch noch die oft bewundernswerte, aber auch wuterregende Neigung, das zu sezieren, was der Partner sagt und was er weiß. Erzählt er ihr etwas, wird sie ihn nach der Quelle samt allen Fußnoten ausfragen. Die weibliche Jungfrau ist abgeneigt, einem anderen zu glauben, ehe sie nicht in Nachschlagewerken Bestätigung findet. Es ist schwer, mehr als eine Jungfrau zu wissen. Sie läßt es nicht zu. Das hat eine gute und eine schlechte Seite. Für den geistigen Horizont tut es Wunder, für das Ego ist es ein Horrortrip.

Viele Jungfrauen gleichen der Erdmutter. Die seltsame Sensibilität des Zeichens drückt sich durch Naturverbundenheit, Fähigkeit zum Heilen und Geschick für alles Handwerkliche aus. Es ist fast typisch für die Jungfrau, daß alles, was sie anfaßt, gut gelingt. Kunst, allein um der Kunst willen, zieht sie nicht so sehr an, weil Dinge nützlich sein müssen, um ihr etwas zu bedeuten. Sehr oft aber ist die Jungfrau eine perfekte Gärtnerin, wie ihr eben alles Handwerkliche liegt. Auch das Verlangen, gebraucht zu werden, das so viele Jungfrauen in helfende Berufe zieht, von der Krankenschwester über die Diätassistentin bis zur Psychologin oder Anwältin, gehört zum Archetyp der Großen Mutter, der mit diesem Zeichen verbunden ist.

Allerdings muß man dies erst hinter dem überempfindlichen Nervensystem, der Unruhe, dem Verlangen nach Einsamkeit, der scheinbaren Kühle und Verschlossenheit finden. Der weiblichen Jungfrau fällt es schwer, spontan zu sein. Oft kann sie ihre Liebe und Zuneigung nur dadurch zeigen, daß sie etwas für einen anderen tut. Hier gilt dasselbe, was auch für die männliche Jungfrau gilt: Gefühle und Leidenschaften sind beunruhigend und angsteinflößend und können nur in der Atmosphäre tiefen Vertrauens ausgedrückt werden. Zerstört man dieses Vertrauen, wird man erfahren, wie sarkastisch und schneidend die Jungfrau werden kann, denn sie hat bis ins Detail genau alle Schwächen und Marotten beobachtet, von denen man glaubte, keiner hätte sie bemerkt. Die Jungfrauen haben die irritierende Angewohnheit, alles zu entdecken: die noch so sorgfältig verborgene abgewetzte Manschette, den Schnitt vom Rasieren, den schiefgetretenen Absatz, die sprachliche Entgleisung und das nervöse Zukken. Sie beobachten jede Kleinigkeit, weil für sie das breite Spektrum des Lebens am deutlichsten in den kleinen Dingen reflektiert wird.

Hier ist vielleicht der richtige Ort, daran zu erinnern, daß es Jungfrauen gibt, die alles andere als verkniffene, altjüngferliche Xanthippen sind. Was die Jungfrau auch tut, sie tut es gut. Ob sie kocht, bildhauert, unterrichtet oder sonst etwas macht, die weibliche Jungfrau ist stolz auf ihr Können. Wenn man das anerkennt, wird man mit Herzlichkeit belohnt. Übersieht oder unterschätzt man es, hat man einen gräßlichen Fehler gemacht. Jene Männer, die glauben, eine Frau brauche nichts anderes zu können, als einem Mann zu gefallen, werden mit einer weiblichen Jungfrau nichts als Ärger erleben. Merkwürdigerweise braucht eine Jungfrau sehr viel Anerkennung – dieses Bedürfnis tritt bei anderen

Zeichen, die sich nicht so stark mit ihren Fähigkeiten identifizieren, viel weniger deutlich in Erscheinung.

Beachtenswert ist auch die kühle Reserviertheit der Frauen dieses Zeichens. Ob verheiratet oder nicht, alle strahlen eine geheimnisvolle Zurückhaltung aus, die nicht so sehr «Eintritt verboten», als «Willkommen, aber achte bitte meine Selbständigkeit» sagt. Dies ist noch auf den Höhen erotischer Leidenschaft oder intensiver Gefühle gültig. Die Jungfrau ist reserviert.

Erst wenn man es lernt, mit der Schattenseite fertig zu werden, mit der Alleswisserei, mit den gelegentlichen Anfällen von Ordnungssucht, die entweder der Umgebung oder dem Partner gilt, lernt man auch die andere Seite der Jungfrau kennen. Dann findet man einen Menschen, der fähig ist, er selbst zu sein. Alle Frauen, alle Menschen streben danach, aber die Jungfrau macht daraus eine Karriere und eine Kunst. Blindlings bewundern wird sie niemanden. Aber sie wird ihren Partner mit all seinen Fehlern und Unvollkommenheiten lieben, denn sie ist realistisch und wird gern gebraucht. Das allerdings kann einen Mann so in Angst versetzen, daß er in Weltrekordzeit davonläuft; oder aber es ist für ihn wie ein erfrischendes Bad, weil er endlich einmal er selbst sein darf.

Der Steinbock

Planer seines Schicksals

Das Symbol des Steinbocks ist kein gewöhnlicher Ziegenbock. Dieses geheimnisvollste der Erdzeichen hat als Schwanz ein Mitteldring zwischen Fisch und Schlange. Dieser Steinbock, der behende die Gipfel weltlichen Erfolgs und materiellen Wohlstands erklimmt, hat jedoch auch eine andere, völlig verschiedene und meist verborgene Seite. Menschen, die glauben, der Steinbock sei der personifizierte weltliche Ehrgeiz, unterliegen einem traurigen Irrtum. Wenn wir uns mit dem historischen Symbolismus befassen, sehen wir, daß die Schlange seit Urzeiten für instinktive Weisheit und die Geheimnisse der Erde steht. Und auch der Fisch ist eine Kreatur, die in der Tiefe der unbekannten Gewässer der Psyche schwimmt. Unser Steinbock – arbeitsam, sich plagend, vorsichtig, materialistisch, gewitzt, ehrgeizig – ist im Inneren seines Herzens auch ein Magier, ein Erforscher von Geheimnissen. Die äußere Welt zu bezwingen und zu organisieren, ist keine geringe Leistung, und sie verlangt mehr als nur Geduld. Auf welchem Gebiet auch immer der Steinbock Erfolg erstrebt – auf dem inneren oder äußeren –, er wendet dieselben Prinzipien dabei an, und diese Prinzipien lassen sich mit einem Satz zusammenfassen: Die Dinge meistern.

Es ist nicht leicht, einen Steinbock wirklich zu kennen. Meistens hat er schon im zarten Alter von drei Jahren gelernt, daß man erst mal den anderen seine Karten zeigen lassen soll und es manchmal nötig ist, noch ein oder zwei Asse im Ärmel zu haben. Steinbock-Kinder haben etwas Merkwürdiges an sich: Wenn man ihnen in die Augen sieht, stellt man manchmal mit Erschrekken fest, daß einen aus diesem Kindergesicht ein kleiner alter Mensch ansieht. Viele Steinböcke sind dem klassischen Schicksal des Ziegenbocks verhaftet; sie müssen schon früh im Leben Verantwortung tragen oder Härte erleiden. Der Steinbock mag es nicht, wenn jemand zu schnell in seine Geheimnisse dringen will. Erst muß er genau den eigenen Standpunkt kennen und genau wissen, wer der andere ist und was genau er will, ehe er sich in seine Karten schauen läßt. Argwohn ist eine natürliche Eigenschaft des Steinbocks; manchmal wird daraus ein tiefes Mißtrauen den Menschen und dem Leben gegenüber, aber die positive Seite davon ist Vorsicht und Realismus. Steinböcke lernen schon in der Kindheit – und oft ist ihre Kindheit keine Kindheit, sondern eine zu frühe Einführung in die harten Fakten des Lebens –, daß man immer sein Kapital prüfen und die möglichen Verluste abschätzen muß, ehe man ein Geschäft abschließt. Für den Steinbock ist alles eine Art Geschäft, selbst wenn er aus edelsten und altruistischsten Motiven handelt. Bei allen Erdzeichen ist das Wesentliche der Realismus.

In gewisser Weise ist dies das Zeichen der Hintergedanken. Es ist auch das Zeichen größten Scharfsinns. Hinter alle Beweggründe des Steinbocks kommt man nie; es gibt immer noch welche, an die man nicht gedacht hat. Ein Steinbock tut nie etwas ohne Absicht. All dies kluge Abwarten, Abschätzen, alle Mühe und Schwerstarbeit sind auf ein Ziel gerichtet. Und man wird selten erleben, daß der Steinbock sein Ziel offen zeigt oder darüber spricht. Oft spielt er den ergebenen Diener, der keinen Ehrgeiz hat und nur Hilfe sucht, während er in Wirklichkeit wartet, prüft und plant. Aber er hat nie Zeit zum Zeitverschwenden und keinen Raum für nutzloses Nichtstun und Spiel.

Sein Sinn für Humor geht ins Ironische; er sieht eher die Unzulänglichkeiten des Lebens als das drastisch Komische, das andere Zeichen bevorzugen. Dieser ironische Humor ist ein Teil vom unterkühlten Charme des Steinbocks. Aber für ihn ist das Leben ein ernstes Geschäft, denn es muß gemeistert werden, wenn man überleben will.

Das Überleben ist ein weiteres Leitmotiv des Steinbocks. Für arme Bergziegen ist die Welt nicht immer ein freundlicher Ort des Überflusses. Die Antennen des Steinbocks scheinen immer auf das gerichtet zu sein, was schiefgehen kann, nicht auf das, was gutgehen könnte.

Der Steinbock nimmt nichts als gegeben an, schon gar nicht das Glück, das für ihn eine höchst unzuverlässige und oft nicht existierende Größe darstellt. Im Gegensatz zu seinen Feuerzeichen-Verwandten würde er das Glück lieber durch solide harte Arbeit ersetzen. Und die Ziele? Die sind natürlich ein weiteres Leitmotiv unseres widersprüchlichen Steinbocks. Ohne Ziele rutscht er rücklings den steilen Bergabhang hinunter und landet mit hartem Aufprall in einer tiefen, rabenschwarzen Depression. Da die Welt für ihn im Grunde kein freundlicher Ort ist, geben ihm die Ziele einen Sinn für sein Leben; und Leistung ist für ihn das, was das romantische Abenteuer für die Feuerzeichen ist. Übrigens wird der Steinbock der erste sein, der sagt, Romantik ist gut und schön, aber nicht von langer Dauer, und für ein Dach über dem Kopf sorgt sie auch nicht. Leistung hingegen kann ein Leben überdauern, und oft bringt sie gute harte Münze ein.

Saturn ist der Planet, der den Steinbock beherrscht. Er hat in der Astrologie einen eigenartigen Ruf, weil er immer als Symbol der Einschränkung und Disziplin angesehen wird. Er steht auch für Isolierung und Einsamkeit. In der griechischen Mythologie ist Saturn einer der Titanen, der Erdgötter, ein Kind der großen Erdgöttin Gaia. Und erdgebunden ist der Steinbock; es gibt keinen größeren Pragmatiker als ihn. In der Mythologie wird Saturn auch als grausame Gestalt dargestellt, die vor nichts zurückschreckt – nicht einmal vor der Vernichtung des eigenen Vaters –, um an die Macht zu kommen. Skrupellosigkeit erkennt man bei vielen Steinböcken, und in der Welt der Politik wimmelt es von ihnen. Dennoch ist es fast immer eine notwendige Skrupellosigkeit, die nicht oder selten aus Bösartigkeit oder Grausamkeit entsteht.

Viele Steinböcke werden stark von weltlicher und persönlicher Macht angezogen. Tatsächlich ist dies eins der größten Probleme des Steinbocks im Umgang mit Menschen. Es fällt ihm ungeheuer schwer, jemand anders die Kontrolle zu überlassen. Ob männlich oder weiblich, der Steinbock will immer die Zügel in der Hand haben. Er fürchtet sich entsetzlich davor, was passieren könnte, wenn er die Kontrolle verliert – nicht nur die über die Situation, sondern auch die über sich selbst. Daraus läßt sich leicht schließen, daß der Steinbock sich nicht zum Solisten in der Sphäre der Leidenschaften eignet. Er ist eher dafür bekannt, klug genug zu sein, die Führung bei der zweiten Geige zu wählen.

Nun trifft aber in der römischen Sage die Herrschaft Saturns über die Erde mit dem Goldenen Zeitalter der Menschheit zusammen, in dem die Erdzeichen ihren Frieden mit der Welt gemacht haben. Und die Erde zeigt ein freundliches Gesicht als Belohnung für all die schwere Arbeit, die die Erdzeichen auf sich nehmen. Man kann oft beobachten, daß ein Steinbock, der seinen weltlichen Pflichten nachgekommen ist und auf Erfolg und Leistung blicken kann, sich zurücklehnt und damit beginnt, die tiefere, bedeutsamere Seite seines Wesens zu entwickeln. Der Steinbock, der alles andere als ein rücksichtsloser Materialist ist, hat eine nachdenkliche, oft stark introvertierte Seele und weiß, daß er nie die Freiheit haben wird, seiner Liebe zu den Geheimnissen nachzugehen, wenn er nicht vorher gelernt hat, in der realen Welt zu leben. Er ist kein Visionär und Mystiker; der Glaube an das Unfaßbare fällt dem Steinbock schwer. Häufig aber wird er vom Okkulten angezogen, das von ihm fordert, die Gesetze der Kräfte zu lernen, die das Leben beherrschen.

Es gibt noch einen weiteren eigenartigen Widerspruch im Steinbock: den Konflikt zwischen der Gesellschaft und dem eigenen Willen. Viele Steinböcke reagieren ungewöhnlich empfindlich auf die Meinungen und Wertungen der Welt und richten große Aufmerksamkeit auf Dinge wie gute Zeugnisse und anerkannte Ausbildung. Die richtige Kleidung ist wichtig – nie zu auffällig, aber immer von guter Qualität, etwas, das nicht viel hermacht, aber von ausgezeichnetem Geschmack zeugt. Es muß die richtige Wohngegend und die richtige Schule für die Kinder sein. Steinböcke haben oft ein großes Geschick darin, als Säulen der Gesellschaft dazustehen, und obwohl sie in der Jugend ebenso rebellisch und bilderstürmerisch sind wie alle anderen jungen Leute (Steinböcke interessieren sich für die Welt und möchten sie verändern), neigen sie, wenn sie älter werden, zu extremem Konservativismus. Vermutlich war es ein Steinbock, der gesagt hat: Wer mit zwanzig kein Sozialist ist, hat kein Herz; wer aber mit vierzig noch Sozialist ist, der hat keinen Verstand. Auch das berühmte: Was sollen die Leute denken . . .? wird man von einem Steinbock hören; denn diese Ziegenart hat große Angst davor, aus dem schützenden Rahmen der Gesellschaft herauszufallen. Manchmal kann der Steinbock durch sein ständiges Verlangen, sich der stummen Diktatur dessen zu unterwerfen, was sich gehört und richtig ist, viel Schwung zerstören. Dennoch ist er tief in seinem Inneren ein wilder Individualist, und sein Spiel mit der Gesellschaft ist meist nur eine andere Methode, sicherzugehen, daß die Außenwelt ihn nicht stört, während er mit seinem eigenen Geschick befaßt ist.

Häufig teilt sich die Reise durchs Leben beim Steinbock in zwei sich deutlich unterscheidende Hälften auf. In der ersten Hälfte, zu der die oft beengte und harte Jugend gehört, wird er durch die Last von Verantwortungen gehemmt und frustriert und ist irgendwie auf Gnade und Ungnade der Gesellschaft oder seinen Aufgaben und Belastungen ausgeliefert. Innere und äußere Härte scheint für ihn ein Teil der Ausbildung in der Schule des Lebens zu sein, und wenn das Leben sie ihm nicht liefert, sorgt er selbst dafür. Steinböcke begeben sich in der ersten Lebenshälfte oft freiwillig in eine Art Sklaverei, als wünschten sie geradezu, eine so belastende Zeit zu erleben. Es kann sich dabei um die Pflege kranker oder hinfälliger Eltern handeln, um eine Berufsarbeit, die ihnen zutiefst widerstrebt, oder um die Mühsal einer sie einengenden Ehe. Welcher Art diese Sklaverei auch sein mag, auffällig ist, daß der Steinbock eine Zeitlang ein härenes Gewand anlegt. Im mittelalterlichen Mystizismus symbolisierte das härene Gewand die Reinigung von fleischlichen Sünden, um sich für die Erfahrung Gottes zu läutern. Das symbolische härene Gewand des Steinbocks ist eine Art ständiger Selbstbestrafung oder selbstauferlegter Fron. Wenn man ihn animiert, das Leben zu genießen, wird er tausend Gründe nennen, warum seine Pflichten ihm das nicht erlauben. Für Luxus und Schwelgerei hat er kein Geld übrig. Selbst wenn er Geld in Hülle und Fülle hat, wird er asketische Neigungen zeigen. Viel eher wird er das Geld horten und so leben, als hätte er es gar nicht, als daß er es wie der Löwe oder die Waage für schöne Dinge und sein Vergnügen hinauswürfe.

Aber diese ersten dreißig Jahre des Trainings haben ein Ziel. Sogar wenn es im Unterbewußten geschieht, plant der Steinbock sein Lebensschicksal. Vielleicht ist er ein Niemand, ein Befehlsempfänger, jemand, der seine Arbeit verabscheut, weil sie seinen wahren Fähigkeiten keinen Anreiz bietet. Aber wenn er diese Zeit abgesessen hat und aus der selbstauferlegten Haft frei ist, haben sich Entschlossenheit, Ehrgeiz und ungeheure Willenskraft in ihm entwickelt. Möglich, daß er ein weltliches Ziel vor Augen hat – ein eigenes Geschäft aufzumachen, genug Geld zu verdienen, um Land zu kaufen, oder etwas Ähnliches. Es kann auch um schöpferischen Ehrgeiz gehen – er will sein Talent zum Malen, Schreiben oder Musizieren ausleben. Oder der Ehrgeiz richtet sich nach innen – zur Selbsterkenntnis oder auf okkulte Dinge. Um welches Ziel es ihm auch geht, diese erste Lebensphase hat im Steinbock eine stählerne Entschlossenheit entwickelt. Wenn er sich vielleicht auch ein wenig spät auf den Weg macht: ist er einmal in Bewegung, wird ihn nichts aufhalten, gleichgültig wie viele Rückschläge und Hindernisse er überwinden muß. Der Steinbock ist zäh. Nach all der vielen Arbeit wird er das Ziel nicht aufgeben, nur weil der Weg steinig ist. Wenn jemand im Leben Erfolg hat, dann der Steinbock. Nicht, daß es nicht auch Steinböcke gäbe, die versagen. Aber der Steinbock, der nach seiner wahren Natur lebt, wird Erfolg haben. Vielleicht braucht er siebzig Jahre dazu, aber ankommen wird er.

Arbeit und Erfolg machen nicht das ganze Bild aus. Weil Struktur und Tradition dem Steinbock so wichtig sind, spielt das Familienleben eine große Rolle. Struktur ist ein weiteres Leitwort dieses Zeichens, und darum trägt es die Verpflichtung durch Ehe und Familie mit Ernst und Verantwortungsgefühl. Der Steinbock bricht nicht gern Versprechen; er gilt gern als verantwortungsbewußt, und es ist für das Bild, das er sich von sich selbst macht, wichtig, daß die Welt ihn auch so sieht. Die Vorstellung, aus einer Ehe auszubrechen oder die Familie zu beleidigen, ist für den Steinbock quälend. Oft wird er in einer leer gewordenen Ehe ausharren, weil sein Gefühl für die Bindung an diese Einrichtung und ihre Sicherheit so stark ist. Dieser Zug ist beim älteren Steinbock stärker entwickelt, weil alle Sonnenzeichen erst im Alter von etwa dreißig Farbe bekennen, der Steinbock häufig noch später. Aber der Steinbock treibt es manchmal mit der Pflichterfüllung so weit, daß er – und gelegentlich auch die Menschen seiner Umgebung – wirklich in der Hölle lebt. Pflicht ist ein zweischneidiges Schwert, und oft quälen den Steinbock Schuldgefühle – vage Schuldgefühle, die er nicht ergründen kann, die ihn aber dazu bringen, Verantwortung zu übernehmen, die von anderen getragen werden müßte. Viele Steinböcke greifen freiwillig die Fäden auf, die andere Zeichen unbekümmert haben fallen lassen. Sie glauben, sie müßten dafür sorgen, daß sich die Welt weiter um ihre Achse dreht, und wenn sie dafür nichts tun, leiden sie unter schweren Schuldgefühlen. Es ist schwer, einen Steinbock von seinen Schuldgefühlen loszureißen, weil er glaubt, sie wären sein Beitrag zum Leben. Leider bringt das andere dazu, sich auf ihn zu stützen und ihn auszunützen, was natürlich seinen Argwohn und sein Mißtrauen noch steigert. Selten merkt er, daß er das alles ja selber ausgelöst hat.

Der richtige Platz des Steinbocks ist mitten im Leben, wo er kleine oder große Dinge verändert, so daß er die Szene in besserer Ordnung verläßt, als er sie betreten hat. Seine Gabe liegt in der Organisation und Kontrolle, der Disziplin und der Einführung von Veränderungen in bereits bestehende Strukturen. Er ist häufig viel idealistischer, als es den Anschein hat. Er sieht, wie man die Welt oder den von ihm bewohnten kleinen Winkel der Welt verbessern könnte. Er ist kein Mystiker und strebt nur nach erreichbaren Idealen. Er vergewissert sich, daß sie erreichbar sind, und vergewissert sich auch, daß er über die Mittel und Fähigkeiten verfügt, sie in seiner Lebenszeit zu erreichen. Er sitzt nicht untätig daneben und läßt andere seine Vorstellungen verwirklichen; er gibt nur ungern die Verantwortung ab und glaubt meist, er müsse alles selber machen. Erst in reiferen Jahren kann er entdekken, daß es in Ordnung ist, sich gelegentlich zu erholen und die Früchte seiner Arbeit zu ernten. Manchmal muß er von einem wutentbrannten Partner erst dazu gebracht werden, Ferien zu machen, ein bißchen alles laufenzulassen und menschlich zu sein. Im Herzen aber ist er ein Baumeister, ein selbstloser Baumeister, der mit seinem großen Geschick und seiner ganzen Willenskraft für andere baut.

Die frühen Jahre des Steinbocks sind oft durch ein schwieriges, intensives oder äußerst kompliziertes Verhältnis zum Vater geprägt, das sogar tiefe Narben hinterlassen kann. Manchmal geht es um den Verlust des Vaters und die frühe Übernahme väterlicher Verantwortung; manchmal hat der Steinbock auch einen strengen Vater, einen, der Abstand hält oder der schwach und instabil ist. Oder er ist eine überidealisierte Gestalt, wie das häufig bei Steinbock-Frauen vorkommt; sie suchen lange nach dieser bewunderten, idealisierten Vaterfigur und heiraten oft früh im Leben Männer, die die Vaterrolle spielen können. Gelegentlich ist der Vater eine so verherrlichte Gestalt, daß das Steinbock-Kind glaubt, sich nie mit ihm messen oder seine Liebe erringen zu können. Wie auch die Umstände sein mögen, der Vater ist ein Geheimnis und oft eine Herausforderung oder ein Problem, das gelöst werden muß. Das ist mit ein Grund, weshalb die ersten dreißig Lebensjahre des Steinbocks häufig so schwierig sind. Viele dieser Jahre sind damit ausgefüllt, gegen den Vater zu rebellieren oder aber seinen Erwartungen nachzuleben. Welche Art Vater ein Steinbock auch haben mag, die Beziehung zu ihm ist fast immer schwierig. Anscheinend erkennt der Steinbock – Mann oder Frau – erst als Erwachsener, daß er in einem tieferen Sinn selbst zum Vater werden muß. Die Fähigkeit zu Stärke, Kontrolle, Willen, Beschützertum und Stabilität ist etwas, das nicht in einem anderen Menschen, in einem Beruf oder in den allumfassenden Armen eines großen hierarchischen Konzerns, die auf viele Steinböcke so anziehend wirken, gefunden werden kann. Diese Eigenschaften, die mit dem Symbol des Vaters verbunden sind, müssen in langer, schwerer und langsamer Arbeit im Inneren erworben werden.

Viele fleißige Steinböcke haben keinen größeren Ehrgeiz, als eine eigene kleine Firma zu besitzen und für das Überleben und das Fortkommen der Familie zu sorgen. Aber irgendwo in jedem Steinbock ist ein Missionar verborgen, der aus der inneren Berufung heraus den Entschluß faßt, unter der Last der Fesseln des Alltagslebens und der Verantwortung auszuharren, nur um die Dinge ein wenig zu verändern und ein bißchen besser oder heller zurückzulassen.

Die Schattenseiten

Die Schattenseite eines jeden Tierkreiszeichens hat mit den Teilen der Persönlichkeit zu tun, die das Einzelwesen nicht erkennen und nicht ausdrücken kann. Gerade beim Steinbock mit all seinem Realismus, seiner erdgebundenen Weisheit und der Betonung des Weltlichen und Praktischen brauchen die unterdrückten Gefühle, die Träume und Phantasien ein Ventil. Der Steinbock ist schließlich komplex und empfindsam und viel tiefer, als er oft erscheint. Darum könnte man seine Schattenseite das Fanatiker-Syndrom nennen. Und dies ist wiederum mit etwas anderem eng verbunden, das man mit «Der Zweck heiligt die Mittel» umschreiben könnte.

Der zum Fanatiker gewordene Steinbock-Schatten hat einfach an allem und jedem etwas auszusetzen. Vielleicht lacht man, wenn man zum erstenmal seine Tiraden hört. Was will er bloß mit diesen Moralpredigten? Weiß er denn nicht, daß man die menschliche Natur nicht verändern kann? Der Steinbock-Schatten glaubt, daß man es kann. Und ob es ihm um Sex, Geld, Religion oder Politik geht oder er anderen rät, wie sie ihr Leben organisieren sollten, der außer Rand und Band geratene Steinbock-Schatten kann einem das Blut gerinnen lassen, weil er sich wie Jehova im Alten Testament gebärdet: Tu, was ich sage, und stelle keine Fragen!

Der tiefere Grund liegt darin, daß der zur Schattenseite seiner Natur übergewechselte Steinbock immer einen Plan hat, die Gesellschaft zu verändern, was natürlich bedingt, sie auf seine Art zu verändern, was wiederum bedeutet, daß kein Platz für Dissidenten bleibt, und das heißt, daß man sie entweder gewaltsam beseitigt oder sie kauft. Der Zweck heiligt die Mittel.

Was nach Meinung des Steinbocks verändert werden muß, braucht nicht unbedingt ein *großer* Teil der Gesellschaft zu sein. Es kann auch sein Mann, seine Frau, sein Liebespartner oder sein Kind sein. Dann erscheint ein fanatischer Glanz in seinen sonst so klugen und wissenden Augen. Sitzt er erst mal auf seinem Lieblingssteckenpferd, wird er keine Opposition mehr dulden. Hört man nicht auf seinen Rat, hat man ihn auf den Tod beleidigt. Oft wird er auch schlimme Manipulationen anwenden, um andere dazu zu bringen, sich seinen Plänen anzuschließen, weil er davon überzeugt ist, daß er recht hat und der Erfolg seine Mittel, so skrupellos sie auch gewesen sein mögen, am Ende rechtfertigt.

Der Steinbock läßt seine Phantasie oder seine inneren Vorstellungen selten frei schweifen, weil er viel zu beschäftigt damit ist, realistisch zu sein. Nie wird er sich Phantasien darüber erlauben, wie die Welt sein könnte, weil er immer unter dem Zwang lebt, den Blick auf das praktisch Erreichbare richten zu müssen. Trotzdem aber hat er eine machtvolle Vorstellungskraft und eine Menge Phantasie. Beides braucht ein Ziel. Oft entdeckt man, daß Steinböcke wohlversteckt eine geheime Vorstellung davon haben, was sie tun würden, wenn sie je den Platz an der Spitze erreichten. Wenn man nun aber eine solche Phantasie zwanzig oder dreißig Jahre lang in den Keller sperrt, passiert es, daß sie ein wenig komisch wird. Sie bläht sich auf. Wenn sie ans Licht kommt, verliert der Steinbock seinen großartigen Realismus und läßt sich von seinen Weltverbesserungsvisionen davontragen. Die Welt läßt sich verändern. Und er ist dazu berufen. Und wer

Widerstand leistet, bei dem ist es nur die eigene Selbsttäuschung, Sturheit oder Dummheit, die ihn die absolute Wahrheit der Überzeugung des Steinbocks nicht einsehen läßt.

Natürlich erwartet er von seinem Partner, daß der seine letzte Kraft einsetzt, damit diese Mission erfüllt werden kann. Der Steinbock-Schatten wird dann darauf aus sein, den Willen eines jeden anderen zu unterjochen. Ob es um seine Moralvorstellung, um seine Ansichten über Geld oder um irgendwelche anderen Überzeugungen geht, jeder andere soll seine Meinung übernehmen. Das ergibt dann zum Beispiel den Steinbock-Vater, der fanatisch daran glaubt, daß Härte gut ist, und der seinen Kindern ein mickriges Taschengeld gibt, obwohl er Hunderttausende auf der Bank hat; oder die Steinbock-Mutter, deren strenge Moralbegriffe oder gesellschaftliche Regeln rücksichtslos dem Mann und der Familie aufgezwungen werden; oder den Steinbock-Freund oder die -Freundin, die es für ihre Pflicht halten, sich in das Privatleben anderer einzumischen, um ihnen zu erzählen, daß der Geliebte oder die Geliebte sie betrügen. Kurz gesagt: Der Steinbock-Schatten möchte den Willen jedes anderen dem seinen unterwerfen, und er will alle Bedürfnisse, Wünsche, Ideen und Lebensformen der anderen seiner Vorstellung anpassen, wie man leben sollte.

Der Steinbock hat einen gefährlichen Schatten, weil er ein mächtiges Zeichen ist, das gewöhnlich in der Welt sehr viel erreicht. Um so wichtiger ist es für ihn, mit dem fanatischen Zug in seinem Wesen fertig zu werden; denn er wird irgendwann in einer verantwortungsvollen Position sein und andere unter sich haben, die seine starke, führende Hand brauchen. Mißbraucht er diese Position, sind die Folgen gefährlicher als die der kleinen Schattenspiele anderer Zeichen. Weil der Steinbock so oft mit sich und seinen Bedürfnissen hart ins Gericht gehen mußte, um das gesteckte Ziel zu erreichen, fällt es ihm schwer, Duldsamkeit zu lernen. Er begreift nicht, daß andere nicht so diszipliniert sein wollen oder können, weil er nicht sieht, daß ihre Ziele ganz anders gelagert sind oder sie in seinem Sinn vielleicht gar keine Ziele haben.

Der Steinbock ist an den Vater-Mythos gebunden, und die Schattenseite des Vaters ist der Tyrann. Das Rezept für den Steinbock ist, sich ein wenig Mühe zu geben, um zu verstehen, daß andere Menschen ein anderes Leben leben müssen, daß sie andere Träume, andere Bedürfnisse und Wünsche haben.

Die starken Gefühle, die der Steinbock so oft unterdrückt, beginnen schließlich, seinen sonst so auf Vernunft ausgerichteten Denkmechanismus zu zerstören, und machen ihn gerade dann blind, wenn er glaubt, alles klar zu sehen. Je mehr er seine starken Gefühle in menschlichen Beziehungen ausdrücken kann, desto weniger werden sie sein Blickfeld trüben. Und je mehr Entspannung und Erholung er sich gönnt, desto besser wird er sehen, daß weniger disziplinierte Wesen nicht weniger wertvoll sind, sondern oft sogar einen Schlüssel zur Lebensfreude besitzen, den er selbst nicht gefunden hat. Wenn er das alles erkennt, dann ist er ein gereifter Steinbock, der sowohl tanzen wie klettern kann.

Der Steinbock als Partner

Enge Beziehungen fallen dem Steinbock nicht leicht, denn für ihn ist Beherrschung immer wichtig, und auf diesen Schutz seiner soliden Rüstung zu verzichten, kostet ihn enorme Anstrengung. Er hat sie schon so lange getragen, daß die Scharniere vermutlich rostig geworden sind und man lautes Knirschen und Protestieren hört, während er sie ablegt. So sehr der Steinbock seinen Partner auch liebt, ein kleines, geheimes Reservat, das er nicht zu teilen gewillt ist, behält er sich immer vor; es ist die letzte Linie seiner Selbstkontrolle, die er nicht preisgeben wird. Der Steinbock ist oft ein Eigenbrötler, der in freiwilliger Isolation seinen eigenen Berg besteigt. Manchmal gestattet er sich nicht einmal, Hilfe oder Mitgefühl anzunehmen, wenn der Weg beschwerlich wird. Es ist schwer, einem Steinbock einen Gefallen zu tun. Er selbst ist geliebten Menschen und Freunden gern gefällig; er gibt gern, besonders dann, wenn es um materielle Dinge geht. Aber es gelingt ihm nicht gut, Geschenke anzunehmen. Sein Stolz ist unbezähmbar, und er fürchtet Abhängigkeit und Schwäche. Kein Steinbock verträgt eine Situation, über die er keine Kontrolle hat.

Hat man aber die Chance, unter die Haut des Steinbocks zu dringen, wird man einen verborgenen Romantiker entdecken. Diese Eigenschaft teilt er mit den anderen Erdzeichen. Aber dieser Romantiker hat fast nie Einfluß auf seine Entscheidungen. Er wird ohne weiteres die große romantische Liebe dem sicheren, passenden Partner opfern, der ihn auch noch auf gesellschaftlicher Ebene fördert. Wenn sie jung heiraten, laufen viele Steinböcke Gefahr, Sicherheit und Schicklichkeit zu wählen und diese Wahl dann ein Leben lang bitter zu bereuen. Man begegnet selten einem Steinbock, der alles der Liebe opfert. Vielleicht opfert er alles für eine Überzeugung oder für die Rettung seiner Familie. Aber für die Liebe nicht. Der Steinbock heiratet sowieso nicht nur aus Liebe. Aber er nimmt sein Versprechen sehr ernst und will sichergehen, daß sich die Investition auch lohnt, bevor er es gibt. Die meisten Steinböcke heiraten jung – in diesem Fall suchen sie entweder nach einem Vater oder sie wollen den Vater spielen –, oder sie heiraten spät, nachdem sie den Markt gründlich geprüft haben. Aber aus einem Impuls heraus heiraten sie selten.

Dies braucht keineswegs schlecht zu sein. Der Steinbock legt größeren Wert auf tiefe Achtung, Pflicht, Loyalität und starke Familienbande als auf ein paar Monate wilder Leidenschaft. Nicht, daß er nicht zur Leidenschaft fähig wäre. Als Erdzeichen ist seine Sexualität oft stark ausgeprägt und seine physische Natur für ihn grundlegend. Aber viele Steinböcke verdrängen diese Seite ihres Wesens aus ihren engen Bindungen, weil sie ihren Leidenschaften so wenig trauen.

Wer mit einem Steinbock in Berührung kommt, muß sich damit abfinden, daß er versuchen wird, die Macht an sich zu ziehen. Der Steinbock duldet ungern Unterwerfung, Erniedrigung oder Wettbewerb – es sei denn, er ist der Gewinner. Wenn man seinen Stolz verletzt oder ihm seine Selbstachtung nimmt, wird es lange dauern, bis er vergibt, und noch länger, bis er vergißt.

Weil er so erdverhaftet und beherrscht ist, fällt es dem Steinbock häufig schwer, seine Liebe und Zuneigung unbeschwert zu zeigen. Er mag sie tief empfinden, aber der andere erfährt es möglicherweise nie. Meistens wird er von Menschen angezogen, die ihn ein wenig auflockern können – von den extravertierten, gefühlsbetonten Typen, von leichten, spielerischen Temperamenten, vom Kind. Der Wesenszug, der viele Steinböcke zu religiösen Suchern macht, läßt sie auch nach Menschen suchen, die ihnen die romantische Seite des Lebens zugänglich machen können. Unter der realistischen und pragmatischen Oberfläche findet man viele geheime Wünsche. Aber es ist nicht wahrscheinlich, daß er darüber sprechen wird. Der Steinbock hat große Angst vor dem Chaos. Aus diesem Grund scheuen so viele Steinböcke vor übernatürlichen oder mystischen Aspekten des Lebens zurück und damit vor den unbewußten und unbekannten Tiefen in sich selbst. Ein Gefühlsausbruch oder eine nicht realistische Erfahrung kann einen Steinbock befangen und verwundbar machen. Bei seinem Partner aber schätzt er es; er braucht jemanden, von dem er lernen kann, all dem zu vertrauen, dem er in seinem Inneren und in seinem Leben nicht zu trauen wagt.

So wird dieser alt-junge Mann oder die alt-junge Frau nach einem Partner suchen, der das Kind in ihm befreien kann. Diese Art von Beziehung kann heilsam für ihn sein und seine echte Kreativität freilegen. Die Schwierigkeit ist nur, daß der Steinbock, wenn er jemand gefunden hat, der die feurige Seite des Lebens vertritt, in die Rolle der strengen Eltern schlüpft, die die Spontaneität eher unterdrücken als fördern. Wenn man in die Rolle des Kindes gedrängt worden ist, kann dieser wohlmeinende elterliche Tonfall lähmend und unterdrückend werden. In Wirklichkeit ist es das in ihm verborgene Kind, das der Steinbock an der Leine halten will, den unsteten, ruhelosen Wanderer, der all seine Pläne plötzlich über den Haufen werfen und die Welt darauf aufmerksam machen könnte, wie schwer ihm jegliche Bindung fällt. Die Eltern-Kind-Heiraten des Steinbocks (und meist wird er beide Seiten dieser Verbindung zu spüren bekommen, weil er wahrscheinlich in der Jugend das Kind und später im Leben einen Elternteil spielen wird) können entweder schöpferisch oder zerstörerisch sein. Wenn die Ehe schal wird, kann für den spontaneren Partner daraus eine nie endende Gefangenschaft entstehen, weil der Steinbock immer argwöhnischer und mißtrauischer wird. In einer guten Verbindung aber taut die strenge, steife Seite des Steinbocks allmählich durch das Geschenk der Liebe auf, und er lernt dadurch, dem Leben zu vertrauen. Und wenn er das lernen kann, dann liegt ihm die Welt wahrlich zu Füßen, denn nun kann er endlich beginnen, den Lohn all der vielen Arbeit einzuheimsen. Daß das Leben und auch die Liebe erst mit Vierzig beginnt, trifft auf den Steinbock mehr zu als auf alle anderen Zeichen.

Der Steinbock-Mann

Begegnet man ihm, solange er noch in den Zwanzigern ist, wird man ihn gar nicht richtig erkennen. Er wirkt dann wie ein Mitglied eines Rudels oder wie ein Wanderer, der unsicher ist und nicht weiß, wohin der Weg führt. Vielleicht wirkt er auch so, als hätte er aufgegeben und begnügte sich mit einer aussichtslosen Zukunft in einem Job, der ihm nicht gefällt. Erst später lernt man den Steinbock in seiner wahren Form kennen. Fast immer wird er ein Ziel haben, dem er entgegenstrebt. Er wird dem Partner seine Liebe zeigen, indem er das Ziel mit ihm teilt, und seine Erwartung an die Liebe ist, daß der andere alles tut, was in seiner Macht steht, ihm zum Erreichen des Ziels zu verhelfen.

Im großen und ganzen sind die Steinbock-Männer ziemlich traditionsgebunden. In der ersten Lebenshälfte wird das nicht so stark in Erscheinung treten, weil der Steinbock eine harte Schule durchmachen muß, und das bedeutet wiederum, daß er in der Jugend vieles ausprobieren muß, wogegen er später Moralpredigten halten wird. Aber wegen seiner schwierigen Gefühlslage und seiner Hemmungen, und weil Sicherheit ihm soviel bedeutet, wird er früher oder später nach einer festen, soliden Bindung suchen, aus der er eine Familie aufbauen kann. Viele Steinböcke wollen unbedingt einen Sohn haben. Durch die starke patriarchalische Ader hat dieses Zeichen, obwohl es Frauen bewundern und lieben mag, insgeheim doch das Gefühl, daß die Welt von

Männern regiert werden sollte. Steinbock-Männer sind keine Sympathisanten der Frauenbewegung. Sie haben feste Vorstellungen von männlichem Stolz, männlicher Würde und männlichen Errungenschaften. Wenn man erreichen will, daß ein Steinbock Meinungen und Wünsche in Betracht zieht, muß man diplomatisch vorgehen. Von Diplomatie hält er nämlich viel, während er Rebellion nicht ertragen kann.

Sehr oft fallen beim Steinbock-Mann echte väterliche Eigenschaften auf. Er kann beschützend sein und Unterstützung geben, und er gehört zu der Sorte Mann, die, wenn sie sagt: «Mach dir keine Sorgen. Das erledige ich schon», es auch wirklich tut. Er kann eine Säule der Zuverlässigkeit und eine Quelle der Kraft und Hilfe sein. Die Schwierigkeit mit der väterlichen Seite seines Wesens liegt darin, daß man oft nur dann in ihren Genuß kommt, wenn man bereit ist, die Hilflose zu sein, die Schutz braucht. Viele Steinbock-Männer mögen keine tüchtigen Frauen; sie können bei ihnen ihr Verlangen, in einer Beziehung der starke Pol zu sein, nicht ausleben.

Umgekehrt kann sich der Steinbock-Mann, der die Beziehung zum Vater nicht bewältigt hat, wie ein Jüngling gebärden, der immer noch gegen den Vater rebelliert. In dieser Situation sucht er auf merkwürdige Art die Vater-Eigenschaften bei seiner Frau. Es gibt eine ganze Gruppe von Steinbock-Männern, die sich von ihren Partnerinnen unterhalten läßt und alle finanziellen Entscheidungen an sie abtritt. Sie machen es sich bequem und spielen das Kind für eine Mischung aus Frau, Vater und Geliebter. Dies ist ein seltsames Phänomen, dem man begegnet, wenn ein Steinbock in der Kindheit schwer verletzt worden ist. Meistens jedoch ist der Steinbock-Mann in der Rolle des Starken, des Beschützers und des Tüchtigen sehr glücklich. Es fällt ihm lediglich schwer, diese Rolle gelegentlich mit einem anderen zu teilen.

Für den Steinbock steht der Beruf immer an erster Stelle. Wenn sich sein Ehrgeiz durch einen Umzug, eine Umgestaltung seines gesellschaftlichen Kreises oder eine Veränderung im Berufsleben befriedigen läßt, dann wird vom Partner erwartet, daß er sich anpaßt. Das bedeutet, daß es zwei Lösungen gibt. Entweder akzeptiert man mit Charme die überlieferte Mann-Frau-Rollenverteilung, oder man vermeidet eine zu enge Bindung mit dem Steinbock. Er wird sich nicht eng an jemanden binden, wenn er weiß, daß dieser sich nicht ganz ihm und seinen Zielen verschreibt. Vielleicht versucht er es eine Zeitlang mit unbedeutenden Affären, bis er die Frau findet, die ihm die seelische Stütze gibt, die seine verschlossene Natur braucht, um sich entwickeln zu können.

Es liegt auf der Hand, daß diese Art Mann für einige Frauen der perfekte Partner und für andere eine Katastrophe ist. Einen Steinbock-Mann kann man nicht beherrschen, wenn man nicht raffinierte Methoden seelischer Erpressung einsetzt, die er jedoch meist entdecken und verachten wird; und man kann in seinem Leben nicht wichtiger für ihn sein als seine inneren Überzeugungen und Ziele. Faßt man dies zusammen, hat man einen Mann, der das maskuline Prinzip in seiner ältesten, traditionellsten Form verkörpert. Viele Frauen ziehen weniger festgelegte Männer vor, die ausgleichen können und mehr Verständnis für die weibliche Seite des Lebens haben. Das ist vom Steinbock nicht zu erwarten; er ist nicht ambivalent. Er weiß meistens genau, was er will. Und wenn das eine bestimmte Person ist, wird er zäh daran festhalten, bis die Betreffende sich ergibt. Entweder respektiert und liebt man ihn dafür – oder läßt ihn laufen. Es ist so gut wie unmöglich, einen Steinbock zu ändern; denn seine Aufgabe im Leben besteht darin, sich und die Welt zu verändern. Und das kann kein anderer für ihn tun.

Die Steinbock-Frau

Sicher ist es schwer, sich eine Frau vorzustellen, die das Vater-Prinzip verkörpert. Tatsächlich aber macht das die Steinbock-Frauen nicht männlich. Im Gegenteil, sie strahlen oft eine Weiblichkeit aus, die den Wunschträumen der Männer entspricht. Die typische Steinbock-Frau ist sanft, empfindsam und wahrnehmungsfähig. Sie setzt lieber Diplomatie ein, als aggressiv zu streiten; ihre Stimme ist im allgemeinen kühl, ruhig und leise. Sie zieht sich meist gut und geschmackvoll an, trägt keine auffällige oder den Modetrends folgende Kleidung, sondern zieht Klassisches, sehr Weibliches vor. Sie ist so klug zu wissen, daß seidene Wäsche und teures Parfum viel wirkungsvoller sind als blau oder grün gefärbte Haare. Außerdem ist sie auch noch klug genug zu wissen, daß man sich der Macht nicht offen gegenüberstellt; wenn sie darum etwas von jemand möchte, wird der am Ende fest glauben, es wäre seine eigene Idee gewesen. Sie weiß einen so geschickt einzuwickeln, daß man von ihrer Schwäche und Hilflosigkeit überzeugt ist und sich als großer Held vorkommt. Ein gefährlicher Irrtum! Denn kein Steinbock ist schwach und hilflos. Alle Steinbock-Frauen kommen mit einer Wirbelsäule aus nicht rostendem Stahl auf die Welt.

Das soll nun aber nicht heißen, daß alle Steinbock-Frauen andere Menschen ausnützen. Viele tun es; ihre zynische Ader läßt sie Partner wählen, die ihnen Unterstützung und Sicherheit liefern oder ihnen in einem kreativen Beruf vorwärtshelfen. Viele von ihnen sind jedoch hingebungsvolle Geliebte, Frauen und Mütter, die ihre starke Willenskraft, ihre Geschäftstüchtigkeit und Weltgewandtheit und ihr gutes Urteilsvermögen einsetzen, dem Partner bei seiner Karriere zu helfen. Die unsichtbare Macht hinter dem Thron zu spielen, paßt der Steinbock-Frau sehr gut. Sie sieht sich realistisch genug, um zu wissen, daß es gefährlicher ist, für alle sichtbar der Stärkere in einer Beziehung zu sein – damit macht man sich in der Öffentlichkeit nur Feinde –, als die zweite Geige zu spielen. Aber ihre Liebe und Hingabe können auch ganz selbstlos sein, ebenso wie die geschickten Machenschaften, die sie einsetzt, um dem geliebten Menschen zu helfen, damit er im Leben vorwärtskommt.

Der Steinbock muß immer etwas in Gang bringen. Das trifft auf den weiblichen genauso zu wie auf den männlichen. Wenn die Steinbock-Frau keinen eigenen Beruf hat, läßt sie das Bedürfnis, eine nützliche Rolle zu spielen und etwas zu ordnen oder zu organisieren, an den Mitgliedern ihrer Familie aus. Sie wird dann deren Leben in die Hand nehmen und deren Kräfte auf ein Ziel lenken. Die Steinbock-Mutter, deren Organisationstrieb unterdrückt wird, wird versuchen, das Leben ihrer Kinder in Szene zu setzen. Es ist deshalb wichtig für die Steinbock-Frau, daß sie im eigenen Leben die Möglichkeit findet, außerhalb ihrer Privatsphäre ihr Talent für Ordnung, Verwaltung und Fürsorge einzusetzen. Ob es um ihre handwerkliche Begabung oder ihren Wunsch geht, in der Krankenpflege, Medizin, Heilpraxis oder einem anderen für den Steinbock typischen Beruf, oder in einem Laden oder ihr liegenden Geschäftszweig zu arbeiten, immer braucht die Steinbock-Frau ein Ziel für ihren Ehrgeiz, es im Leben zu etwas zu bringen.

Der Steinbock muß fühlen können, daß er etwas erreicht hat. Man hüte sich vor der Steinbock-Frau, die nichts erreicht hat oder nicht einmal merkt, daß sie diesen Drang in sich verspürt. Unbewußt wird sie allmählich beginnen, den Partner zu ihrem Lebenserfolg zu machen.

Viele Steinbock-Frauen neigen dazu, sich in der ersten Lebenshälfte einen Mann zu suchen, der die Vater-Rolle spielen kann. Die Steinbock-Frau hat, wie der Steinbock-Mann, häufig eine schwierige, problematische Beziehung zum Vater. Manchmal begegnet man Steinbock-Frauen, die Papas Liebling sind, die es nötig haben, bewundert, beschenkt und umhegt zu werden, um ihrem charmanten, frivolen und unverantwortlichen Wesen freien Lauf zu lassen. Diese Frauen versuchen, ihre starke, erdgebundene Steinbock-Natur durch ihren Mann auszuleben. Zu irgendeiner Zeit kommt dann üblicherweise eine Krise; entweder zerbricht die Ehe, weil der Mann aussteigt, oder ihre Schwierigkeiten, sich fest zu binden, führen zu so vielen mißglückten Liebesgeschichten, daß sie an sich selbst zu zweifeln beginnen. Andere Steinbock-Frauen lehnen den Vater entschieden ab, weil er zu streng oder zu herrisch oder zu einengend ist, und suchen darum Männer, die sich unterwerfen. Dann spielen sie den Vater, leiden aber häufig, weil sie sich als Frau verunsichert fühlen. Die Steinbock-Frau scheint, gleich welchen Weg sie einschlägt, erst später im Leben zur wärmsten und reichsten Entwicklungsphase ihres Zeichens zu kommen.

Die Steinbock-Frau, die gelernt hat, ihr eigener Vater zu werden und im Leben auf eigenen Füßen zu stehen, hat die Freiheit, die sanftere, feinfühligere und liebevollere Seite ihres Wesens in ihren Beziehungen auszuleben. Die weibliche Variante der Erdzeichen zeigt sich hier voll sowohl in ihrer echten Sensitivität und großzügigen Gewährung von Zeit und Energie wie auch in ihrer Loyalität und Hingabe. Für einen Steinbock ist das Leben ein ernstes Geschäft. Und die Steinbock-Frau, die sich selbst bewiesen hat, daß sie überleben und aus eigener Kraft in der Welt vorwärtskommen kann, hat unterwegs auch an Weisheit und Mitgefühl gewonnen. Die Weisheit und Einsicht, die tief im stillen Herzen des Steinbocks ruhen, können in ihre Beziehungen strömen, sobald die Steinbock-Frau gelernt hat, sich auf die eigene Kraft zu verlassen und zu erkennen, daß das Leben nicht nur eine ernste Aufgabe, sondern auch eine Freude sein kann. Dann wird man in ihr eine kluge, disziplinierte Frau mit realistischem Blick und hart errungener Einsicht in menschliche Schwächen finden.

Luftzeichen – die Welt der Vernunft

Die Luft ist von den vier astrologischen Elementen das am wenigsten Greifbare. Das Feuer kann verbrennen oder wärmen, das Wasser kann ertränken oder erfrischen, die Erde kann begraben oder Frucht tragen. Aber die Luft kann man nicht sehen. Wie der Geist – mit dem sich jahrhundertelang endlose philosophische Spekulationen befaßt haben – ist die Luft flüchtig, bewegt, hauchartig, klar, durchsichtig und, so könnte man es ausdrücken, definitiv abstrakt.

Die Astrologie benützt eine Bildersprache, um gewisse Wahrheiten über das Leben und die Menschen auszudrücken. Die überlieferten Symbole, die zu jedem Zeichen und Element gehören, machen bestimmte Mitteilungen. Die drei Bilder für die drei Luftzeichen sind *Zwillinge, Waage, Wassermann.* Die Luft ist damit das einzige Element ohne ein Tier-Symbol. Bei ihnen gibt es kein animalisches Verhalten. Sie denken. Und darum haben sie die Chance, über Moral, Werte, Prinzipien, Konzepte, Systeme, richtiges und falsches Verhalten, soziale Regeln und alles andere nachzudenken, das sich als Methode verwenden läßt, Erfahrungen zu bewerten. Luft ist das menschlichste Element, der Stoff, der den Menschen befähigt hat, Gesellschaftsformen, Regeln für das Zusammenleben und ethische Gebote zu schaffen, zu schreiben, zu lernen und das riesige, ehrfurchteinflößende Gebiet von Segnungen und Flüchen zu überschauen, das der Begriff moderne Technologie zusammenfaßt. Die Luft hat den Menschen zum Herrn seines Planeten gemacht; wenigstens bildet er sich das ein.

Ein Luftzeichen ist vor allem vernünftig. Es wird nicht gleich hysterisch, wenn etwas nicht nach seinem Wunsch geht, weil es auf den Trick gekommen ist, auch andere als nur die eigenen Ansichten gelten zu lassen. Es ist objektiv genug, um zu erkennen, daß die Welt nicht nur aus ihm besteht, und darum auch bereit, Schwierigkeiten und Wechselfälle mit philosophischer Gelassenheit hinzunehmen. Selbst in der Wut wird das Luftzeichen noch versuchen, seinem Gegner Vernunft einzureden. Im übrigen ist es ein großer Verfechter ethischer Begriffe wie Anstand und Ehrlichkeit. Es ist im allgemeinen darauf eingestellt, die Gesellschaft als einen Organismus anzusehen, der zum Wohle aller seiner Mitglieder geschaffen ist, und wird darum freiwillig das bekämpfen, was es als selbstsüchtiges oder irrationales Verhalten empfindet. Von seinem Standpunkt aus ist so etwas einfach nicht fair. Und weil das Luftzeichen meist gebildet ist oder aber sich selbst gebildet hat, verfügt es über eine Vielzahl an Quellen, aus denen es seine Geisteshaltung und seine Überzeugung schöpfen kann. Luftzeichen sind selten engstirnig. Auf anderen Gebieten mögen sie kleinkariert sein, aber ihr Geist ist immer neuen Ideen geöffnet.

Der Luftzeichen-Mensch wird wegen seiner steten Neigung zu Reflexionen kaum spontan reagieren. Er wird jede Situation sorgfältig prüfen und sich einfach in sie hineinfühlen. Er ist logisch und braucht Erklärungen und Namen für die Dinge, die in seinem Gesichtskreis auftauchen. Sie brauchen nicht greifbar, müssen aber erklärbar sein. Manchmal ist er so logisch, daß er einen zum Wahnsinn treibt, wenn er Erklärungen für Gefühle, Zustände, Stimmungen oder nicht rationale Intuitionen verlangt, die sich noch nach Millionen Jahren dem sorgfältigen Sezieren durch seinen analytischen Verstand entziehen werden. Er kann es soweit treiben, daß man das Gefühl bekommt, sich mit einer Kreuzung zwischen einem Computer und einem Eisschrank eingelassen zu haben. Selbstverständlich bringen solche ausgesuchten Tugenden ebenso ausgesuchte Probleme mit sich, und das größte

Problem der Luftzeichen ist ihre scheinbare Kälte, wenn es um normale menschliche Beziehungen geht.

Luftzeichen-Menschen können den Eindruck machen, überaus kalt zu sein. Keineswegs jedoch beim gesellschaftlichen Umgang. Kein anderes Element kann sich mit solcher Eleganz in einer Gruppe bewegen, ob es um Geplauder, um ein weites Feld interessanter Themen, um objektive und intelligente Gespräche, anregende Konversation oder die Duldsamkeit gegenüber den Standpunkten anderer geht. Aber die arktische Brise umweht einen manchmal, wenn man mit einem Luftzeichen-Menschen allein ist und darüber sprechen möchte, wie man sich fühlt, und er dann lange darüber nachdenkt, wie er sich fühlt, und des weiteren nachdenkt, wie der andere sich fühlt, und dann darüber, wie er denkt, daß er sich fühlt, und bis er das dann alles zu seiner Zufriedenheit überlegt, sortiert, benannt, analysiert, bewertet und den Raster darüber gelegt hat, der ihm die genaueste Differenzierung seiner Lebensideale liefert, ist – wie es so schön heißt – der Augenblick vorbei.

Luftzeichen streben als Gruppe mehr nach Objektivität als jede andere. Sie kommen ihr auch ziemlich nahe; sie haben die unschätzbare Gabe, Menschen, Ereignisse und Ideen außerhalb ihres persönlichen Erfahrungsbereichs für ebenso wertvoll, achtenswert und interessant zu halten wie die Dinge, die ihr persönliches Leben berühren. Tatsächlich messen sie oft dem großen Bild soviel mehr Gewicht bei, daß darüber das kleine Bild – vor allem das persönlicher Beziehungen – weit in den verschwommenen Hintergrund rückt und andere sich am Ende merkwürdig unbedeutend vorkommen und sich ihrer eigenen Ansprüche schämen. Aber ohne das Element der Luft würden wir immer noch Mammuts mit Steinen erschlagen und hätten das Rad nie erfunden; die Fähigkeit, abstrakt zu denken, verdanken wir dem Element der Luft.

Eine gute Methode, Luftzeichen zu verstehen, ist die, zu beobachten, wie sie sich bemühen, Dinge zu erfassen. Sie fragen ständig «Warum?», ganz im Gegensatz zu anderen Zeichen, die entweder mit einem schlichten «Mir gefällt es» oder «Ich finde es gräßlich» reagieren und kühne Spekulationen über die Natur des Menschen und den Kosmos den Philosophen überlassen. Aber Luftzeichen sind, auch wenn sie keine gute Schulbildung haben, von Natur aus Philosophen. Auch auf prosaischer Ebene wird der Forscherdrang der Luftzeichen sofort aktiv und etwa nach den Geheimnissen der Wirtschaftsstruktur einer Firma, der Zusammensetzung eines Düngemittels, der Bewirtschaftung landwirtschaftlicher Flächen oder den Spannungen, Problemen und Gesetzen innerhalb soziologischer Gruppen suchen. Ein Schlüsselwort der Luftzeichen ist Vernunft, ein anderes Logik und ein drittes, ebenso wichtiges, System. Die Luft ist das Element der Systeme. Alles muß nach einem zusammenhängenden Muster funktionieren. Wenn etwas nicht in das Muster paßt, erfindet der Luftzeichen-Typ entweder ein neues Muster – oft heißt es Philosophie, Psychologie oder Religion – oder er weigert sich, dieses Etwas als Realität anzuerkennen. Dinge, die nicht in Muster passen, sind für ein Luftzeichen überaus ärgerlich. Dazu gehören irrationale, unerklärbare Verhaltensformen, ungewohnte Gefühle und Stimmungen, die nicht ins *Schema* passen, ungewöhnlich charismatische oder seltsam magnetische Persönlichkeiten sowie Handlungen, die aus keinem offensichtlichen Grund heraus geschehen. Zu erwarten, daß es etwas akzeptiert, ohne es zu verstehen, ist hoffnungslos. Luftzeichen müssen alles verstehen. Ihr ganzes Weltbild beruht auf ihrer Fähigkeit, die Dinge zu verstehen. Nimmt man ihnen das, hat man ein sehr verängstigtes Einzelwesen vor sich.

Die Seite des Lebens, die sich am hartnäckigsten jeder Einordnung widersetzt, die sich Analysen und Strukturen entzieht, die nicht verbal erklärt oder erfaßt werden kann, ist für die Luft sowohl das ärgerlichste als auch das faszinierendste, was es auf der Welt gibt: das Gefühl.

Tatsächlich haben Luftzeichen-Menschen davor oft solche Angst, daß sie sich besondere Mühe geben, zur passenden Zeit Gefühle zu zeigen, um ja nicht als herzlos und kalt verschrien zu werden. Das Gefühl, plötzlich im Kalten zu stehen, ist für alle, die mit Luft-Menschen zusammenleben, eine gemeinsame Erfahrung. Es ist, als wäre der Mensch in der einen Minute da und in der nächsten verschwunden, während sein Körper noch auf dem Stuhl sitzt und spricht. Wenn man unbeteiligt ist, ist das amüsant zu beobachten. Man kann direkt das Knipsen des Schalters hören, wenn das Luftzeichen seine Gefühlsreaktionen ins Unterbewußte schiebt und seine Gefühlsskala Null anzeigt. Für den liebenden Partner aber ist es äußerst verletzend; denn es ist so, als hätte jemand die Schnur durchgeschnitten und ihn mutterseelenallein gelassen. Die Luft unterdrückt Gefühle, mit denen sie nicht umgehen kann. Unterdrücken soll hier nicht beherrschen heißen. Es ist viel schlimmer. Sie werden einfach ausgelöscht. Das Luftzeichen ist sich ihrer gar nicht mehr bewußt, und man weiß nicht mehr, woran man ist. Zornig? Verletzt? Von der spiegelglatten Oberfläche ist das nicht mehr abzulesen, und durch dieses totale Nicht-Reagieren kommt man sich gemein, unvernünftig und zänkisch vor. Man sollte sich da nicht täuschen lassen, sondern erkennen, was das Luftzeichen selber nicht von sich weiß. Das Element der Luft maskiert so eine sehr gefühlsintensive Natur, die ihm höllische Angst einjagt. Wenn der Luftmensch Glück hat, wird er sich ihrer lange Zeit nicht bewußt werden. Vielleicht sollte ich sagen: Wenn er kein Glück hat. Denn je länger er seine Gefühlsreaktionen blockiert, desto schwerer wird die unvermeidliche Explosion werden. Und sie ist unvermeidlich. Was nicht ausgelebt ist, stirbt nicht. Psychische Energie verschwindet nicht, nur weil man etwas gegen sie hat. Sie geht einfach in den Untergrund und kommt in einer dunklen Nacht wieder an die Oberfläche, wenn man ihr gerade den Rücken zukehrt.

Unter der Leichtblütigkeit verbirgt sich viel Feinfühligkeit, eine wache Sensibilität, auf die es zurückgeht, daß der Luftmensch viel leichter verletzt und viel tiefer verwundet werden kann als alle anderen Zeichen. Sie ist auch der Grund, warum er zur Gefühlsabhängigkeit neigt und sich nach Zärtlichkeit und Zuneigung sehnt, aber um nichts in der Welt geradeheraus darum bitten kann. Wenn andere Elemente sich schwach, ängstlich, alleingelassen, eifersüchtig, verletzt, wütend, zurückgewiesen oder bis zum Wahnsinn verliebt fühlen, müssen sie das mitteilen. Die Erde kauft dann vielleicht Blumen, das Feuer wird ein überschwengliches Gedicht schreiben und das Wasser die Umwelt geradezu in Gefühlen ertränken. Aber die Luft? Die wird über das Wetter sprechen. Oder über die politische Lage oder Probleme der Gewerkschaft. Wer etwas von Körpersprache versteht, kann vielleicht die Erweiterung der Pupillen, die Bewegungen der Hände, den Tonfall erfassen und so die Übermittlung von Gefühlstatsachen aufnehmen, die das Luftzeichen selber, wenn es sich darüber im klaren wäre, in große Verlegenheit stürzen würde.

Wenn es um Gefühle geht, sind die auf dem Gebiet des Denkens und Verstehens allen anderen überlegenen Luftzeichen nichts als Kinder. Ihr ganzes Spektrum, sowohl auf der hellen als auf der dunklen Seite, entspricht der Natur eines Kindes. Einerseits ist ihre Naivität rührend und schön, und jede Gefühlserfahrung hat eine Tiefe und Bedeutung, die den oberflächlicheren Zeichen entgeht. Luftzeichen können wirklich verzaubern, weil sie so kindlich sind und Kinder immer noch auf Wunder reagieren. Sie können auch rührend vertrauensvoll sein, so sehr sogar, daß sich der andere immer von seiner besten Seite zeigen und sie anständig behandeln will. Der dem Luftzeichen angeborene Idealismus wirkt magnetisch; man möchte seinen Idealen nachkommen. Die Reinheit seiner Gefühle und das Fehlen weltlicher Gesinnung mag für es selbst hinderlich sein, aber sie sind ein seltenes und kostbares Geschenk.

Andererseits haben die Luftzeichen auch die Egozentrik, Abhängigkeit, das launische Wesen und die Überempfindlichkeit eines Kindes. Doch statt der typischen Wutanfälle von Kindern, die sich vernachlässigt fühlen, kommt es bei den Luftmenschen zu Eingeschnapptsein oder einer kühlen Atmosphäre. Das heißt: Du hast mich zurückgewiesen. Jetzt werde ich dich zurückweisen. Diese Art von Verdrossenheit und unbewußter Verstimmung ist schwer zu ertragen, wenn man sie sich nicht erklären kann.

Das Luftzeichen sagt die Wahrheit, wie es sie sieht. Es sagt immer die Wahrheit, und das ist einer seiner größten Fehler. Zum Beispiel, wenn es verkündet, daß man schrecklich aussieht oder daß es einen gerade heute nicht besonders mag. Aber das ist ihm nicht bewußt. Und wenn es herausbekommen will, was geschehen ist, heißt das, daß es sich der eigenen Gefühle bewußt werden muß. Und damit der Tatsache, daß man es verletzt, vernachlässigt oder eifersüchtig gemacht hat, oder was immer für Gefühle es empfindet, die es aber nie im Leben bereit sein wird einzugestehen.

Keine Frage, von allen Elementen ist dieses seltsame Wesen in Liebesdingen das schwierigste. Es sei denn, man besitzt die telepathische Begabung, Gefühle zu erkennen. Dann ist alles in Ordnung, denn es ist der Glanz und das Elend der Luftmenschen, daß sie, wenn sie ihr Herz verschenken, es für immer tun – wie Kinder. Dumm dabei ist nur, daß sie es verschenken können, ohne es zu wissen, und dann lösen sie die Bindung – oder der andere löst sie – und entdecken diese Tatsache erst nach dreißig Jahren, wenn es zu spät ist. Hier zeigt sich eines der Paradoxe der menschlichen Natur im ganzen Umfang. Jedes Element des Tierkreises steht mit einem Lebensbereich in Verbindung und hat die besondere Gabe, sich in dieser Sphäre besonders auszudrücken. Jedes Element hat aber auch eine geheime Unterseite, die genau das Gegenteil ist, wie der Sog der hereinkommenden Flut. Dem Verhalten nach ist die Luft ein ziemlich frostiges Element. Aber wenn man die obere Schicht durchstößt und an dem ewigen Analysieren und rationalen Einordnen vorbeikommt, das ständig in diesem luftigen Verstand stattfindet, wird man entdecken, daß die Gefühle des Luftmenschen tief und stark sind, sogar so tief und stark, daß sie ihn ängstigen. Emotionell ist die Luft ein Kind. Die Natur der Gefühle eines Kindes ist naiv, intensiv und nicht sehr flexibel. In Gefühlsdingen ist die Luft nicht sonderlich verfeinert, obwohl man glauben könnte, daß bei all dem eleganten, gesellschaftlichen Charme und der Ungezwungenheit, mit der sie flirtet, plaudert und kluge Einwürfe macht, Bindungen für sie leicht sein sollten. Aber das stimmt nicht. In Wirklichkeit hat sie die Verwundbarkeit, Empfindlichkeit und die Sehnsüchte kindlichen Gefühlslebens in einem erwachsenen Körper. Luftzeichen wissen oft selbst nicht, wie tief ihre Gefühle reichen. Sie können den Partner daher zur Verzweiflung treiben, weil es ihnen in engen Bindungen an Wärme fehlt. Man bekommt das Gefühl, daß sie einen nicht anders behandeln als alle anderen Menschen: fair, mit höflichem Interesse, aber mit Abstand. Aber wenn man diese Seite ihrer Natur versteht und sie sanft soweit bringen kann, daß sie sich öffnen (Luftmenschen können wie gelähmt werden, wenn sie mit heftig geäußerten emotionellen Forderungen konfrontiert werden), wird man mit der ganzen Zartheit und Tiefe dieser naiven, aber starken Liebe belohnt. Hinter dem kühlen Verstand verbirgt sich bei den Luftzeichen ein unheilbarer Romantiker, der unfähig ist, aus Diplomatie oder Berechnung Gefühle einzusetzen.

Die Zwillinge

Entdecker von Ideen

Es wird behauptet, die Zwillinge seien eins der am leichtesten erkennbaren Zeichen. In erster Linie, weil die Zwillinge im allgemeinen viel reden und sich dieses witzige, kosmopolitische, charmante Wesen bei jedem gesellschaftlichen Anlaß schnell herausfinden läßt. Des weiteren ist ein Zwilling auch daran zu erkennen, daß er nur selten dort anzutreffen ist, wo man ihn zuletzt gesehen hat. Es gehört zum astrologischen Allgemeinwissen, daß man Zwillinge nicht mit dicken Seilen fesseln und gehorsam und geduldig an Ort und Stelle halten kann, bis man am Seil zieht. Er wird einen Entfesselungstrick anwenden und verschwinden. Unberechenbar ist eine andere Bezeichnung, die zum typischen Zwilling paßt. Er ist wie Quecksilber, liebt Verkleidung und Tarnung, läßt sich für kurze Zeit von allem und jedem faszinieren, wird aber schnell gelangweilt und zieht weiter. Er interessiert sich für viele Dinge, meistert nur wenige, weil die Welt zu groß ist und man zuviel wissen und über zuviel diskutieren muß, um Zeit mit zu tiefem Eindringen in die Dinge zu verschwenden und all die vielen anderen Möglichkeiten zu verpassen. Die Zwillinge sind so etwas wie die Schmetterlinge des Tierkreises. Sie tauchen für einen flüchtigen Augenblick in unserem Gesichtskreis auf, suchen sich eine ausgewählt schöne Blume und gaukeln weiter. Selbstverständlich gibt es Zwillinge, die es auf bestimmten Gebieten, in Kunst oder Beruf, zur Meisterschaft bringen, aber auch sie brauchen dort Vielseitigkeit und Abwechslung. Nie wird man zum Beispiel einen Zwillinge-Schauspieler sehen, der immer denselben Rollentyp spielt.

Im negativen Sinn wird den Zwillingen vorgeworfen, oberflächlich und seicht zu sein. Das ist weder wahr noch fair. Wenn es nötig ist, kann das Zeichen durchaus tiefgründig und konzentriert sein. Nur ist das Reich der Ideen sein eigentliches Jagdrevier. Der Verstand des Zwillings funktioniert merkwürdig ungradlinig. Er weiß, daß man sich nicht zu lange mit einem Gegenstand befassen kann, ohne Gefahr zu laufen, dessen Randgebiete und Verbindungen zu übersehen. Es ist nicht das Ziel der Zwillinge, ein riesiges Spezialwissen über nur ein einziges Gebiet anzusammeln. Sie suchen ein breites, umfassendes Wissensspektrum, das sich nur erweitern kann, wenn man überall unterwegs Station macht. Der Zwilling hat Sinn für Satire und für kurze Sätze, deren Prägnanz das ganze Bild wiedergeben, ohne sich auf Einzelheiten einlassen zu müssen. Er springt immer auf das an, was im Augenblick interessant ist. Seine Aufmerksamkeit wird nicht so leicht getrübt wie beispielsweise die vieler Fische, und er ist auch nicht geistesabwesend. Er läßt sich lediglich leicht ablenken. Zu viele Dinge sind für ihn interessant. Für den Zwilling ist das Leben voller beweglicher Dinge, und wo sie sich bewegen, bewegt er sich mit.

Manchmal kann das Talent zur Nachahmung verletzend oder peinlich sein, weil er so meisterhaft die Geste oder den Ausdruck findet, die die Situation mit einem Blick erfaßbar machen. Meistens ist das gar nicht böse gemeint, aber da der Zwilling nun mal in luftigen Höhen schwebt, kennt er die Gefühlsreaktionen nicht, die er auslöst. Er selbst ist nicht so leicht zu treffen und besitzt die unbezahlbare Gabe, über sich selbst lachen zu können. Ihn selbst darf man ruhig nachmachen. Er versteht nur nicht, daß andere wegen seines kleinen Scherzes in lautes Schluchzen ausbrechen. Was hat er ihnen denn getan?

Zwillinge eignen sich hervorragend für die Medien, besonders für den Journalismus und für die Art von Reportagen, die mit wenigen klugen Worten und Bildern ein ganzes Gefüge erkennen lassen. Der Drang, sich mitzuteilen, ist bei diesem Zeichen ebenso stark entwickelt wie der Wissensdrang. Der Geist der Zwillinge hat etwas Ewigkindliches an sich. Wenn man den Tierkreis als ein Symbol für die verschiedenen Entwicklungsstadien des Menschen nimmt, stehen die Zwillinge als das dritte Zeichen für das Stadium, in dem der Denkprozeß einsetzt. Bei einem Kind, das etwas erforschen will, ist das Interesse meist auch nur kurzlebig, aber sobald es etwas entdeckt hat, muß es jedem davon erzählen. Das ist so natürlich wie das Atmen. Zwillinge reißen das Gespräch oft für Stunden an sich; nicht weil sie alle Aufmerksamkeit auf sich lenken wollen, wie es viele Löwen tun, sondern weil sie, sobald sie etwas Interessantes wissen, es für das Natürlichste auf der Welt halten, es allen anderen auch mitzuteilen.

Das Zeichen der Zwillinge ist übrigens auch der große Demokrat des Tierkreises. Er ist stolz darauf, gut denken zu können, und wird sich das Recht, Entscheidungen zu treffen und Konzepte zu bilden, bestimmt nicht aus der Hand nehmen lassen. Die immense Freude des Zwillings, etwas für sich zu entdecken, herauszufinden oder zu lernen, ist so auffallend und so strahlend, daß man ihn sich kaum als braven Gefolgsmann der Meinungen eines anderen vorstellen kann. Und weil er es schätzt, gut informiert zu sein, ist es schwer, ihm etwas vorzumachen oder seine Gefühle umzuwandeln. Aus einem gewissen Abstand heraus interessiert er sich für Menschen und möchte herausfinden, wie sie ticken. Er wird auch einfach mit jedem reden, nur um ein bißchen mehr über irgend etwas zu erfahren, weil es nichts gibt, das ihn nicht interessiert. Der lebendige und anregende Verstand des Zwillings hat keinen Platz für Vorurteile und großen Konservativismus.

Für diese glänzenden Gaben muß er natürlich einen Preis zahlen. Um den glatten, blankpolierten Weltblick zu bewahren, der davon herrührt, daß er über die Oberfläche einer erstaunlichen Vielzahl von Lebenserfahrungen gleitet, muß der Zwilling oft die Fähigkeit zu tiefen Bindungen opfern. Je öfter er von einer Blume zur anderen flattert, desto seltener wird es ihm gelingen, in einer festen Beziehung zu verharren. Ein Zwilling ist nicht der Mensch, den man wählen sollte, wenn man lange, tiefgehende Gespräche über Gefühle schätzt. Dabei fühlt er sich eingefangen, unterdrückt und beherrscht. Er neigt viel eher dazu, einen Scherz oder eine witzige Bemerkung über die Dinge zu machen, die ihn am tiefsten berühren. Und er wird es auch vorziehen, daß sein Partner witzelt, statt seine Seele mit großen, theatralischen Gesten vor ihm auszubreiten. Bei so etwas wird er blaß vor Verlegenheit. Und dann kann der Moment kommen, wo er sich in Luft auflöst.

Wo er soviel Wissen in seinem Kopf angesammelt hat, erwartet man, daß der Zwilling auch etwas über sich selbst weiß. Weit gefehlt. Von allen Zeichen des Tierkreises besitzt das seine am wenigsten die Gabe der Selbstbeobachtung, und er muß schon eine sehr kritische oder schwere Erfahrung machen, um sich wirklich hinzusetzen und die eigenen Motive zu erforschen. Das ist nicht sein Stil. Wie ein Kind kann er mehrere, sehr verschiedene Persönlichkeiten in sich vereinen, ohne sich dessen bewußt zu sein. Er kann auch durchaus in äußerst trübe seelische Verfassungen oder Stimmungen geraten, die aber nie lange anhalten (das tut keine Stimmung bei den Zwillingen) und die er selten analysiert oder versteht. Sein Verlangen nach persönlicher Freiheit ist dermaßen stark, daß er sich voller Zorn zurückzieht, wenn man versucht, ihn dazu zu bewegen, daß er sich ändert oder seine angeborene Unbeständigkeit ablegt. Und er ist durchaus zu großen und kleinen Betrügereien fähig, sei es bei anderen oder mit sich selbst, wenn er sich zu festgenagelt vorkommt.

Mit seinen kindlichen Zügen und Eigenschaften ist der Zwilling das ewige Kind des Tierkreises. Dies jedoch nicht im negativen Sinn des Wortes. Sein lebhaftes Interesse am Lernen, seine Neigung, gleichzeitig mehrere Richtungen einzuschlagen, oder seine Abneigung, ihm unverständliche Verpflichtungen einzugehen, sind alles Eigenschaften, die auch Kinder haben. Viele Zwillinge können daher auch glänzend mit Kindern umgehen – nicht aus gefühlsmäßigen, mütterlichen Neigungen wie der Krebs, sondern weil sie dieselben Dinge lieben und amüsant finden und einfach fabelhaft darin sind, das flüchtige Interesse eines

Kindes festzuhalten, denn ihre eigenen Gedanken neigen ja auf dieselbe Art zum Wandern.

Zwillinge haben nicht viel für Verantwortung übrig. Meist haben sie aber strenge ethische Ehrbegriffe – alle Luftzeichen haben das – und benehmen sich anderen Menschen gegenüber anständig. So gesehen sind die Zwillinge ein sehr verantwortungsbewußtes Zeichen. Aber Pflicht um der Pflicht willen interessiert sie nicht; sie reisen lieber unbeschwert. Und lassen sich im allgemeinen gern ein paar Hintertüren offen, falls sie plötzlich feststellen, daß zur Auffrischung eine kleine Reise fällig wäre. Wenn der Zwilling an einem Ort und einem Arbeitsplatz festgehalten wird, an dem er immer dasselbe tun muß, wird er in Anfällen nervöser Zustände mit Nägelkauen und Heftklammerbiegen verkümmern, oder er wird davonlaufen. Zwillinge brauchen geistige und körperliche Beweglichkeit. An einem Platz, wo sie mit Menschen reden und ein wenig reisen können, sind sie zufrieden und durchaus in der Lage, Verantwortungen zu delegieren. Aber mit einem Partner, der zuviel über Pflicht spricht, geht die Partnerschaft garantiert in die Brüche.

Worte sind für Zwillinge faszinierend. Ob es der verbale Typ ist, der bis ins Uferlose redet, oder der stillere, dessen Geist in ständiger Bewegung ist, der aber zu introvertiert sein mag, darüber zu sprechen, die Sprache ist für den Zwilling fast immer ein wunderbares, ewig anregendes Spiel. Sich sprachlich auszudrücken, ist für die Zwillinge sehr wichtig, und meistens hören sie sich auch gern reden, aber nicht, weil sie sich für so großartig halten, sondern weil es sie fasziniert, was sich mit Wörtern machen läßt. Sehr oft sind sie besonders begabt für Fremdsprachen. Sie finden sprachliche Spitzfindigkeiten amüsant, während plumpe Witze sie kaltlassen.

Die Zwillinge nehmen das Leben nicht so besonders schwer. Das ist der Grund, warum viele sich treiben lassen und nicht wissen, wo ihre Begabung und Berufung liegt. Es gibt so viel Interessantes, und sie sind oft so vielseitig begabt. Aber selbst wenn ein Zwilling eine hervorstechende Begabung hat, wird er sich ihr nur zögernd verschreiben, denn es ist ziemlich langweilig, immer dasselbe tun zu müssen. Es ist gar nicht schlecht, einem Zwilling zu raten, daß er entweder zwei Berufe wählen oder einen Beruf und eine wichtige Liebhaberei haben sollte; denn wenn die eine Sache langweilig wird, erscheint die andere ihm neu und interessant. Leider lehrt uns niemand, eine Karriere so zu betrachten; in dieser Welt sollen wir nur eine Sache, die aber richtig, können. Dieser Stand der Dinge ist für den Zwilling ein trauriges Handikap, denn seine Begabung liegt nicht darin, eine Sache richtig zu tun, sondern darin, die Verbindung zwischen zwei völlig verschiedenen Sachen aufzuspüren. Er ist ein Brückenbauer der Ideen, und er ist am glücklichsten, wenn er eine Sphäre des Lebens in die Sprache einer anderen übertragen kann.

Im allgemeinen läßt sich ein Zwilling an seinen Augen erkennen. Nicht, daß er etwas Besonderes an sich hätte, darum geht es nicht. Seine Augen sind nur ständig in Bewegung, auch wenn er gerade mit jemand spricht und sich intensiv für das interessiert, was der andere sagt. Er kann nichts dafür, aber er bemerkt eben einfach, daß ein neuer Gast hereingekommen ist oder ein neuer Gegenstand auf dem Tisch steht oder an der Wand hängt. Für viele Menschen, die gern möchten, daß er seine gesamte Aufmerksamkeit auf sie richtet, ist das ziemlich irritierend. Wer gern konzentrierte Aufmerksamkeit auf sich gerichtet hat, geht dem Zwilling besser aus dem Weg. Kein Zwilling ist in der Lage, die aufregenden Dinge um sich herum einfach auszuschließen. Das heißt nicht, daß er nicht interessiert wäre. Es heißt nur, daß er einfach nicht ausschließlich einen allein sieht. Tiefes Sicheinlassen und tiefe Hingabe fallen ihm schwer. An der langen Leine kann er nicht gehalten werden, für ihn darf gar keine Leine da sein. Erst wenn man nicht mehr so scharf auf ihn aufpaßt, kann man überrascht und erfreut feststellen, daß er immer noch da ist.

Oft sind sich die Zwillinge tiefer geistiger und religiöser Dinge bewußt. «Religiös» nicht im üblichen Sinn, sondern als ein Sicheinstimmen in ein überpersönliches oder andersgeartetes Gebiet des Bewußtseins. Viele Zwillinge zeigen dies durch ihre feine Intuition, die auf nicht rationaler Ebene Dinge registriert und damit die intellektuelle und rationale Seite ihres Wesens verunsichert. Auch «geistig» bedeutet hier nichts, das mit Séancen und Spiritismus zu tun hat. Es geht um das Einfühlen in eine andere, höhere Welt. Zwillinge haben ein Gefühl für das Ewige, für die verborgenen Strömungen im Leben. Zum Teil erklärt dies, warum sie das Leben oder die Pflichten des Lebens nicht so ernst nehmen. Etwas tief in ihnen weiß, daß es nicht allein darum geht.

Die Schwierigkeit liegt darin, daß diese Wahrnehmungen nicht von Dauer und oft auch nicht willkommen sind. Bei diesem Doppelzeichen weilt einer der Zwillinge in himmlischen Gefilden, während der andere auf der Erde bleibt. Sie sind nicht zur selben Zeit am selben Ort. Oft stoßen die Intuitionen des Zwillings sehr heftig mit seinem sauber geordneten, analytischen Geist zusammen. Dadurch ist er sich selbst fremd und weiß nicht, ob er ein Wissenschaftler oder Mystiker, ein Künstler oder ein Intellektueller ist. Manchmal versucht er gewaltsam, eine der beiden Seiten seines Wesens daran zu hindern, sich auszuleben, und damit schafft er sich viel Ungemach. Das Alternieren des Zwillings, seine Perioden heller und dunkler Stimmungen, der Introversion und Extraversion, der Visionen und der Analysen, sind für ihn ebenso verwunderlich wie für andere. Welcher ist er? Beide natürlich. Irgendwie muß er im Laufe seines Lebens lernen, das, was auf der einen Ebene geschieht, in die Sprache der anderen zu übersetzen. Für ihn sind beide Ebenen Wirklichkeit. Es ist wie beim Wechselstrom. Manchmal steht er mit seinem verborgenen inneren Wesen in Verbindung, und dann leuchtet er, als ginge die Sonne an einem Frühlingsmorgen auf. Er ist der schöne Schmetterling, das ewige Kind, der Strahlende, der alles auf seinem Weg in Goldstaub hüllt. Und dann plötzlich ist er entfremdet. Er weilt nicht mehr im Olymp; er ist in einem sterblichen Körper auf die Erde verbannt. Das Leben ist ziemlich bitter und manchmal dunkel und trügerisch; und er neigt dazu, zynisch und unfreundlich zu werden, und denkt viel über den Tod nach. Er zieht sich zurück und brütet, weil die Verbindung abgeschnitten und er nun doch sterblich ist. Und seine Sterblichkeit und die Tatsache, daß er wie jeder andere altern muß, lasten schwer auf ihm.

Man kann in den Zyklus der Zwillinge nicht eingreifen oder erwarten, ihn zu ändern. Sie brauchen die Periode des Zusammenstoßens mit der Sterblichkeit, wie sie auch die Atemluft der olympischen Höhen nötig haben. Dieser Zyklus gehört dem Zwilling allein, und es wäre sehr töricht, ihn in Zusammenhang mit der eigenen Person zu bringen. Empfindsamere Wesen wie die Fische, Skorpione oder Krebse können verletzt reagieren oder sich grob zurückgewiesen fühlen, wenn der Zwilling eine seiner dunklen Phasen durchläuft. Er kann in dieser Zeit ganz schön bösartig und eisig sein. Aber es ist nicht persönlich gemeint.

Dieses Alternieren der Zwillinge hängt mit ihrer Polarität zusammen: intellektuell oder gefühlsbetont, männlich oder weiblich, bewußt oder unbewußt. Der eine Pol ist menschlich, der andere göttlich. Oft weiß der Zwilling nicht, ob er sein Urteil verstandesgemäß oder gefühlsmäßig treffen soll. Oft gerät er auch sexuell in Verwirrung, weil er viel von beiden Geschlechtern in sich hat, und das ist kein Rückschluß auf seine Sexualität, sondern bedeutet, daß er beides ist, intuitiv und rational, gefühlsbetont und entschieden, zurückhaltend und offen. Männlichkeit und Weiblichkeit der Zwillinge ist hier im breitesten Sinn gemeint, und viele Zwillinge sind wirklich verwirrt, welche Rolle sie spielen sollen, weil sie beides in sich entdecken und gleich gut mit Männern und Frauen auskommen.

All dies spricht nicht für ein konsequentes Verhalten. Manchmal hilft es, wenn der Zwilling zumindest unterscheiden kann, wann er der eine und wann der andere ist, und die beiden dazu zu bewegen versucht, miteinander zu sprechen. Zwillinge hört man oft mit sich reden. Das ist logisch, schließlich sind es zwei. In einem Augenblick ist die Welt leuchtend und voller Licht, im nächsten ist sie ein dunkles Gefängnis. Das ist einer der Gründe, warum die Zwillinge so gute Reporter und Journalisten sind. Sie erfassen beide Seiten des Lebens instinktiv und besitzen meist ebensoviel Idealismus wie Zynismus.

Der Planet, der dieses Zeichen regiert, ist der *Merkur,* der kleinste und schnellste Planet unseres Sonnensystems und ein gutes Symbol für die Schnelligkeit und Beweglichkeit der Wahrnehmungsfähigkeit der Zwillinge. In der Mythologie ist Merkur der Götterbote. Er bringt Botschaften von einem Gott zum anderen und von den Göttern des Olymps zu den Menschen auf der Erde. Er ist auch als Gott der Diebe und der Lügner bekannt, als Schutzgott der Straßen und als Gott des Handels. Er ist kein sehr moralischer Gott, flüchtig und beweglich und immer mit Brükkenbau befaßt: Brücken zwischen Göttern und Menschen, zwischen Mensch und Mensch, in Form von Ideen, Geld, faßbaren oder unfaßbaren Kommunikationen. Er ist der Dolmetscher, der Übersetzer, der Botschafter. Aber um das Werk des Vermittlers übernehmen zu können, muß der Zwilling erst eine Methode finden, die Gegensätze in sich selbst zu überbrücken. Er muß das Weibliche und das Männliche, den Geist und die Gefühle, das Spirituelle und das Materielle, das Licht und das Dunkel in sich akzeptieren können. Eine große Spanne seines Lebens durchwandert der Zwilling in gespaltenem Zustand und fällt von einem Gegensatz in den anderen, bis er endlich merkt, daß er beide in sich birgt. Wer in der Mitte zwischen zwei unvereinbaren Gegensätzen steht, wird feststellen, daß sie gar nicht so unvereinbar sind. Sie ergänzen sich, statt einander auszuschließen. Gegensätzliche Dinge sind nicht Feinde. Sie sind Teile einer ganzheitlichen Lebensphilosophie. Allein nach ihr trachten die Zwillinge.

Die Schattenseiten

Es scheint zwei völlig verschiedene Zwillinge-Schatten zu geben. Manche Zwillinge haben beide, andere nur einen. Den einen bezeichne ich als das «verantwortungslose Kind», den anderen als «Ränkeschmied». Wie der Gott der Diebe und der Lügner möchte das verantwortungslose Kind nur den göttlichen Zwilling haben und den menschlichen loswerden. Der Ränkeschmied tut in gewisser Weise das Gegenteil. Er kann den göttlichen Zwilling nicht finden und fühlt sich darum fast immer vereinsamt und neurotisch. Er kann sich nicht mit sich selbst verbinden, also fühlt er sich unverbunden.

Der Ränkeschmied ist der paranoide Schatten der Zwillinge. Er wird zum Ränkeschmied, nicht weil er etwas gegen andere plant, sondern weil er davon überzeugt ist, daß alle anderen etwas von ihm wollen, und darum denkt er sich verwickelte Methoden aus, es ihnen nicht zu geben, was immer es sein mag. Seine Charakteristika sind chronisches Ausweichen und häufig chronisches Lügen; und er ist auch dafür bekannt, daß er absichtlich eine Falle stellt, wenn jemand versucht, seine Geheimnisse zu ergründen; so daß er eine Rechtfertigung dafür hat, warum er sich überhaupt versteckt. Es ist schwer, mit dieser Facette der Zwillinge zurechtzukommen; sie hat mit ihrem Gefühl der emotionellen Entfremdung zu tun. Weil es dem Zwilling schwerfällt, sich gefühlsmäßig zu binden, hat er oft kein Vertrauen. Er neigt dazu, einem anderen Menschen die simpelsten Auskünfte über sich zu verweigern, weil er überzeugt ist, daß der, der zuviel über ihn weiß, ihn beherrschen kann.

Im besten Fall ist der Zwilling spielerisch ausweichend und mag es nicht, wenn man in ihn dringt und ihn ausfragt. Im schlechtesten Fall, auf der Schattenseite, ist er mehr als schwierig, weil er sehr verletztend werden kann und seine Zungenfertigkeit benützt, den anderen in beschämtes Schweigen fallen zu lassen, obwohl der doch nur sein Interesse zeigen wollte. Wenn die Schattenseite des Zeichens nach oben kommt, darf man nichts mehr wörtlich nehmen, weil hier höchstwahrscheinlich nur eine falsche Fährte gelegt werden soll, damit der Zwilling weiterhin das verbergen kann, was er selbst nicht versteht.

Für beide Seiten des Zwillinge-Schattens gibt es eine Wurzel. Es geht um das Problem der Gegensätze und wie er sie beide ausleben kann. Der Zwilling, der sich in die Seite des göttlichen Kindes verloren hat, kann sehr charmant, aber auch ein schrecklicher Schnorrer um Geld und Zeit eines anderen sein. Er hält es einfach für selbstverständlich, daß für ihn Sonderregeln gelten. Wenn er allmählich zu erkennen beginnt, daß auch er auf der Erde leben und sich Grenzen und Pflichten unterwerfen muß, wächst und verändert er sich, kann etwas von seinem leichtherzigen Vertrauen ins Leben in seine Alltagswelt bringen und damit auch das

Leben der Menschen seiner Umgebung heller machen. Wenn der Zwilling sich in seine erdgebundene Seite verliert, fürchtet er das Leben. Er mag dann versuchen, es in Grund und Boden zu analysieren, weil er hofft, so vor Verletzungen geschützt zu sein. Damit entwickelt er ein tiefes Mißtrauen gegen die Motive anderer. Er verliert seinen Glanz und wird raffiniert. Erst wenn er in sich etwas entdeckt, das er lieben kann, das ihn einmalig und anders macht, wird er sich nicht mehr so sehr als verwundbar empfinden und sich öffnen können. Dann ist es ihm gelungen, die Brücke zwischen zwei Seiten zu schlagen, über die auch andere gehen und ein wenig von beiden Welten in sich aufnehmen können.

Die Zwillinge als Partner

In der herkömmlichen Astrologie sollen die Zwillinge am besten mit den beiden anderen Luftzeichen, Waage und Wassermann, zusammenpassen. Gedruckt macht sich das gut. Aber kein Mensch besteht nur aus *einem* Zeichen, und gleich und gleich gesellt sich nicht immer gern. Manchmal langweilen sie einander. Und obwohl die Zwillinge viel Gemeinsames mit den anderen Luftzeichen haben und im Bereich der Ideen sich gut mit ihnen verständigen können, werden sie unwiderstehlich von den Wasserzeichen angezogen – Fische, Skorpion und Krebs. Das liegt daran, daß es den Zwillingen meist schwerfällt, zu wissen, was sie subjektiv empfinden und wie sie diese Empfindungen anderen gegenüber ausdrücken sollen. Wenn sie auf Wasser-Typen treffen, entspannen sie sich. Der Zwilling findet es faszinierend, wie wenig die Wasserzeichen sich für rationale Erklärungen interessieren, und ist von ihrem Mangel an Scham über die eigenen Gefühle bezaubert (oder auch entsetzt). Luft und Wasser: Oft entstehen daraus Dampf, Nebel, Hagel und andere Verbindungen zweier merkwürdig unvereinbarer, aber magnetisch voneinander angezogener Elemente.

Diskussionen über Gefühlsdinge könnte man als «Sumpfwanderungen» bezeichnen. Der Ausdruck paßt glänzend zum typischen Verhalten des Zwillings, wenn eine enge Bindung ihn zu bedrücken beginnt. Sie ist für ihn wie ein Sumpf, feucht, beklemmend, gefährlich, dunkel und voller Wesen, die beißen und einen in die Tiefe ziehen. Der typische Zwilling hat eine entsetzliche Angst vor zu großen gefühlsmäßigen Ansprüchen, und dennoch neigt er immer wieder dazu, sich in Beziehungen zu Menschen einzulassen, die im Grunde ihres Wesens gefühlsorientiert sind. Die Wasser-Menschen wiederum bewundern den beweglichen Geist der Zwillinge, sind von ihm fasziniert, brauchen aber zur eigenen Erfüllung eine stärker auf Instinkten beruhende Bindung.

Fast scheint es so, als sehne sich der Zwilling, dieser ewige Schmetterling, der versucht, das Rätsel der vielen in ihm wohnenden Persönlichkeiten zu lösen, nach einer sicheren, von Gefühlen untermauerten Beziehung, die ihm hilft, sich weniger gespalten zu fühlen. Wenn er jemand findet, der all seine vielen Gesichter liebt, hat er die Hoffnung, sie vielleicht auch selbst lieben zu lernen. Wenn die Beziehung des Zwillings dieser Art ist, gibt es zwei mögliche Wege.

Die Abzweigung nach links endet mit einem Partner, der sich seelisch frustriert fühlt, nach Zuneigung und Verbundenheit hungert und sich zurückgewiesen und ausgeschlossen glaubt. Der Zwilling aber fühlt sich unterdrückt, erstickt, gelangweilt und eingesperrt. Beide machen einander heftige Vorwürfe, obwohl man den Zwilling sich selten laut über seine seelischen Leiden beklagen hören wird. Viel eher wird er darüber scherzen oder eine ironische und witzige Bemerkung machen und die ganze Angelegenheit zusammen mit anderen beunruhigenden Dingen, die er nicht zu erforschen wagt, still in sich vergraben. Wahrscheinlich wird die Folge sein, daß sein nie sehr stark entwickeltes Selbstvertrauen noch mehr leidet und er, ohne zu verstehen, was eigentlich schiefgegangen ist, die nächste Bindung eingeht.

Die rechte Abzweigung des Weges führt zu einem sehr viel glücklicheren Ende. Wenn dem Zwilling Zeit, die Möglichkeit zum Gedankenaustausch (jede Partnerschaft des Zwillings muß auf Gedankenaustausch beruhen) und Verständnis geboten wird, kann er besser in der Beziehung Fuß fassen und lernen, in sich hineinzuschauen. Er kann endlich die eigenen Bedürfnisse und Empfindungen entdecken, die er so leicht übersieht; und diese Entdeckung – daß er auch Gefühle hat – bringt ihn davon ab, gewohnheitsmäßig alle seelischen Bedürfnisse anderer als auffressend und besitzergreifend zu verdammen. Allzuoft zieht er sehr mütterliche Partner an, die ihn mit übereifriger Sorge und sanft herablassender mütterlicher Liebe ersticken. Kein Wunder, daß die Zwillinge so oft kleine Jungen oder kleine Mädchen – mit einem dunklen, verschlossenen Gesicht – bleiben.

Genau wie die beiden anderen Luftzeichen gehen auch die Zwillinge Beziehungen mit hohen ethischen Ansprüchen ein. Obwohl der Zwilling gern ausweicht und nicht mag, daß man in ihn dringt, wird er selten absichtlich lügen oder unredlich mit anderen umgehen. Das Element der Luft hat hohe Prinzipien. Viele Zwillinge bemühen sich mit fast übermenschlicher Anstrengung, ihren ethischen Vorstellungen nachzuleben, und erleiden dann Schiffbruch, weil diese Vorstellungen keine inkonsequenten Reaktionen erlauben und am Ende vom Zorn eines seelisch verletzten Partners zerstört werden. Wenn er keinen anderen Weg findet, weicht der Zwilling auf Abwege aus. Wie soll er sich auch vor Anschuldigungen rechtfertigen, die er nicht versteht? Wenn man einem Zwilling vorwirft: «Du hast mich den ganzen Abend lang übersehen», wird er aus Prinzip zu einer ausweichenden Antwort greifen, weil er so viele mögliche Antworten, aber nicht seine wahren Gefühle sieht. Meistens wird er gar nicht wissen, wovon man redet. Er hat nicht das Gefühl, etwas falsch gemacht zu haben.

Eine der schwierigsten Zeichenverbindungen ist Zwillinge und Skorpion, ob im eigenen Horoskop als Sonnenzeichen und Aszendent oder als Horoskope zweier Partner. Die beiden Zeichen verkörpern die gegensätzlichen Pole von Luft und Wasser. Der Skorpion ist ein Wasserzeichen und darum höchst subjektiv; er reagiert gefühlsmäßig. Und der typische Skorpion wird sich auf kein Ausweichen einlassen, denn seine Natur zwingt ihn, alles von Grund aus zu erforschen und verborgene Wurzeln und Motive aufzuspüren. Der Zwilling aber kann es nicht ertragen, psychoanalysiert zu werden, vor allem, weil er entsetzliche Angst vor dem hat, was dabei herauskommen könnte. Viele Zwillinge stehen der Psychologie sehr skeptisch gegenüber, weil sie eine starke Begabung zum Analysieren haben und der Ansicht sind, daß jedes Problem, das man benennen kann, von selbst verschwindet. Leider tut es das nicht, denn intellektuelles Analysieren hilft nichts, wenn es um Gefühle geht. Wenn man einem Zwilling dunkle und verworrene Motive unterstellt, wird er ausweichen, eine Antwort erfinden, erstarren und einfach nicht antworten oder weggehen. In Wahrheit weiß er einfach nicht, was tun, und was er nicht weiß, macht ihm Angst. Der Zwilling sucht oft Hilfe bei intellektuellen Mustern, Systemen oder Strukturen, um herauszufinden, was er wirklich empfindet.

Es gibt sowohl männliche als auch weibliche Zwillinge, die im besten und schlechtesten Sinn des Wortes immer Kinder bleiben. Sie sind Schmetterlinge, golden und charmant, entzückend und so konsistent wie eine Schaumspeise. Wenn man mit diesem extremen Typ der Zwillinge, der sich nie mit seiner anderen Hälfte hat abfinden können, in Berührung kommt, sollte man sich an ihm erfreuen, aber die Augen offen halten. Jede Bindung ist für diesen Typ furchteinflößend, und meistens ist er nicht bereit, unter die glänzende und schillernde Oberfläche seiner Seele zu blikken, in der es so viele Gegenströmungen, Untiefen und Wunder gibt, um zu erforschen, was er oder der Partner wirklich brauchen. Es ist einfach zu mühsam. Starke mütterliche Typen wie der Stier oder der Krebs, sanfte und einfühlsame wie die Fische oder intensive und eifersüchtige wie der Skorpion müssen unbedingt dafür sorgen, ein eigenes Leben zu haben und niemals vom Zwilling zu erwarten, daß er sich um ihre seelischen Nöte kümmert. Das kann er nicht. Man kann dabei aber auch etwas von ihm lernen: Wie man losläßt und ihm die Luft gönnt, ohne die er nicht leben kann. Zwillinge werden psychologisch asthmatisch, wenn sie nicht flüchten können.

Wer aber das Glück hat, einen jener Zwillinge zu finden, die ein wenig Selbsterkenntnis besitzen, der kann sich wahrhaft glücklich preisen. Denn wenn der Zwilling auch immer ausweichend und eine Herausforderung bleiben wird, nie seine Motive und Gründe freiwillig erklärt und nie dramatische, gefühlsbeladene Szenen schätzen lernt, wird er einem doch auf dem halben Weg entgegenkommen. Und dann ist er wirklich der Merkur der Alchimisten, der Übersetzer und Verwandler, der mit dem Zauberstab seines beweglichen Geistes ferne Höhen zeigen kann, über denen die Luft klar ist.

Der Zwillinge-Mann

Mehrere Eigenschaften des Zwillinge-Mannes fallen auf. Meistens ist er ständig in Bewegung. Er kann sogar zappelig sein, und wenn er seine Glieder nicht bewegt, dann bewegen sich zumindest seine Augen ziemlich ruhelos, nehmen alles im Zimmer wahr und prüfen voller Neugier alle anwesenden Personen. Der lange, unverwandte Blick tiefen, leidenschaftlichen Schweigens, der alles sagt, ist nicht Sache der männlichen Zwillinge. Viele können ihre Aufmerksamkeit dafür gar nicht lange genug konzentrieren, und außerdem haben sie es nicht gern, wenn ihnen selbst jemand tief und lange in die Augen starrt.

Noch etwas fällt schnell auf: Zwillinge sind begabte Unterhalter. Es kommt nur selten vor, daß ein Zwilling nicht schlagfertig und nicht auf vielen Gebieten beschlagen genug ist, um mit jedem ein Gespräch führen zu können und interessiert zu wirken. Zwillinge klatschen auch gern – diese Eigenschaft haben Zwillinge-Männer wie Zwillinge-Frauen –, und die ungeheure Neugier, mit der sie auf andere Menschen zugehen, wirkt manchmal fast taktlos. Sie möchten interessante Dinge erfahren, nicht weil sie damit Macht über andere erringen wollen wie etwa der Skorpion, sondern einfach, weil es interessant ist. Der Zwilling kann sehr schnell einige bedeutsame und ihn interessierende Tatsachen aus jemandem herausholen; wenn dieser ihm aber selbst Fragen stellt, wird er geschickt ausweichen und die Unterhaltung auf die Fortpflanzungsmethoden der Eintagsfliege lenken.

Der Zwilling hält immer nur losen Kontakt mit anderen Menschen. Er ist weder plump noch sehr intensiv. Nur selten wird es bei ihm zu Gefühlsergüssen kommen, und wenn doch, dann in Form eines Briefes, der voller amüsanter Anekdoten und Klatschgeschichten ist. Manche Menschen stört diese Leichtigkeit; sie erscheint ihnen seicht und oberflächlich. Aber das ist sie gar nicht. Tatsächlich ist es ein Geschenk, was der Zwilling anbietet: die Fähigkeit zum Gedankenaustausch und dem Teilen von Gefühlen, ohne den Sinn für Humor und für Perspektive zu verlieren. Er kann durchaus romantisch sein, aber es geht dabei nicht um tragische Opernromantik, sondern um etwas Leichtes, Schwebendes, das zu schönen Sommerabenden, Champagner und Rosengärten paßt, nicht zu Julia oder Romeo. Das tragische Ende von Romeo und Julia ist nicht die romantische Vision, die das Zeichen der Zwillinge anspricht.

Absolute Hingabe von der Art, die ein Gespräch oder einen Blickwechsel mit einer anderen Frau ausschließt, paßt auch nicht zum Stil des Zwillings. Er interessiert sich für Menschen, und die Menschen interessieren sich für ihn. Er kann auch äußerst charmant flirten, und das gehört wiederum zu seiner Einstellung zum Leben. Man kann vom Schmetterling nicht verlangen, daß er den Othello spielt. Er wird selten Eifersucht zeigen – sie gehört mit allen anderen erschreckenden Gefühlen ins Unterbewußte –, und er erwartet auch keine Eifersucht von anderen. Es ist unmöglich, ihn bei einer Gesellschaft neben sich festzunageln, denn der ganze Sinn einer Gesellschaft ist es doch, mit *anderen* Menschen zu sprechen. Es ist dem Zwilling peinlich, zu sehr an jemanden gebunden zu erscheinen. Viele Zwillinge-Männer tun ihr Bestes, als Singles aufzutreten, selbst wenn sie soeben mit ihrer Frau zur Tür hereingekommen sind; sie finden es einfach hübsch, diese Rolle mal auszuprobieren. Nur ein recht ausgefallener Zwilling wird sich offen als Hälfte eines eng verbundenen Paars zu erkennen geben.

Worte faszinieren die Zwillige, Gefühle nicht, es sei denn, sie ließen sich in Worten ausdrücken. Je wortgewandter man ist, desto besser gefällt es dem Zwilling. Und er hält viel vom Schreiben –

Liebesbriefe, Geschichten, Briefe, Scherze, was es auch sei. Zwillinge-Helden im Film oder in der Literatur zeigen ihren Charme nicht in tiefschürfenden Emotionen oder körperlicher Geschicklichkeit; sie haben weltmännisches Flair, sind kultiviert, schätzen gute Weine, lieben das Ballett oder Theater, lesen viel und haben einen geschliffenen, vielseitigen Geist. Vor allen Dingen aber ist der Zwillinge-Mann interessant und sucht die Gesellschaft von Menschen, die ebenfalls interessant sind. Das heißt, daß seine Partnerin interessiert und interessant sein muß; andernfalls langweilt er sich sehr rasch und ist bekannt dafür, häufig anderswo nach interessanterer Beute zu suchen.

Das bedeutet nun nicht, daß man ein brillanter Intellektueller sein muß, um gut zu einem Zwilling zu passen. Es heißt nur, daß man einen lebendigen Geist haben sollte. Wer den ganzen Tag mit ihm darüber redet, was das Baby gegessen hat, bekommt garantiert Ärger. Niemand kann etwas werden, was er nicht ist, aber wer sich von einer Partnerschaft erträumt, stumm vor dem Kaminfeuer zu sitzen, Händchen zu halten und Rotwein zu trinken, sucht sich besser einen Stier oder einen Krebs. Man kann sofort erkennen, wann ein Zwilling gelangweilt ist. Er wird unruhig. Seine Blicke wandern herum. Er betrachtet sehnsüchtig das Telefon – ein Instrument zum Meinungsaustausch, das viele Zwillinge lieben, weil es ihnen erlaubt, sich ohne die Unbequemlichkeit einer emotionellen Gegenüberstellung unterhalten zu können – und wartet mit geradezu leidenschaftlicher Ungeduld auf den Briefträger. Wenn man diese Symptome erkennt, sollte man schleunigst seinen eigenen Geist aufpolieren und sich etwas einfallen lassen. Der Schmetterling bereitet sich vor, fortzufliegen.

Die wunderbarste Eigenschaft des Zwillinge-Manns, die seine seltsame Launenhaftigkeit und seine unbegreiflichen Ausweichmanöver ertragbar macht, ist die Tatsache, daß er so interessant ist. Das hört sich vielleicht nicht nach viel an. Aber für Menschen, die ihr gerütteltes Maß an langweiligen, stumpfen Leuten mit langweiligen, stumpfen Leben um sich haben, Menschen, bei denen Phantasie nie etwas beflügelt, die nie von Geistesblitzen getroffen werden, bei denen alles entsetzlich ernst und verantwortungsvoll ist und die sich nie, aber auch nie verrückt, unerwartet oder kindisch benehmen – für solche Menschen ist der Zwilling wie ein Lebenselixier. Er erinnert einen daran, daß das Leben neu ist und Spaß macht und etwas ist, das sich zu erforschen lohnt. Und wenn man dann einige Zeit mit dem Schmetterling zusammen ist, entdeckt man vielleicht sogar, daß man selber auch Flügel hat.

Die Zwillinge-Frau

Luftzeichen-Frauen denken, und die Zwillinge-Frauen denken meist, ebenso wie ihre Wassermann- und Waage-Kusinen, schärfer als jeder andere, ob Mann oder Frau. Ihre Art zu denken ist vielleicht nicht immer wissenschaftlich oder sehr beständig, aber sie sind Menschen mit Ideen, die geistige Anregungen brauchen und mit interessanten Leuten umgehen wollen. Es ist nicht so, daß die Zwillinge-Frau unfähig wäre, zu lieben, mütterlich oder häuslich zu sein. Diese Dinge stehen bei ihr nur nicht ganz oben auf der Liste. Die männlichen und weiblichen Zwillinge brauchen Luft zum Atmen und freie Räume.

Viele Zwillinge-Frauen sind geistig sehr differenziert. Ob man sie in einem Dorf antrifft, wo sie sich um ihr Haus und ihre Kinder kümmern, oder bei einer Vernissage in einer Kunstgalerie, sie sind meistens diejenigen, die alles gelesen haben, was in ihrer Reichweite liegt. Sie wissen sowohl über die Politik im Iran wie über persische Mythologie Bescheid, verstehen etwas von Strickmustern, seltenen Schmetterlingen und Pferdezucht. Nur etwas sind sie nie: provinziell. Die Zwillinge-Frau braucht Gesellschaft und Anregungen, und man darf nicht erwarten, daß sie in einem Leben strenger Routine glücklich sein wird. Und sie will nicht nur als Frau, sondern auch als interessante Persönlichkeit anerkannt werden. Viele Frauen dieses Zeichens werden neurotisch und sehr unglücklich, weil sie sich den Wertmaßstäben anderer – der Gesellschaft, der Familie oder ihres Mannes – anzupassen suchen und dabei die eigene Vielseitigkeit und Beweglichkeit unterschätzen.

Die Zwillinge-Frau braucht oft zwei Berufe oder viele private Interessen, damit sie sich glücklich fühlt. Ihr Lernbedürfnis ist einer ihrer stärksten Beweggründe, der entwickelt und gefördert werden sollte – sei es, daß sie an die Universität geht, Abendkurse besucht oder auch nur regelmäßig Bücher in der Bibliothek ausleiht. Beruflich eignet sich die Zwillinge-Frau hervorragend als Anwältin, als leitende Kraft in der Werbe- oder Marketing-Branche, als Übersetzerin, Lehrerin, Journalistin, Fotografin, und besonders liegt ihr die Welt der Medien Film, Radio und Fernsehen. Sie braucht auch Umgang mit mehreren Menschen. Die Zwillinge-Frau, die auf ihren Mann und die Kinder beschränkt ist, wird ihrer Enttäuschung oft Luft machen und eine entsetzliche Klatschbase werden, einfach weil sie von Natur aus mit Menschen umgehen muß.

Die Schwierigkeit, Gefühle ausdrücken zu können, ist für die Zwillinge-Frau ebensogroß wie für den Zwillinge-Mann. Dasselbe Problem haben alle Luftzeichen. Die natürliche Neigung der Zwillinge, Gefühle zurückzuhalten, sie zu negieren und fortzuanalysieren, wirkt sich oft so aus, daß die Zwillinge-Frau ein fast hysterisch extravertiertes Leben führt, ständig auf der Flucht vor der eigenen Einsamkeit oder dem privaten Unglück.

Zwillinge-Frauen wirken oft entsetzlich überdreht und nervös. Das ist die typische Zwillinge-Reaktion auf zu stark unterdrückte Gefühle und hängt mit der Polarität dieses Zeichens zusammen. Für die Zwillinge-Frau liegt diese Polarität in ihrer Weiblichkeit und ihrem Intellekt, die sich so schwer vereinen lassen. Sie hat die gleichen Bedürfnisse und Antriebe wie jede andere Frau, gleichzeitig aber auch noch den intellektuellen Antrieb ihres Zeichens. Beides paßt nicht gut zusammen; denn man kann nicht dem Geist auf seinem unsteten Schmetterlingsflug folgen und sich gleichzeitig voll der Liebe oder der Mutterschaft hingeben. Für die Zwillinge-Frau ist das eine schwer zu lösende Aufgabe. Sie fühlt sich oft im Gespräch mit Männern wohler als in dem mit ihren Geschlechtsgenossinnen; und wenn ihre Kinder nicht interessant genug sind, sie geistig anzuregen, findet sie die nichtverbale Kommunikation mit Kleinkindern schwierig. Viele Zwillinge-Frauen stellen hohe akademische Erwartungen an ihre Kinder, zumal dann, wenn sie selbst sich auf diesem Gebiet nicht entwickeln konnten; wahrscheinlich ist es vernünftiger für eine Zwillinge-Frau, wenn sie erst ihrer Liebe zum Lernen, zum Reisen und Erleben nachgeht, ehe sie eine eigene Familie anstrebt. Die Tatsache, daß sie sich so leicht langweilt und Routine schlecht erträgt, kann ihr das Leben sonst sehr schwer machen.

Bei den von Merkur regierten Zwillingen, ist das Verlangen nach Wissen, Erfahrung und Anregung oft größer als das Bedürfnis nach Sicherheit. Es ist eine Frage des Versuchens, sich im Leben genügend Raum zu schaffen, um alle seine Bedürfnisse erfüllen zu können. Deshalb brauchen Zwillinge soviel Platz für persönliche Freiheit, für die Entfaltung von Ideen und für Kontakte, die über den Rahmen der Familie hinausgehen. Luftzeichen, um es noch einmal zu wiederholen, brauchen Luft.

Über delikate romantische Gefühle verfügt die Zwillinge-Frau genauso wie der Zwillinge-Mann, aber es ist keine schwere und tiefgründige Romantik. Die Liebe muß für alle Zwillinge bei allem intensiven Gefühl auch ein wenig humorvoll und frivol sein. Und man muß über sie sprechen können. Die Zwillinge-Frau liebt Worte ebensosehr wie ihr männlicher Gegenpart, und das bedeutet, daß der stillschweigenden Annahme, bloße Gegenwart drücke bereits Liebe aus, keine großen Erfolge beschieden sind. Die Zwillinge-Frau schätzt einen Mann, der seine Gefühle in Worte kleiden kann. Und sie schätzt Spiele. Nichts sollte brutal ehrlich, zu direkt oder stillos sein.

Häufig ist die Zwillinge-Frau von besonderer ästhetischer Feinfühligkeit. Sie legt Wert auf guten Geschmack. Sie ist modebewußt. Und sie neigt zu allem Modernen, von der Kleidung über Autos bis zu Filmen und Büchern. Nostalgie ist etwas für die Krebse, nicht für die Zwillinge.

Die Zwillinge-Frau kann sehr faszinierend sein, dabei aber sehr schwer festzulegen und sehr verwirrend, wenn sie irgendwie eingeordnet werden soll. Besonders verwirrend dann, wenn man von ihr ausgeglichene Stimmung und festliegende Interessen erwartet. Sie ist wie der Schmetterling. Die Natur hat ihn nicht als Nutztier erschaffen. Aber wir erfreuen uns an seiner Schönheit und Anmut, an seiner Freiheit und seinem Glanz. Um die Analogie bis an die Grenze zu treiben: *Etwas* Nützliches schenkt uns dieses Wunderwesen der Natur auch, nämlich Seide, jenes zarteste, luxuriöseste und exotischste aller Gespinste. Zwillinge sind wie diese Seide – nichts für Autobezüge oder die Waschmaschine, aber zart behandelt und um ihrer Schönheit willen geliebt, das geschätzteste Material der Welt.

Die Waage

Sucherin nach dem Guten, Wahren, Schönen

Der beherrschende Planet der Waage ist die *Venus,* die Göttin der Liebe und der Schönheit der griechischen Mythologie. Die Waage ist ein Luftzeichen, und die Luft ist in erster Linie mit Ideen und Prinzipien befaßt. Und mit der Liebe natürlich auch. Jede Waage denkt ebensoviel über die Liebe nach wie über alles andere, das mit Beziehungen zu tun hat. Aber das wesentliche Wort hierbei ist *denken.* Die Vorstellung der Waage von Liebe muß nicht unbedingt etwas mit einem herzlichen, angenehmen, bezaubernden Tête-à-tête zu tun haben. Viel eher wird es um eine ihrer vielen Theorien über die Natur der Liebe und der Ehe gehen, ihre Ideale von der perfekten Beziehung, ihre Vorstellung, wie Menschen miteinander umgehen sollten, oder ihre Vision von einer Welt, in der alles wunderbar ausgewogen, geglättet, vollkommen, symmetrisch und harmonisch ist. Was einen zum Wahnsinn treiben kann. Dieses Zeichen, dessen Symbol die Waagschalen sind, hat weniger mit der üblichen Paarung zweier Menschen zu tun als jedes andere Zeichen. Die Waage steigt nicht in die Niederungen sinnlicher Liebe hinab. Für die Waage muß die Liebe im angemessenen Stil stattfinden: ein Ritual höfischer Liebe, komplett mit allen passenden Gesten, den richtigen Worten, dem richtigen Parfum, der richtigen Bettwäsche, den richtigen Duftkerzen und den richtigen Blumen. Die Waage ist der große Perfektionist des

Tierkreises, nicht die Jungfrau, wie man vielleicht vermutet. Für die Waage dreht sich die Welt um die Liebe. Aber ihre Liebe ist ziemlich theoretisch. Sie weiß weniger darüber als jedes andere Zeichen, obwohl sie mehr darüber nachdenkt. Darum sucht sie auch immer nach der Liebe in ihrer idealisiertesten Form. Wie beim Wassermann und den Zwillingen ist auch bei der Waage die Natur ihrer Gefühle oft kindlich und naiv.

In der Astrologie symbolisiert der Planet Venus das Bedürfnis nach Beziehungen. Aber einzelne Dinge zueinander in Beziehung zu setzen, verlangt nicht notwendigerweise nach Gefühlen. Es geht dabei um die Kunst des Vergleichens, der Unterscheidung, der Hervorbringung ausgewogener und symmetrischer Muster. Beziehung kann zu einem Tanz, zur Geometrie, zur Mathematik oder zur Kriegführung gehören. Beziehung kann bedeuten, daß man einen feinen Sinn dafür hat, welche Farbe zu welcher paßt oder ob das Design eines Porsche dem eines Ferrari überlegen ist. Darum geht es der Waage in Wirklichkeit.

Die meisten Waage-Menschen denken viel über die Ehe nach, und man trifft selten eine Waage, die lange unverheiratet bleibt. Es hat mit dem Ritual, der Zeremonie, dem Gefühl der Zusammengehörigkeit, dem Ringtausch zu tun. Alles das spricht das ausgeprägte Stilgefühl in der Natur des Waage-Menschen an. Es geht um die Vereinigung von Gegensätzen, das Ausbalancieren von Dingen, die nicht vereinbar sind und einander ausschließen, das Abfeilen harter Kanten und das Einfügen in ein Muster. Für die Waage ist die Ehe wie ein Tanz aus dem sechzehnten Jahrhundert. Jeder Schritt, jede Geste hat eine ritualisierte Bedeutung. Die Waage ist das Zeichen des großen Rituals. Das Symbol der Waage ist ein lebloser Gegenstand. Die Waage versucht, das normale menschliche Leben auf eine Ebene platonischer Ideale zu erheben. Dabei ist sie keineswegs unfähig, erotisch oder stark sinnlich zu sein, aber auch der Sex muß ritualisiert werden, sonst verliert sie die Lust daran.

Von einer Waage sind sehr oft Worte wie «fair» und «gleichberechtigt» zu hören. Waage-Menschen glauben leidenschaftlich an Fairneß, und das bringt für sie viel Ungemach mit sich, weil das

Leben und die Menschen nicht immer fair sind. Immer wieder stößt ihr Idealismus mit einer unausgewogenen Welt voller Fehler und rauher Kanten zusammen. Sie glauben auch leidenschaftlich an die Gleichheit, vor allem in der Partnerschaft. Wer der Waage einen Gefallen erweist, dem erweist sie auch einen. In vieler Hinsicht ist sie wahrhaft aufgeklärt, und bei männlich-weiblichen Beziehungen versteht sie ganz real, was Gleichberechtigung und Fairneß bedeuten, und wird nicht Sex ins Spiel bringen, um das Übergewicht zu bekommen. Auch hier wird sie oft bitter enttäuscht werden, denn einen Partner zu finden, der ebensoviel gibt wie nimmt, und in einer Beziehung zu leben, in der nicht der eine ein wenig stärker ist oder ein wenig mehr liebt als der andere, ist schlechterdings unmöglich. Aber die Waage glaubt eben an das Unmögliche und wird häufig von einer Beziehung in die nächste, von einem Beruf in den anderen und von einem Land ins andere gehen und immer und immer glauben, daß sie eines Tages, irgendwann einmal den perfekten Partner, den perfekten Beruf und die perfekte Umgebung finden wird, in die keine Häßlichkeit, Widrigkeit oder menschliche Tragödie eindringen kann.

Wie Sokrates sucht die Waage das Gute, Wahre und Schöne. Selbst die Waage, die gelernt hat, ihren berühmten Charme einzusetzen, um Menschen und Situationen zu manipulieren, wird dennoch danach suchen. Sie sucht sie auf jedem Lebensgebiet und in jeder Beziehung, die sie eingeht. Wenn der Waage-Mensch so etwa Mitte Dreißig ist, weiß er, daß das Gute, Wahre und Schöne nur Konzepte und Symbole sind und nicht reale Dinge, die er auf der Straße finden wird. Dennoch gibt er die Suche nicht auf. Eine der besten Eigenschaften dieses merkwürdigen Zeichens ist es, daß es bei seinen ewigen Versuchen, die Welt zu verändern und zu einem Ort zu machen, wo das Gute, Wahre und Schöne eine Bleibe finden können, immerhin den Erfolg hat, das Leben wenigstens ein bißchen besser, schöner und harmonischer zu machen, als es sonst gewesen wäre. Wie sein Planet Venus hat es die Gabe, Stil, Eleganz und Harmonie um sich zu verbreiten. Stärker erdgebundene Wesen haben oft keinen Sinn für diese besondere Begabung der Waage, aber diejenigen, die wissen, daß ein bunter Strauß voll duftender Blumen für die Seele ebenso wichtig ist wie die Gehaltserhöhung für den Alltag, schätzen die Waage.

Die Waage hat Initiative, und sie braucht Ziele. Diese Eigenschaften teilt sie mit dem Widder, dem Krebs und dem Steinbock. Diese Zeichen haben die gemeinsame Charakteristik, daß sie auf ein Ziel hinarbeiten müssen. Die Waage strebt im allgemeinen nach Ordnung, Vollkommenheit und einer idealen Beziehung. Weil sie sich immer der Ansichten anderer Menschen bewußt ist, zeigt sie im Umgang mit ihnen selten Aggressionen. Aber sie besitzt ebensoviel Initiative wie ihre unter dem Zeichen des Widders oder Steinbocks geborenen Vettern. Sie ist immer hinter etwas her. Aber um das mit voll einsetzbarer Zuversicht zu erreichen, braucht sie einen Partner. Wer einige Zeit mit einer Waage verbringt, wird bald ihr königliches «wir» erkennen. Der Widder sagt einfach: «Ich will das. Mach es.» Die Waage ist viel diplomatischer und gewiefter. Sie weiß mit beängstigender Klarheit, daß die Welt voller Menschen ist, die anderer Meinung sind als sie. Sie wird auf andere Meinungen hören, ihnen oft zustimmen, um den Partner oder Gegner zu animieren, mehr zu sagen. Am Ende macht sie genau das, was sie will. Aber sie wird immer den Eindruck erwecken, daß sie ihren Entschluß nur dank der Mitwirkung anderer gefaßt hat, die hinterher glauben, es wäre ihre Idee gewesen und sie hätten sich durchgesetzt. Statt «Mach es!» zu sagen, geht die Waage sanft und mit dem berühmten charmanten Lächeln vor. «Weißt du, ich habe überlegt, daß es für alle angenehm wäre, wenn wir . . .» Und schon hängt man am Angelhaken. Wie rücksichtsvoll dieser Mensch ist. Wie besorgt um die Bedürfnisse und Ideen der anderen. Wie undogmatisch. Wie bescheiden. Natürlich wird man das Gewünschte gern für ihn tun, hat tatsächlich selbst schon daran gedacht und freut sich, seiner Zustimmung gewiß zu sein.

Kein Wunder, daß Waagen den Ruf geschickter Diplomaten und hervorragender Staatsmänner haben. Sie haben die seltene Gabe, mit einem Minimum von Kränkungen ans Ziel ihrer Wünsche zu gelangen. Wie könnte man auch von jemand beleidigt werden, der immer nach der Meinung anderer fragt? Das ist die Kunst der Beziehung in Reinkultur.

Das Problem dabei ist leider, daß Leute, die direkter veranlagt sind, kein Wort davon glauben. Sie sehen die Waage als chronischen Heuchler und Schmeichler. Manchmal mag das sogar stimmen. Wer von seinen Freunden erwartet, daß sie für ihn bluten und treu bis in den Tod sind, dem dürfte es schwerfallen, der Waage zu vertrauen, die lieber mit allen gut Freund ist, statt für etwas zu bluten und zu sterben. Argwöhnische Typen wie Skorpione und Steinböcke, die Komplimenten sowieso mißtrauen, halten von den Schmeicheleien der Waage gar nichts. Von der anderen Seite des Zauns aus betrachtet, wirkt die Waage nicht sehr vertrauenswürdig. Diplomaten tun das nie.

Andererseits aber (diesen Ausdruck hört man von Waage-Menschen oft) ist dies weder Heuchelei noch Unehrlichkeit. Vom Standpunkt der Waage aus ist es wahr. Sie macht viel lieber Komplimente als zu beleidigen, und das nicht nur, weil sie gern gelitten sein möchte, sondern weil sie bestrebt ist, das Schöne und das Positive in den Menschen und im Leben zu sehen. Aber ist es nicht angenehmer, hofiert zu werden, als sich von der wilden Wahrheitsliebe eines Rüpels brutal seine Träume und Wünsche zertrampeln zu lassen? Der Waage-Fotograf wird beispielsweise eine Frau immer von ihrer besten Seite zeigen. Die realistische Schule, die sämtliche Flecken, Falten und überflüssigen Haare porträtiert, weil sie «lebensecht» sind, ist nichts für ihn. Das Lebensechte wird von der Waage mit der Vision der Schönheit retuschiert, die es enthalten könnte.

Auch das königliche «wir» der Waage ist keine Anmaßung, sondern eine Form von Diplomatie. Die Waage macht Gebrauch von der Erkenntnis, daß man viel mehr erreichen kann, wenn man die Menschen auf seiner Seite hat, als wenn sie gegen einen sind. Außerdem haßt sie Streit und Gefühlserregungen und hat entsetzliche Angst davor, unbeliebt zu sein. Wenn sie weiß, daß sie verachtet wird, ist sie völlig zerstört. Sie wird alles in ihrer Macht Stehende tun, um den Gegner zu bekehren. Aber abgesehen von Diplomatie, hat die Waage echtes Interesse an den Ideen und Empfindungen anderer Menschen. Sie sind ihr wirklich wichtig. Sie hört nicht nur zu, weil sie weiß, daß man sie dann mehr schätzen wird, sondern weil es sie echt interessiert. Und es ist auch keine Heuchelei, wenn sie nicht zeigt, daß sie anderer Meinung ist. Sie ist einfach klug genug, um zu wissen, daß der andere seine Meinung auch dann nicht ändern würde, wenn sie ihm widerspräche. Warum soll sie sich also die Mühe machen? Es ist doch so viel angenehmer, wenn alles angenehm ist.

Aber all diese Gaben schaffen der Waage auch Probleme. Wenn man sich nämlich sein Leben lang aller anderen so bewußt ist wie die Waage, bekommt man selten eine Chance, seine eigenen Gefühle ehrlich ausdrücken zu können. Sie hat Schwierigkeiten, mit den eigenen Gefühlen fertig zu werden, weil die so häufig dem Ideal des Guten, Wahren und Schönen widersprechen. Für die Waage sollten alle Emotionen immer freundlich, angenehm, liebevoll und harmonisch sein. Wenn sie Ärger, Haß, Eifersucht oder Begehrlichkeit empfindet, bekommt sie Angst. So etwas sollte man nicht empfinden. Sie schleppt oft einen ganz beachtlichen Schuldkomplex wegen der häßlichen Dinge mit sich herum, die sich in ihrer Seele eingenistet haben. Oft unterdrückt die Waage die eigenen Gefühle mitleidslos; einmal, weil sie nicht zu ihrer Vorstellung passen, wie Menschen sein sollten, und ein andermal, weil sie ihr Ärger machen (gemeint ist, daß andere Menschen sich manchmal über sie ärgern), wenn sie ihre wahren Gefühle zeigt. Ihre unwirkliche Welt der vollkommenen Harmonie und Gemeinsamkeit wird gelegentlich so unrealistisch, daß sie nicht mehr mit alltäglichen menschlichen Konflikten fertig wird. Und so stark unterdrückte Gefühle machen sich früher oder später auf unerfreuliche und indirekte Art Luft. Als Depressionen oder physische Krankheiten oder als versteckte und unbeabsichtigte Sticheleien gegen Menschen, um die sie sich ganz besonders bemüht. Dann sagt sie im ungeeignetsten Augenblick das Allerungeeignetste und begreift nicht einmal, was sie gerade getan hat. Ihre unterdrückte Feindseligkeit und ihr Ärger äußern sich indirekt, und meistens merkt sie das erst, wenn sie schon alle Freunde in die Flucht geschlagen hat.

Die Waage, die große Freundin der Wahrheit, ist auf der Gefühlsebene oft unehrlich gegen sich und andere. Das ist unbeabsichtigt und liegt daran, daß sie als empfindsamer Idealist, deren kluger Verstand sich ein so klares Bild der Welt macht, viel Zeit braucht, um sich an die rauhen Seiten des Lebens zu gewöhnen. Nur allzuoft wird sie der Herausforderung, ihre idealistische Natur der unbequemen Welt anzupassen, aus dem Wege gehen, indem sie sich in einer Beziehung versteckt, die ihr einen schützenden Kokon bietet, so daß sie sich nicht mit diesen schwierigen Problemen befassen muß. Um es kurz zu sagen: Die Waage ist oft von ihren Freunden und Lebenspartnern abhängig, weil sie Schutz vor der rauhen Wirklichkeit braucht. Dabei entwickelt sie dann soviel Charme, daß man ihr diesen Schutz nicht verweigern kann, und damit beißt sich die Katze wieder in den Schwanz.

Eine weitere Schwierigkeit der Waage-Menschen ist das, was sie selbst als Selbstsucht bezeichnen. Es fällt ihnen schwer, sich über die eigenen Wünsche klarzuwerden, ohne jedermann zu befragen. Nun ist die Waage für die ihr angedichtete Unentschiedenheit geradezu berühmt. Aber es ist keine echte Unentschiedenheit, denn sie hat durchaus feste Vorstellungen von ihren eigenen Wünschen oder ihrem eigenen Geschmack. Ist sie allein, kann sie sehr schnell ihre Wahl treffen. In Gesellschaft anderer versucht sie aber ständig, sich deren Wünschen anzupassen, um möglichst viel Unterstützung zu bekommen. Zum Teil liegt es daran, daß es ihr oft gar nicht so schrecklich wichtig ist, das zu bekommen, was sie will; es ist ihr viel wichtiger, Gesellschaft zu haben. Sie hat ihre Wahl getroffen, und die heißt: harmonisches Zusammensein. Zum Teil aber hat sie vage Schuldgefühle, etwas haben zu wollen, das egoistisch sein könnte. Und oft geht es einfach darum, daß sie laut denkt. Waage-Menschen werden sich oft über ihre Gedanken klar, indem sie mit anderen sprechen. Am Ende treffen sie schon ihre eigenen Entscheidungen, aber ihre Gedanken kristallisieren sich in Gesprächen. Deshalb sollte man in einer Diskussion die Behauptungen einer Waage nicht zu wörtlich nehmen. Im allgemeinen probiert sie nur herum. Später, wenn sie allein ist, wird sie wissen, was sie wirklich will.

Wer der klassischen Waage-Routine begegnet, weil er fragt: «Was möchtest du heute abend unternehmen?», und die Antwort bekommt: «Mir ist alles recht, was du möchtest», der sollte erst gar keinen Versuch machen, eine genauere Antwort zu erzwingen. Die Antwort ist genau, daß die Waage es lieber hat, wenn der andere entscheidet – nicht weil sie selbst nicht dazu fähig wäre, sondern weil sie einen viel angenehmeren Abend verbringen wird, wenn sie weiß, daß der andere glücklich ist, als wenn sie ihren eigenen Willen durchgesetzt hätte. Wer Entscheidungen gern anderen überläßt, versucht es besser mit einem Widder oder Löwen. Der armen Waage gegenüber ist es nicht fair, wenn man von ihr erwartet, diese Rolle zu spielen. Ihr Talent liegt darin, die goldene Mitte zu finden.

Manchmal kann die Waage auch polemisch werden. Sie zeigt diese Wesensseite bei Diskussionen. Jemand nimmt einen Standpunkt ein; sie ist entgegengesetzter Meinung. Stimmt man ihr aber endlich zu, wird sie mit den Argumenten kommen, mit denen alles angefangen hatte. Sie will nicht streiten; sie versucht nur den Mittelweg zwischen den beiden Standpunkten zu finden.

Manche Waagen zeigen ihr Bedürfnis nach Gleichgewicht, indem sie alles ablehnen, was gesagt wird. Es ist ihre Methode, herauszufinden, was sie denken, und gleichzeitig mit der inneren Neigung, stets allem zuzustimmen, zurechtzukommen. Die wahre Natur der Waage ist nicht streitsüchtig; sie ist auch nicht passiv oder nachgiebig. Die Waage liebt ganz einfach keine Extreme. Zusammenwirken bedeutet ihr alles.

Bei soviel Gegensätzlichkeiten ist es nicht verwunderlich, daß Waage-Menschen von anderen entweder ausgesprochen gern gemocht oder völlig abgelehnt werden. Man gibt sich entweder von ihrem Charme geschlagen oder ist überzeugt, daß sie ein verräterisches, heuchlerisches Spiel treiben. Diese Reaktion entspricht dem Zeichen, das selbst ja auch für alles zwei Seiten hat, immer in der Mitte zwischen zwei Extremen steckt und auf der Suche nach der klaren Ausgewogenheit erst die eine und dann die andere Seite ausprobiert. Für die Waage liegt das Geheimnis des Lebens darin, daß es möglich sein muß, mehr zu sein, als wir sind, besser, gütiger, wahrhaftiger und schöner.

Männlich und weiblich sind für die Waage ebenso rätselhafte Gegensätze wie gut und böse oder vollkommen und unvollkommen. Viele Waage-Männer neigen stark zur weiblichen Seite des Lebens – Schönheit und Kultur, Kunst, Harmonie, Zusammengehörigkeit. Das heißt nicht, daß sie unmännlich wären. Im Gegenteil, dieser Anhauch des Künstlerischen macht sie für Frauen oft ganz besonders attraktiv. Aber es scheint so, als bringe ihr Bedürfnis nach Ausgewogenheit sie dazu, auch in sich selbst die beiden Geschlechter ausbalancieren zu wollen. Manche Waagen tun dies buchstäblich, bei anderen ist es ein psychologischer Vorgang, der sich in Interesse an Frauen und an der weiblichen Seite des Lebens ausdrückt. Viele Waage-Frauen haben dagegen ungewöhnlich stark ausgeprägte männliche Begabungen – klaren Intellekt, Logik, Organisations- und Führungstalent. Sie brauchen deshalb über den Rahmen ihrer Familie und ihres Heims hinaus eine Sphäre, in der sie diese Begabungen ausnützen können.

Die Rede ist hier nicht von körperlichen Dingen, sondern allein von geistigen. Bei der Waage geht es immer um geistige Dinge. Es dreht sich hier nur um die Tatsache, daß die Waage oft Eigenschaften und Begabungen besitzt, die man im allgemeinen dem anderen Geschlecht zuschreibt. Das macht einen Teil des Charmes der Waage aus und ist teilweise auch der Grund dafür, daß so viele Waage-Männer und Waage-Frauen am besten mit Freunden und Partnern des anderen Geschlechts auskommen.

Die idealistische Waage hat häufig an ihrem Partner etwas auszusetzen. Sie träumt von einem Ideal, findet es in einem geliebten Menschen, um dann zu entdecken, daß eben doch alle Menschen unvollkommen sind. Die wirkliche Aufgabe und Lebenslehre für die Waage ist die Liebe. Sie muß die Liebe von der Ebene einer verstandesmäßigen Übung auf die Ebene des Herzens bringen. Häufig schätzt die Waage nämlich den Verstand höher ein als die normalen menschlichen Ausdrucksformen der Zuneigung. Es ist nicht so, daß die Waage keine Zuneigung nötig hätte oder sie nicht zu bieten vermöchte, sie belastet sie nur oft mit unnötigen Qualifikationen, die auf ihrer Idealvorstellung beruhen, wie Liebe ausgedrückt werden müsse.

Viele Waage-Menschen haben es mit dem eigenen Geschlecht schwer, weil sie häufig so tiefe Sympathie für das andere empfinden. Waage-Männer setzen sich ungewöhnlich stark für Frauen ein, sympathisieren mit ihrem Kampf um Gleichberechtigung und Anerkennung. Zum Entsetzen ihrer chauvinistischeren Freunde äußern sie ihre ketzerischen Ansichten auch noch laut. Und viele Waage-Frauen, die sich in der Gesellschaft von Männern wohler als mit ihren Geschlechtsgenossinnen fühlen, zeigen oft große Einsicht und Verständnis für die Schwierigkeiten und Anforderungen, die das Leben an die Männer stellt. Ihre eigenen Geschlechtsgenossinnen empfinden das als Verrat.

Der Waage geht es nicht allein darum, die vollkommene Liebe, Ehe oder Gesellschaft zu finden; sie will Gegensätze verbinden und Menschen zusammenbringen, die sich sonst verständnislos gegenüberständen. Dank ihrer großen diplomatischen Begabung kann sich die Waage auf die eine *und* die andere Seite stellen und vermitteln, weil sie die Gegensätze selber in sich hat und darum kennt. Sie selbst ist vielleicht gar nicht so ausgewogen, aber Ausgewogenheit ist für sie immer das höchste Ziel.

Je eher die Waage von ihrem Elfenbeinturm herabsteigt, in dem sie Schutz vor seelischen Schmerzen und Desillusioniertheit gesucht hat, desto schneller kann sie sich an ihre wirkliche Aufgabe machen, die darin besteht, die eigenen inneren Gegensätze miteinander zu vereinen. Ob es dabei um Verstand und Gefühl, Männliches und Weibliches oder um Idealismus und Materialismus geht, die Waage wird in sich immer tiefe Konflikte finden, die den Konflikten des Lebens entsprechen. Wenn sie für sich selbst den Mittelweg findet, kann sie auch den anderen das Gute, Wahre und Schöne bringen, das dann nicht mehr nur in ihrem Geist existiert.

Da es bei der Waage immer um das Gute, Wahre und Schöne geht, müßte man erwarten, daß es bei ihrer Schattenseite um das Schlechte, Falsche und Häßliche geht. Sie ist jedoch wesentlich differenzierter. Sie drückt sich in einer Reihe von Manövern aus, deren Ziel nicht sexuelle Eroberung, sondern Bewunderung ist. Für den Waage-Schatten ist jeder andere Mensch ein Spiegel, vor dem er sich mit den besten Eigenschaften der Waage darstellt. Er setzt sie alle ein, den Charme, die Begabung zum Flirten, die Schmeichelei, das instinktive Wissen von dem, was der andere Mensch denkt und wünscht. Wer von einer dieser Waagen hofiert wird, muß sehr vorsichtig sein. Sie haben ein fabelhaftes Talent, jemand glauben zu machen, es gäbe für sie niemand anders auf der Welt. Sie sind Genies in der Kunst, einen Schritt vorwärts und zwei zurück zu machen. Denn sobald der andere zu große Begeisterung zeigt, steht er plötzlich der Kühle und dem Zurückweichen gegenüber, die Charakteristika der Luftzeichen sind und die die Waage trefflich beherrscht. Reine Eroberungsspiele – und niemand spielt sie so vollendet wie der Schatten der Waage. Er hat noch eine weitere eindrucksvolle Begabung, nämlich die, den anderen zu überzeugen, er sei der einzige Mensch, der seine unter der kühlen, ästhetischen Distanz verborgene, schlafende Sexualität wecken könne.

Das klingt gut, aber leider ist kein Wort davon wahr, weil keine echten Gefühle mitspielen. Der Waage-Mensch, der so seine Schattenseite auslebt, weiß meist nicht bewußt, was er da tut. Es wäre viel zu schmerzhaft für ihn, sich der Tatsache zu stellen, daß er überhaupt einen Schatten hat. Für die idealistische Waage ist es besonders schwer, sich das einzugestehen. Während er also kokett herumspielt, wird er sich selbst davon zu überzeugen suchen, wie interessiert er ist. Aber all diese charmante Aufmerksamkeit löst sich blitzschnell in blasse, kühle Luft auf, sobald das zu erobernde Subjekt wirklich zu haben ist. So war dieses Spiel nämlich nicht gedacht.

Was aber hat es mit dem Spiel auf sich? Zu einem Teil geht es darum, daß die Waage sich nach Beifall sehnt. Das Verlangen nach Zuneigung und Anerkennung ist ein Grundbedürfnis der Waage und tritt am deutlichsten darin zutage, daß sie meist unglücklich ist, wenn sie allein sein muß. Waage-Menschen wünschen und brauchen Gesellschaft, nicht nur die ihres Partners, sondern auch die ihrer Freunde. Das Spiel von Flirt und Wettbewerb ist nicht nur auf erotische Bindungen beschränkt; es erstreckt sich auf Freunde, auf Geschäftspartner, ja sogar auf die Eltern. Die einzige Methode, mit der sich die Waage wirklich mit ihrem Schatten auseinandersetzen kann, besteht darin, daß sie ihn in Aktion sieht, überlegen muß, wie sie sich selbst in der Situation des anderen fühlen würde und ob sie fair ist (ohne ihre Prinzipien in Betracht zu ziehen, kann keine Waage denken). Sie muß versuchen, sich selbst ein wenig netter zu finden, damit sie nicht mehr eine ganze Armee von Bewunderern braucht, die ihr das Nettfinden abnimmt. Und damit sind wir beim Kern der Sache: bei der Neigung der Waage, sich selbst zu wenig und andere zu sehr zu achten. Das Spiel wird immer dann gespielt, wenn sie so unsicher ist, daß ein Freund und ein geliebter Mensch nicht mehr ausreichen, sie davon zu überzeugen, daß sie liebenswert ist.

Ein anderer Grund für dieses seltsame Spiel ist die Tendenz der Waage-Menschen, sich stark mit dem anderen Geschlecht zu identifizieren. Dadurch sind sich die Waagen der eigenen Sexualität oft nicht so recht sicher. Wie die Zwillinge mit ihren Gegensätzen, fühlt sich auch die Waage oft von ihrem Geschlecht losgelöst. Das rührt besonders daher, daß die Waage ein so kultiviertes Zeichen ist, dem die gröberen Aspekte des männlichen und weiblichen Geschlechts unangenehm sein können. Aber es kostet einen Preis, wenn man sich von der eigenen Geschlechtlichkeit loslöst, und der ist ein vages Gefühl sexueller Unsicherheit. Und da die Waagen so stark auf das Geistige ausgerichtet sind, fühlen sie sich manchmal im eigenen Körper nicht wohl und glauben, wenig anziehend oder häßlich zu sein, weil irgendeine Kleinigkeit nicht vollkommen ist. So wird jeder andere zu einem Spiegel, der die Waage davon überzeugen soll, daß sie die Schönste ist.

Der Waage-Schatten ist also nicht schlecht, falsch und häßlich, sondern ein bißchen zu gut, wahr und schön. Immer ein bißchen zuviel von allem. Auch jeder andere, der diese Rolle spielt, wird ziemlich rasch entdecken, daß man darin ständig von Bewunderer zu Bewunderer wandern muß; denn wenn man zu lange bei einem verweilt, wacht der vielleicht eines Morgens auf und ist es leid, Spiegel zu sein und immer zu sagen: «Du bist die Schönste im ganzen Land.» Vielleicht sagt er dann etwas so Entsetzliches wie: «Wer bist du eigentlich wirklich?» Dann ist das Spiel aus, und die Waage muß sich mit einer echten Beziehung auseinandersetzen. Aber schließlich und endlich ist das ja ihr wahres Ziel.

Die Waage als Partner

Fast alles, was wir bisher gesagt haben, bezieht sich auch auf die Waage als Partner, denn sie ist immer in irgendeinem Sinn verliebt – sie kann sich sogar in ein Land verlieben.

Die Waage – Mann oder Frau – kehrt ihre besten Eigenschaften in einer Beziehung hervor, die harmonisch und kommunikativ ist. Ihre Bedürfnisse und Gaben sind auf Frieden, Ausgeglichenheit und Gegenseitigkeit ausgerichtet. Wer stürmische Szenen mit Türenschlagen und zerbrochenem Porzellan samt Tränen und zerrissenen Kleidern schätzt, ist bei der Waage auf dem Holzweg. Es ist durchaus möglich, eine Waage soweit zu treiben, kostet aber viel Mühe. Und hat man es mal soweit gebracht, dann ist die Waage weit davon entfernt, es zu genießen. Sie haßt jede Minute, haßt den anderen und haßt sich selbst, weil sie sich zu einem so schauderhaften Benehmen hat hinreißen lassen; und vergessen wird sie es auch nicht. Beim nächstenmal wird sie also noch diplomatischer, noch ausweichender und noch weniger ehrlich sein als zuvor.

Wer mit der Waage über Liebesangelegenheiten sprechen will, muß logisch argumentieren. Man darf nicht emotional werden. Heftige Anklagen mit vielen Bemerkungen wie: «Ja, ich weiß, das ist mein Fehler», werden nur das Gerechtigkeitsgefühl der Waage auf den Plan rufen, und dann beharrt sie darauf, daß nicht alles Ihre Schuld ist. Fünfzig Prozent wird sie gern übernehmen, aber wenn man ihr alles aufladen will, macht sie kehrt und gibt dem anderen alle Schuld. Fair ist fair, und die Waage glaubt daran, daß jedem sein Teil zukommt.

Gelegentlich wird es auch zu intellektuell. Die Waage kann stundenlang über eine Beziehung diskutieren – was ist an ihr richtig, was ist an ihr falsch, wie kann man sich anpassen, wie können *wir* sie verbessern. Am Ende erweist sich aber, daß sie nur in erstaunlich geringem Maß fähig ist, nach ihren Erkenntnissen zu handeln. Sie hat sie erfaßt und versteht sie, aber es wird ihr schwer, sie in Gefühlen zu äußern. Vernunft und Liebe gehören nicht immer zusammen, und das ist für die Waage die schwierigste und schmerzlichste Lektion auf dem Gebiet menschlicher Beziehungen. Oft muß man lange warten, bis von ihr eine spontane Gefühlsreaktion kommt, die nicht schon stundenlang vorher auf ihr Für und Wider geprüft worden ist. Aber ein wenig Verständnis für das Bedürfnis der Waage nach Harmonie und Frieden, nach einem Ort, wo alles glücklich, romantisch und frei von Ablehnung oder Dunkelheit ist, hilft da viel. Manchmal kann man eine Waage sanft dazu bringen, in einer Atmosphäre des allgemeinen Vertrauens auch den eigenen Gefühlen zu trauen. Aber zu einem anderen Menschen wird sie deshalb nicht. Wer mit ihrer freundlichen und friedliebenden Natur nichts anfangen kann, sollte sich etwas Explosiveres suchen, einen Widder oder einen Skorpion. Andererseits bringt es die Waage fertig, eine riesige Menge Zeit und Energie für menschliche Beziehungen aufzuwenden, und das findet man nur selten. Und meistens ist sie bereit, sich anzupassen und Kompromisse einzugehen.

Das Bedürfnis nach Zusammengehörigkeit macht die Waage sehr anhänglich, und leidenschaftlich unabhängige Typen, die gern alles allein tun, werden es mit der Waage schwer haben, weil sie immer alles gemeinsam machen möchte. Manche Waagen treiben diese Gemeinsamkeit so auf die Spitze, daß man glauben könnte, es käme zu einer Katastrophe, wenn sie mal allein essen oder schlafen müssen. Im allgemeinen aber ist die Waage kein schwaches Zeichen. Sie ist ein menschenliebendes Zeichen, und sogar die stilleren, introvertierteren Waagen brauchen einen Gefährten, mit dem sie ihre Träume und Ideale teilen können.

Waage-Menschen wissen viel über Beziehungen, und der Partner profitiert davon. Das ist ein großer Bonus, vor allem, wenn man schon einmal das Gegenteil kennengelernt hat. Aber die Waage ist ein Luft- und kein Wasserzeichen; und deshalb muß man dem Waage-Partner beibringen, daß Diskutieren über Liebe etwas anderes ist, als Liebe zu zeigen und zu empfinden.

Der Waage-Mann

Am auffälligsten am Waage-Mann ist sein guter Geschmack und seine ziemlich große Eitelkeit. Er ist keineswegs ein rauher Macho-Typ, der sein Hemd nur alle drei Wochen wechselt und nur in den Spiegel sieht, um festzustellen, ob er sich beim Rasieren geschnitten hat. Meistens ist es ihm wichtig, wie er aussieht, und das Ergebnis kann dann ein gutangezogener und attraktiver Mann sein, der gut aussieht, gut riecht und Wert auf Qualität und Luxus legt –, oder ein eitler Pfau. Schönheit ist für ihn immer wichtig – die Schönheit von Ideen oder die Schönheit in konkreter Form.

Er reagiert auch sehr stark auf die Schönheit seiner Umgebung, und wie bei allen Dingen, gibt es hier auch ein Plus und ein Minus. Seine Wohnung wird üblicherweise sehr geschmackvoll, angenehm und oft auch luxuriös sein. Wer mit einem Waage-Mann zusammenlebt, wird sich an der Einrichtung der Wohnung oder des Hauses beteiligen müssen. Wenn er allein lebt, dann bestimmt nicht in einer typischen Junggesellenbude; viel eher wird er in einer eindrucksvoll gut ausgestatteten Wohnung wohnen. Er erkennt es auch an, wenn andere Wert auf eine gute Erscheinung legen. Waage-Männer haben keine Hemmungen, Komplimente zu machen. Am angenehmsten daran ist, daß man sich wirklich anerkannt fühlen darf, und das nicht nur in den ersten zwei Wochen dieser Beziehung.

Die dunklere Seite von soviel Schönheitsliebe ist, daß der Waage-Mann oft nicht über seine Sucht nach physischer Vollkommenheit hinwegkommt. Er fällt auf hübsche Gesichter herein, kann sich nur für schöne Frauen begeistern und wird darum oft an der Nase herumgeführt und verletzt, weil das, was er für gut, wahr und schön hielt, es gar nicht war. Die Waage braucht lange, manchmal ein Leben lang, bis sie erkennt, daß man von der Oberfläche nicht immer auf den Charakter schließen kann. Die Schönheitsvorstellungen des Waage-Manns entsprechen außerdem zu oft allzu gängigen Begriffen, weil er zu stark von der Meinung anderer beeinflußt wird. Wenn die Kollegen aus dem Büro eine Frau für schön halten, glaubt er das auch. Es ist hart für ihn, einen eigenen Geschmack ausbilden zu müssen.

Dieses Problem, die Schönheit zu lieben, sie aber nur in eingefahrenen Kollektivvorstellungen erkennen zu können, zeigt sich manchmal auf seltsame Art. Zum Beispiel fällt es ihm schwer, normale Erscheinungen des menschlichen Körpers zu akzeptieren oder anziehend zu finden – Rundungen und Ecken, Warzen und Haare, Gerüche oder Schmerzen und all die anderen Dinge, die uns menschlich und menschlich liebenswert machen. Die Idealfrau des Waage-Manns kommt direkt aus einer Modezeitschrift, gelackt, poliert und makellos. Außer auf Fotografien sieht aber leider niemand so aus. Auch die schönsten Frauen der Welt schwitzen gelegentlich oder haben dunkle Ringe unter den Augen. Der Waage-Mann zieht Frauen vor, die stolz auf ihre Weiblichkeit sind und alles tun, sie zu unterstreichen. Normalerweise hält er nicht viel vom allzu natürlichen Aussehen. Über eine Frau, die sich gern raffiniert kleidet und Kosmetika benützt, wird dieser Mann nicht lachen oder verlangen, sie müsse wie eine frischgeschrubbte Landpomeranze aussehen. Er schätzt Stil und Eleganz.

Und das verleitet ihn oft zur Extravaganz, die ihn bis in den Bankrott treiben kann. Aber nicht aus denselben Gründen wie den Löwen, den anderen großen Verschwender des Tierkreises, oder wie den Schützen. Der Löwe möchte gern Eindruck schinden und die ausgefallensten, eindrucksvollsten Dinge besitzen. Der Schütze gibt gern Geld aus, weil er sich mit so gewöhnlichen, alltäglichen Dingen wie einem Budget nicht abgeben will. Die Waage verschwendet nur um der Schönheit willen. Für Schönheit gibt sie schneller Geld aus als für Notwendigkeiten; und der Waage-Mann, der seine ganzen Ersparnisse für ein elegantes Auto auf den Kopf haut und am Essen sparen muß, ist gar nicht so selten. Aber er gibt auch Geld für seine Freunde und seine Geliebte aus. Im allgemeinen ist die Waage großzügig, läßt sich dabei aber nicht für dumm verkaufen. Wenn sie nicht fürchten muß, ausgenommen zu werden, ist sie freigebig und trauert nie hinter Geld her, das sie für Vergnügen, Luxus, Schönheit oder Unterhaltung ausgegeben hat.

Weniger angenehm ist es, auf einen jener Waage-Männer zu treffen, der seinem Schatten unterlegen ist. Sie sind eine Katastrophe für jeden; sie spielen so intensiv die Rolle des Schwereinzufangenden, daß darüber die selbstsicherste Frau aus dem seelischen Gleichgewicht gerät. Diese Männer sind unheilbare Don Juans. Aber der ausgeglichene Waage-Mann geht im allgemeinen lieber eine Bindung als eine Affäre ein, weil er Gesellschaft, Freundschaft und geistige Bindungen einer reinen Bettgeschichte vorzieht. Waagen halten etwas von der Ehe, und viele Waage-Männer heiraten jung. Häufig heiraten sie mehr als einmal, weil die erste Ehe sich nicht als vollkommen erweist. Wessen Lebensweg auf das Erlernen von Beziehungen ausgerichtet ist, der braucht eben mehr als nur eine. Daß die Ehen von Waagen oft nicht halten, sollte man darum nicht als Versagen ansehen. Es genügt nicht nur ein einziger Versuch, um eine bestimmte Lebenserfahrung ganz zu ergründen.

Der Waage-Mann ist romantisch. Er hat Sinn für Blumen, leise Musik, stille Abende in kleinen Restaurants oder für elegante Feste. Er braucht das selbst so sehr, daß er gar nicht umhin kann zu wissen, daß auch Frauen es brauchen. Einen unromantischen Partner kann er schlecht vertragen. Wie lange man auch schon mit dem Waage-Mann zusammen sein mag, er wird immer noch an der Romantik in der Liebe festhalten. Man halte ihn nie für eine gegebene Größe. Er wird die Partnerin auch nicht dafür halten, wenn sie nicht seine romantische Liebe sehr prosaisch und derb zerstört und seine Träume entzaubert. In dem Fall wird er nach der Romantik anderswo suchen und ihr seine kühle Seite zeigen, die die Ehe nur noch zusammenhält, weil es ihm so besser paßt.

Es ist bestimmt nicht leicht, mit diesem Mann auszukommen, wenn man selbst von Natur aus nüchtern ist. Zusätzlich hat er auch noch die Neigung, sich so in seine Gedankenwelt einzukapseln, daß man gar nicht wissen kann, wovon er spricht. Er kann so abstrakt werden oder in der Landschaft seiner inneren Theorien verschwinden, daß der Partner sehr einsam zurückbleibt. Alle Luftzeichen tun dies und tun es bis zum Exzeß, sobald sie sich seelisch bedroht fühlen. Es fällt ihnen schwer, lange in einer Welt von Problemen, physischen und psychischen Nöten und Wünschen anderer auszuharren. Die Waage muß sich manchmal in ihren Elfenbeinturm zurückziehen können. Und jeder, der mit einer Waage zu tun hat, sollte das dulden, weil es zu ihrer Natur gehört. Vorausgesetzt natürlich, daß sie mit sich im Gleichgewicht ist. Ist sie es nicht, kann man sie auch nicht von ihrem Turm herunterholen. Man kann seinem Waage-Mann nur gut zureden, vernünftig sein und darauf bauen, daß sein Verlangen nach Kontakt ihn immer wieder von den luftigen Höhen, in die er gestiegen ist, auf die Erde herunterbringen wird.

Die Waage-Frau

Durch den eigenartigen Zauber der Gegensätzlichkeiten dieses Zeichens hat die Waage-Frau, obwohl sie die Liebe zu Schönheit und Stil des Waage-Mannes teilt, meist einen glasklaren Verstand. Diese Dame wird nicht bewundern oder mit offenem Mund den geistigen Turnübungen eines Mannes zusehen. Wahrscheinlich hat sie entweder eine Latte akademischer Grade oder könnte sie haben, wenn sie wollte, oder sie hat das, was er ihr gerade zwei Stunden lang vorgebetet hat, schon in den ersten zehn Minuten begriffen.

Waage-Frauen können ziemlich beunruhigend sein. Oft zeigt

sich das enorme Paradox ihres Zeichens im Widerspruch zwischen ihrer Erscheinung und ihrer wahren Natur. Es gibt allerdings auch Waage-Frauen, die ins andere Extrem fallen, physisch nicht anziehend sind und es vorziehen, ihre Schönheit und Eleganz in der ideellen Welt zu suchen. Aber auch dabei fallen Stilgefühl und Diplomatie auf. Im allgemeinen ist sich die Waage-Frau jedoch ihres Äußeren sehr bewußt, hinter dem sie oft die Leistungskraft und Reichweite ihres Verstandes verbirgt. Sie ist zu taktvoll und diplomatisch, diese Gaben sofort vorzuführen, und es kann Jahre dauern, bis man sie erkennt.

Der starke intellektuelle Drang der Waage-Frau zeigt sich als Neigung zu theoretischem Wissen oder als Organisationstalent. Fast immer muß sie Karriere machen, um ihre Begabung ausdrücken zu können. Sie hat eine besondere Begabung, mit Gruppen zu arbeiten und Menschen zu einer gemeinsamen Aufgabe zu bewegen. Oft sind Waage-Frauen besonders begabt für Politik oder soziale Belange. Die maskuline Seite ihres Wesens drückt sich bei ihnen als Fähigkeit aus, gut mit Formen, Strukturen, Konzepten und Planungen zu arbeiten. Das kann für viele Männer sehr verwirrend werden, denn genau diese Frauen lassen sich dann genüßlich in einem Schönheitssalon einen ganzen Tag lang zurechtmachen oder geben mit Vergnügen ein Vermögen für Kleider aus. Aber Waagen, ob Mann oder Frau, sind nun mal nicht einfach.

Die Neigung, Gefühle zu unterdrücken, ist den männlichen und weiblichen Waagen gleichermaßen angeboren, aber für die weiblichen ist es schwerer, weil die Gesellschaft von ihnen mehr Gefühlsäußerungen erwartet. Die kühle und verstandesbetonte Annäherung an andere wird beim Waage-Mann akzeptiert, aber bei der Waage-Frau, die ebenso reagiert, oft bemängelt. Eine echte Waage aber ist nun einmal nicht gefühlsbetont, und wie die biologischen und soziologischen Unterschiede der Geschlechter auch sein mögen, der Waage-Frau fällt es einfach leichter, Probleme mit dem Verstand anzugehen, statt instinktiv zu reagieren. Das ist zugleich ein großer Vorteil und ein großer Nachteil. Der Vorteil liegt in der Fähigkeit, etwas zu erreichen; der Nachteil zeigt sich in der häuslichen Sphäre, weil es der Waage-Frau im Umgang mit Familie und Kindern nicht ganz wohl ist und sie Schwierigkeiten hat, spontan Gefühle zu zeigen oder auf Gefühlsausbrüche und das von anderen gezeigte Verlangen nach Liebe richtig einzugehen.

Aber auch hier ist der Schlüssel die Romantik. Die so fest eingeschlossenen Gefühle der Waage lassen sich durch rituelles romantisches Umwerben erreichen; wenn Gefühle auf diese Art veredelt und auf eine andere Ebene gehoben werden, fühlt sich die Waage sicher und kann selbst ein wenig Gefühl zeigen. Und da die Waage-Frau ganz entschieden romantisch ist, auch wenn sie so beängstigende Neigungen zum Rationalen hat und behauptet, logisch und klardenkend zu sein, nützt eine einzige Rose schon sehr viel und ein einziges Kompliment noch mehr.

Tatsächlich scheint es zwei Sorten von Waage-Frauen zu geben: diejenigen, die sich ohne Hemmungen als das Bündel von Widersprüchen geben, das in ihrem Zeichen liegt, und dann die, die ihr intensives Bedürfnis nach Kontakt dadurch kompensieren, daß sie sich in die Verstandeswelt zurückziehen. Letzteres sind meistens ängstliche Waagen, die es zu peinvoll finden, sich mit ihren emotionalen Bedürfnissen auseinanderzusetzen. Liebe und Anerkennung wirken bei der Waage Wunder, und sogar die gehemmte Waage, deren Gefühle fest in einem Safe verschlossen sind, wird allmählich die sanfte und liebevolle Seite ihres Wesens zeigen. Das schwierige ist, daß der scharfe Verstand, den Waage-Männer und -Frauen meist besitzen, furchteinflößend sein kann, wenn er in einem Wesen wohnt, das wie eine Märchenfee aussieht. Wer sich an eine Waage-Frau binden will, muß sowohl den Mann wie die Frau in ihr anerkennen. Sie hat beide in sich, und wenn sie ihr inneres Gleichgewicht gefunden hat, kann sie sich in beiden Welten wohlfühlen – in der des Geistes und in der ihrer eigenen Weiblichkeit.

Der Wassermann

Ordner der Welt

In den sechziger Jahren sprach alle Welt vom Zeitalter des Wassermanns. Man erwartete eine neue Weltordnung ohne Kriege, in der jeder jeden lieben würde und durch den Nebel von Marihuanarauch und den Regenbogen von Drogenrausch ein neues Utopia sichtbar werden sollte.

Dann aber kam das Unbehagen. Es kamen Terrorismus, Revolution, bewaffnete Konflikte, Energieverknappung und allgemeine Not. Hat man vom Zeitalter des Wassermanns etwas Falsches erwartet? Ist es überhaupt gekommen? Und hat der Wassermann wirklich etwas mit Liebe, Brüderlichkeit und *Flower-Power* zu tun?

Es wäre richtiger zu sagen, daß der Wassermann mit Idealen zu tun hat – und die Ideale von Liebe und Brüderlichkeit gehören zu den vielen anderen, die sich im Geist des vorausschauenden Wassermanns formulierten. Besonders sind es Ideale vom Wohlergehen der Menschheit, von großen Gruppierungen und von der Zukunft der Gesellschaft.

Im großen gesehen, hat der Wassermann mit Wissenschaft, Weisheit, Entdeckungen und Erfindungen zu tun, die das Geschick der Menschen in kommenden Generationen günstig beeinflussen werden. Freiheit, Gleichheit, Brüderlichkeit – der Aufschrei der Französischen Revolution – ist in vieler Hinsicht ein

Herzensschrei des Wassermanns. Die edelsten menschlichen Ideen stammen von diesem letzten der Luftzeichen, das in seiner tiefsten Bedeutung den Genius des menschlichen Forscherdrangs symbolisiert, der bis zur äußersten Grenze die Natur mit dem menschlichen Willen bezwingen und die Menschheit in eine zivilisierte Gesellschaft umwandeln will.

Was ist also aus dem Zeitalter der Liebe und Brüderlichkeit geworden? Dasselbe, das vielen Wassermännern widerfährt. Das Ideal war seiner Zeit voraus; es stieß frontal mit der Realität der menschlichen Natur zusammen, die sich nicht allein aus Idealen heraus erklären und regieren läßt. Ohne Ideal kann es keinerlei Fortschritt geben, aber das Verankern von Idealen braucht Zeit, Flexibilität und eine Feinfühligkeit, die bis an die Grenzen der menschlichen Natur geht. Der Wassermann ist auf allen drei Gebieten nicht gerade überbegabt. Gewöhnlich ist er sehr ungeduldig und möchte sein Ideal sofort in Fleisch und Blut vor sich haben. Obwohl er wahrheitsliebend ist, fällt es ihm schwer, flexibel zu sein. Und er hat kaum Verständnis und bringt auch nicht die Geduld auf, um mit der Kehrseite der menschlichen Natur fertig zu werden.

Dies ist die Gabe und der Fluch des Wassermanns. Sein Symbol ist der Wasserträger. Er trägt den Krug, um den Menschen das Wasser des Lebens zu bringen – macht sich aber nicht die Hände naß. Als Luftzeichen findet der Wassermann seine Wirklichkeit in seinen Idealen. Er befaßt sich mit Dingen, die sich mehr auf die Gesamtheit als auf den einzelnen beziehen. Sozialarbeit, Menschenrechte, Erziehung und Politik liegen dem vorausschauenden Wassermann, der die Welt in Ordnung bringen will. Es ist wirklich das Zeichen von Freiheit, Demokratie und Gleichberechtigung. Der Wassermann ist, soweit es seine Ideale betrifft, ein wirklicher Demokrat. Eine seiner besten Eigenschaften ist sein Sinn für Gerechtigkeit und Anstand. Sein Gewissen ist stark ausgeprägt und oft so entwickelt, daß es ihm das Leben unerträglich macht. Er hat einen Horror davor, als selbstsüchtig zu erscheinen, was zwar sehr edel ist, psychologisch jedoch nicht sehr gesund. Ungeachtet seiner privaten Neigungen und Abneigungen, hält er unerschütterlich an seinen Vorstellungen fest. Dabei geht es ihm um die objektive Perspektive, das breite Spektrum, um Ethik und Prinzipien, nach denen er glaubt, leben zu müssen. Und natürlich hat er sich der Wahrheit verschworen. Aber es gibt für ihn meistens nur eine Wahrheit.

Auch wenn er jemanden bitter haßt, wird er ihn dennoch anständig behandeln, denn der ist, wie furchtbar er ihn auch finden mag, immer noch ein Mensch, und jedes menschliche Wesen hat seine Rechte. Vielleicht wünscht man sich manchmal, er wäre ehrlich unfair, aber nein. Gerecht muß gerecht bleiben.

Viele Wassermänner müssen für ihren häufig falsch verstandenen Einsatz für die Gesellschaft mit der Vergeltung durch deren konservativere Elemente rechnen. Viele große Denker und Erfinder, deren Entdeckungen nicht dem persönlichen Erfolg oder Nutzen, sondern dem Vorteil der Menschheit dienen, sind unter diesem Zeichen geboren. Beim Zeichen des Wassermanns ist die Liste der edlen und mutigen, ganz ihrer Aufgabe hingegebenen Idealisten besonders lang. Kann man über dieses Zeichen überhaupt etwas Negatives sagen?

Ja, man kann; denn je näher man ans Ende des Tierkreises kommt, desto komplexer werden die Zeichen. Sie fallen immer mehr in Extreme, und beim Wassermann und den Fischen wird das Spektrum der menschlichen Stärken und Schwächen sehr breit. Der Wassermann hat etwas an sich, das man nur als intellektuelle Bigotterie bezeichnen kann. Aus dem mutigen Festhalten an Idealen kann sturer Fanatismus werden. Dann haben wir den besessenen Wissenschaftler ohne Herz, der in der heutigen Zeit wie eine Karikatur wirkt. Er ist der Mann, der eine neue Waffe entwickelt, weil sie wissenschaftlich interessant und ungeheuer wirkungsvoll ist, ohne daß ihm aufgeht, daß die Menschen nicht die psychologische Reife und das Verantwortungsgefühl haben, mit ihr umzugehen. Er ist auch der Mann, der sich über die paar Menschen keine Sorgen macht, die bei einem Fehler in einem Kernreaktor geschädigt werden können – oder er vertuscht die wahre Prozentzahl der Radioaktivität in der Atmosphäre, weil es ja schließlich nur um wenige Menschen geht, und die spielen im Vergleich zu Fragen der nationalen Verteidigung keine Rolle.

In die Schattenseite des Wassermanns gehören auch die Weltverbesserer, die an einen utopischen Staat glauben, in dem der Reichtum auf alle verteilt wird und in dem alle Menschen gleich sind, ohne auf die Tatsache einzugehen, daß die Menschen verschieden sind und sich solchen Bedingungen nicht anpassen können. George Orwells Buch *1984* ist die Schreckensvision eines aus allen Fugen geratenen Zeitalters des Wassermanns.

Wie steht es nun mit dem einzelnen Wassermann-Menschen? Sehr typisch: Er hat beide Extreme in sich – die Liebe und die Sorge für das Wohlergehen der Gesamtheit und die private, intellektuelle Bigotterie. Seine Ideale und sein wahrer Sinn für Demokratie lassen sich sofort erkennen. Auch der unpolitische Wassermann, der keiner Partei oder Bewegung anhängt, wird oft in seiner Firma für die Unterprivilegierten kämpfen. Wegen seiner Ideale ragt er aus der Menge heraus. Er denkt über andere Menschen, über ihre Bedürfnisse und Möglichkeiten nach. Und dieses *Denken* ist in einer Zeit der Schlagworte und Meinungen eine seltene Erscheinung.

Andererseits macht er sich nicht viel aus Einzelwesen. Der Wassermann liebt die Menschheit, aber nicht die Menschen. Er kann brüsk, kühl, gefühllos, starr, dogmatisch und einfach dumm sein, wenn es um die Kompliziertheit menschlicher Beziehungen geht.

Emotionen machen Wassermänner verlegen; sie finden die eigenen ebenso wie die anderer peinlich. Dieses Zeichen ist stolz und beherrscht und betrachtet Gefühlsäußerungen als Schwäche. Tränen nützen bei Wassermännern wenig. Er geht weg, beschäftigt sich mit etwas anderem oder sitzt einfach still da und beobachtet den Kummer des anderen. Auf Trostworte oder Entschuldigungen wartet man vergeblich. Er sagt höchstens: «Wenn du fertig bist, können wir vernünftig reden.» Sollte das weitere emotionale Äußerungen provozieren, weil er so absolut nichts begriffen hat, wird er nur kühl bemerken: «Nun fang nicht wieder mit einer neuen Szene an. Mußt du immer so egoistisch sein?

Können wir nicht über was anderes reden? Schließlich leiden und sterben Menschen überall auf der Welt.» Nachdem er es geschafft hat, daß man vor Scham über den Gefühlsausbruch in den Boden versinken möchte, ist er recht selbstzufrieden. Ist es ihm doch gelungen, die «wahrhaft wichtigen Dinge» ins rechte Licht zu rükken.

Es liegt auf der Hand, daß nicht alle Wassermänner so gefühllos sind. Besonders Wassermann-Frauen können voller Hingabe und Loyalität sein. Aber auch hier sind die Gefühle so mit ihren Idealen und Moralvorstellungen verknüpft, daß sie sich nur schlecht an die Veränderungen und Nuancen von Beziehungen anpassen können. Bei all der Besessenheit von den Rechten anderer, was sie sein oder nicht sein und tun oder nicht tun sollten, vergessen sie sich selbst, und zwar so sehr, daß sie die eigenen Gefühle zerstören, weil sie sie nicht ausdrücken können.

Der Wassermann ist ein glänzender Logiker. Er kann vernünftig, rationell und oft brillant diskutieren. Wird er herausgefordert oder mit dem Kummer eines anderen konfrontiert, ist ihm von Anfang an alles klar. Er kann es rational und analytisch darlegen und kennt alle Antworten. Er hat die Gabe, menschliches Verhalten analysieren zu können – viele Wassermänner werden hervorragende Psychologen –, und wird Ihnen darum genau sagen können, wo die Motive sind, warum jemand dies oder das gesagt hat und wo die Lösung des Problems liegt. Das macht er so sauber und endgültig, daß man ihn hemmungslos bewundern muß. Leider bleibt dabei kein Platz für Gefühle übrig.

Menschen sind für den Wassermann Mechanismen – herrliche, göttliche Mechanismen, aber nichts anderes. Und der so belesene Wassermann, der alles über die Psyche weiß und voller Eleganz über sie sprechen kann, weiß häufig nichts über sich selbst. Das liegt daran, daß er nicht weiß, was er fühlt – er hat nur eine Idee davon. Eine Idee über das, was er zu fühlen glaubt, was er glaubt, fühlen zu müssen oder nicht fühlen zu müssen, und was er glaubt, was andere über das denken können, was er zu fühlen glaubt. Schlichte Sätze wie: «Ich liebe dich» oder «Ich hasse dich» oder «Ich bin wütend auf dich», fallen ihm sehr schwer.

Er hat eben ein tiefes, komplexes Naturell. Es fehlt ihm durchaus nicht an Gefühlen, aber er hat oft Angst vor ihnen. Der Wassermann ist ein echtes Luftzeichen. Was geistig erfaßt werden kann, ist sicher, weil es mit der Vernunft angehbar ist. Was nicht zu verstehen ist, wird oft auf das Gebiet des Imaginären oder Emotionellen abgeschoben, gefürchtet oder einfach forträsoniert. Bleibt in einem so großartigen Wesen noch Platz für Romantik? Ja, aber meist unbewußt. Der Wassermann kann verlegen und linkisch werden, wenn sich das Thema romantischen Dingen zuwendet. Er ist der Mann, der einzig aus reiner Geniertheit seiner Frau zwanzig Jahre lang nie Blumen mitbringt. Er versteht einfach nicht, daß jemand Sehnsucht nach Schmeicheleien, Komplimenten und sentimentalen Beweisen der Zuneigung hat. Alles muß für ihn einen Grund haben. Seine Liebe kann sehr tief sein, aber er wird sie nicht oft zeigen, und vor allem nicht auf die gängige Art, die eine Liebesbeziehung so erfreulich macht. Er ist fähig, einem geliebten Menschen sein Leben zu opfern, aber dieser geliebte Mensch würde gelegentlich am liebsten sagen: «Das ist ja sehr nett von dir, aber Blumen hätten es auch getan.»

Geht es andersherum um eine Wassermann-Frau, verändert sich die Basis. Da wird sich der Mann sehr oft beklagen: «Sie ist so gut, so anständig, so diszipliniert, daß ich mir ganz verantwortungslos und egoistisch vorkomme.» Jeder, der ständig selbstlos ist und nach Prinzipien lebt, kann einen geringeren Sterblichen dazu treiben, miese Dinge zu tun, nur um eine normale menschliche Reaktion auszulösen.

Der Wassermann muß lernen, in seine abstrakte Liebe zur Menschheit auch sich selbst und die ihm nahestehenden Menschen einzubeziehen. Diese simple Tatsache entgeht ihm leicht. Dabei ist gerade sie ein wichtiger Bestandteil des Ideals der Liebe. Einige Zeichen des Tierkreises sind begabter für enge Beziehungen als andere. Der Wassermann hat auf diesem Gebiet größere Schwierigkeiten als jedes andere Zeichen, weil er so wenig Gefühl für Persönliches – die eigene Person mit inbegriffen – hat. Oft bedeuten ihm seine Ideale so viel, weil er kein Gefühl für sich selbst hat.

Für den Wassermann ist das Wissen immer dem blinden Glauben überlegen. Abergläubische Hingabe ist nichts für ihn, und auch gegenüber unerklärter Autorität bringt er keine Geduld auf. Für ihn sollte jedes Einzelwesen sein eigener oberster Richter sein. Und wenn es sein muß, wird er mit den Göttern den Kampf aufnehmen, um ihnen ihre Geheimnisse zu entreißen.

Der leidenschaftliche Wissenschaftler, der die Geheimnisse der Materie und des Universums auslotet, ist der wahre Wassermann. In früheren Zeiten wurde dieser der Wahrheit verschriebene Forscher als Ketzer auf dem Scheiterhaufen verbrannt, weil er sich gegen Autorität und Religion stellte. Der Preis, den der Wassermann für seine Wahrheitssuche bezahlen muß, ist oft ein tiefempfundenes Schuldgefühl. Er hat nämlich eine konventionelle Seite, die für Gesetz und Ordnung ist. Der Wassermann hat zwei planetarische Herrscher, *Saturn* und *Uranus.* Saturn, das Symbol der Struktur und Ordnung, schenkt dem Geist des Wassermanns diese beiden Eigenschaften. Darum liebt er Prinzipien und braucht für sein Leben einen strengen Moralkodex. Aus diesem Grund können so viele Wassermänner starr intellektuell in ihren Ideen sein und diszipliniert leben. Saturn ordnet ihre Gedanken und erfüllt sie mit Verehrung der Tradition, der Geschichte und der klaren Regeln.

Der andere Regent, Uranus, ist der Erfinder, der Zauberer, der Befreier. Er ist der Planet, der den ausgeprägten Freiheitsdrang des Wassermanns, das Zerreißen des Schleiers der Geheimnisse und das Zerbrechen kleinlicher Strukturen symbolisiert. Bei vielen Wassermännern dominiert der Uranus-Einfluß, so daß sie in irgendeiner Form zu Bilderstürmern werden. Sie schüren Rebellionen, weil Uranus sie treibt, die Freiheit zu suchen. Die beiden planetarischen Herrscher geraten sich oft ins Gehege. Der Wassermann wird zwischen seiner Liebe zur Wahrheit und seiner Achtung vor der Tradition hin und her gerissen. Sein Forschergeist und seine Neugier auf das Leben lösen häufig mehr Zerstörung als Aufbau aus, denn seine Erfindungen und Erkenntnisse geben uns Menschen eine Macht, mit der wir nicht richtig umgehen können. Aber das Zeichen des Wassermanns löst auch immer Hoffnung aus, denn sein Glaube an das Menschenmögliche und die menschliche Natur ist tief und ihm angeboren. Aus diesem Grund bevorzugen viele Wassermann-Menschen eine demokratische oder sozialistische Regierungsform – sie glauben daran, daß der Einzelmensch in der Lage sein wird, frei zu entscheiden und das Wohl seiner Mitmenschen als vornehmstes Ziel zu sehen. Ob der Wassermann mit dieser Annahme recht oder unrecht hat, darüber herrscht in vielen Ländern der Erde Unruhe oder Krieg. Aber vom Standpunkt dieses idealistischen Zeichens aus bleibt immer Hoffnung.

Die Schattenseiten

Die dunkle, geheime Seite des Wassermanns, der er sich nicht stellen mag, entspringt seiner totalen Hingabe an seine Moralvorstellungen. Wo der bewußte Wassermann nach Selbstlosigkeit strebt, ist seine Schattenseite absolut ichbezogen; wo im normalen Leben seine Hingabe an andere oft unübertroffen ist, strebt sein Schatten danach, seine Machtposition auszubauen.

Besonders in Situationen, in denen der Wassermann sein ideologisches Steckenpferd reitet, kann man seinen Schatten sichtbar werden sehen. Er kämpft um den Platz in der Mitte der Bühne und stößt jeden herunter, der zufällig nicht mit ihm übereinstimmt. Das unterdrückte Bedürfnis, etwas Besonderes zu sein, treibt den sonst so Übervernünftigen zu einem merkwürdig unvernünftigen Benehmen. Als Ergebnis davon kann er das, was er predigt, nicht ausüben, schon gar nicht in seinen persönlichen Beziehungen. Gleichheit ist etwas Gutes für die Menschheit, aber nicht für seinen Partner.

Eine weitere seiner Schattenseiten hängt eng mit der ersten zusammen. Es ist seine geheime Sehnsucht, von allen geliebt und bewundert zu werden – sie ist so stark, daß er oft gegen seine Prinzipien zu etwas gedrängt werden kann, einfach aus der Furcht heraus, was andere von ihm denken könnten. Manchmal wird das als Charakterschwäche oder Unbestimmtheit ausgelegt, weil es neben seinem sonst üblichen Mut zur eigenen Überzeugung einigermaßen überraschend wirkt.

Alles zusammen läßt sich mit einem sehr wenig erfreulichen Wort ausdrücken: Heuchelei. Sie ist die größte Gefahr und die größte Schwäche des Wassermann-Temperaments. Er sagt das eine und tut oft unbewußt das andere. Häufig leiden die ihm nahestehenden Menschen am stärksten darunter. Beispielsweise seine Ideale der Gleichberechtigung: Darüber reden viele Wassermänner sehr wortgewandt, ob es nun um die Gleichheit zwischen Rassen, um Glaubensfreiheit oder Gleichberechtigung der Geschlechter geht; einmal warmgelaufen, können sie Stunden bei diesem Thema bleiben. Im Privatleben aber legen sie häufig eine stark ausgeprägte Ungleichheit an den Tag, besonders gegenüber Menschen, die die von ihnen so gefürchteten und verachteten Gefühle und «Unvernunft» zeigen. Seine Frau bekommt nicht viel «Gleichheit» zugemessen, weil man einfach nicht von ihm verlangen kann, etwas zu akzeptieren, das nicht logisch unterbreitet wird. Auch seine Kinder sind selten gleichberechtigt; für seinen Geschmack sind ihre Ansprüche zu egoistisch oder zu gefühlsbeladen. Die echte «Gleichheit» reserviert er für verbale Debatten, bei denen er seinem Gegner jedoch immer das Recht zum Reden zugesteht. Aber Gleichheit des Herzens kann ihm schwerfallen, weil sein Konzept der Gleichberechtigung auf das Gebiet der Ideen und des Verstandes beschränkt ist.

Ein weiterer Bestandteil der widersprüchlichen Schattenseite des Wassermanns ist seine Neigung, jeden und alles zu reformieren. Auch das widerspricht im Grunde seinem Glauben an die Freiheit der Meinungsäußerung. Deutlich gesagt heißt das: Jeder darf glauben, was er will, solange es ihm recht ist. Widerspricht man einem eifernden Wassermann bei seinem Lieblingsthema – etwa Gleichberechtigung der Frau, Sozialismus, Verteilung des Reichtums, Ökologie –, wird man sehr kurz abgefertigt. Dann ist es mit der Gleichberechtigung nicht weit her. Wer ihm nicht zustimmt, den wird er eben dazu bringen! Daß das ein Widerspruch ist, erfaßt der Wassermann nicht.

Nun ist aber dieses Messen mit zweierlei Maß des Wassermann-Schattens keine Absicht. Er sieht es wirklich nicht und weiß nichts davon. Wenn er es wüßte, wäre er ehrlich entsetzt; er will doch nicht unfair sein. Wahrscheinlich kommt diese seltsame Schattenseite daher, daß er so strenge und hohe Erwartungen an sich und andere stellt. Seine Versuche, die menschliche Natur zu reformieren, sind im Grunde Projektionen seines Glaubens, sich selbst reformieren zu müssen. Er merkt nur leider nicht, daß man mit solchen Versuchen am besten bei sich selbst beginnt, nach der alten Regel: «Praktiziere, was du predigst.» Die Wassermänner tun es meistens nicht.

Ihren Typ trifft man oft unter Akademikern. Sie wissen sehr viel über die Strukturen, Techniken, Mechanismen und Verhaltensweisen ihres Lieblings-Studienobjekts, des Menschen, aber sie können dieses Wissen nicht auf das eigene Verhaltensmuster anwenden. Weil der Wassermann meist wenig Kontakt zu den eigenen Gefühlen hat, schleichen sie sich heimlich ein und bringen ihn dazu, Dinge zu tun, die er nicht sieht oder begreift. Ärger, Abneigung, Eifersucht, Sehnsucht, Verlangen, Hilflosigkeit, Angst – das ganze Puzzlespiel normaler menschlicher Schwächen – ist etwas, das er nicht zur Kenntnis nehmen will. Es macht ihn nervös. Er selbst hat diese Schwächen wie jeder andere auch; er sieht sie nur nicht.

Dem Schatten des Wassermanns begegnet man beim Wassermann-Politiker, der für die Gleichberechtigung kämpft, aber seine Familie schlecht behandelt und ihr keine Luft zum Atmen läßt; beim Wassermann-Psychologen, der alle Theorien kennt, aber seine eigene seelische Krankheit nicht sieht; beim Wassermann-Arzt, der alle Energie und Kraft für seine Patienten einsetzt, während seine Familie ohne ärztliche Hilfe bleibt . . . Die Liste ist lang.

Für den Wassermann ist es besonders wichtig, sich der Schattenseite bewußt zu werden. Wenn Ideale überhaupt etwas wert sein sollen, müssen sie nicht nur mit Mitgefühl, sondern auch mit Realismus gekoppelt sein. Die menschliche Natur ist nicht vollkommen – und ganz bestimmt nicht vollkommen genug, um den Ansprüchen vieler Wassermänner zu genügen. Absolute Selbstlosigkeit gibt es einfach nicht. Wie die anderen Luftzeichen denkt der Wassermann nicht daran, daß wir, obwohl wir unseren Kopf im Himmel haben, mit den Füßen auf der Erde stehen, und daß unser Körper in seiner Entwicklung erst das Tierreich durchlaufen mußte. Für den Wassermann ist der Mensch keine dualistische Kreatur; er ist ein Sohn der Götter. Wenn der Wassermann erfaßt, daß nicht nur der Geist, sondern auch die Gefühle, die Träume und der Körper des Menschen göttlich sind, kann er das werden, was er im Herzen ist: Visionär und Prophet, Diener und Helfer der Menschheit, im Kleinen und im Großen.

Der Wassermann als Partner

Die Luftzeichen leben in einer Ideenwelt und neigen zur Angst vor Gefühlen. Beim Wassermann trifft dies stärker zu als bei den beiden anderen Luftzeichen, weil er ein sogenanntes «fixiertes» Zeichen ist. Fixierung läßt sich auch mit Kraft, Beharrlichkeit oder Starrheit übersetzen; es hängt davon ab, wie extrem sie ist, und ob diese Fixierung mit dem Charakter übereinstimmt oder nicht.

Der Wassermann also neigt dazu, seine Gefühle zu unterdrükken. Er betrachtet sie häufig als Schwäche, als etwas Peinliches. Daraus läßt sich leicht schließen, daß er nicht der romantischste oder überschwenglichste aller Liebhaber sein kann. Oft ist er in Herzensdingen von charmanter Naivität und zeigt eine einnehmende Ungeschicktheit, die in verblüffendem Gegensatz zu seinen sonst so raffinierten Ideen steht. In mancher Hinsicht ist das reizvoll, weil er gewöhnlich unfähig ist, den Don Juan zu spielen, wenn er es nicht echt so meint. Und selbst dann wird er diese Rolle nicht sehr überzeugend spielen. Die Begabung des Wassermanns liegt nun mal nicht in unwiderstehlichem Werben und romantischer Liebe.

Aufrichtigkeit seiner Gefühle und ihre Beständigkeit gehören zu seinen Tugenden. Weil er im allgemeinen Gefühle nur ungeschickt ausdrücken kann, meint er auch, was er sagt, falls er sie ausdrückt. Er ist ein Wahrheitsfanatiker. Er lügt nicht gerne, und deshalb sollte man von ihm besser nicht all diese spielerischen Bestätigungen und Deklarationen seiner Liebe verlangen, die Verliebte so oft von sich geben. Denn statt des Kompliments oder der Versicherung könnte dabei eine Stellungnahme wie «Um die Wahrheit zu sagen, gerade in diesem Augenblick liebe ich dich nicht» herauskommen.

Auch für die Treue des Wassermanns gibt es zwei Ursachen. Die eine ist, daß er mehr als jedes andere Zeichen ein gegebenes Versprechen halten wird. Wenn er also Treue verspricht und es ihm ernst damit ist, wird er treu sein – er ist seinem Ideal der Treue treu und außerdem sehr selbstdiszipliniert. Die andere Ursache seiner Treue ist, daß romantische Liebesaffären nicht zu ihm passen. Er ist befangen und sich seiner nicht sicher, wenn er sich in solche Situationen begibt, und findet es oft viel entspannender und weniger unbequem, treu zu sein, weil er sich dann weiter mit dem befassen kann, was ihm am besten gefällt – mit gedanklichen Dingen. Dabei fehlt es ihm keineswegs an Leidenschaft, aber er ist nicht besonders sinnlich und verbringt nicht viele Stunden mit erotischen Phantasien, wie man es vom Stier, dem Skorpion oder sogar den Fischen erwarten kann. Er beschäftigt sich in Gedanken mit der Welt und dem, was mit ihr geschehen soll.

Als Ausgleich ist der Wassermann ein wirklich anregender Gefährte und weiß mehr als jedes andere Zeichen über die Kunst der Freundschaft. Das darf man nicht unterschätzen. Freundschaft bedeutet dem Wassermann oft mehr als Liebe, zum Teil, weil er von der Liebe nichts versteht – sie ist zu kompliziert und problematisch, und es ist schwer für ihn, sie zu definieren –, und teilweise, weil das Ideal der Freundschaft leichter zu bewahren ist. Männer und Frauen dieses Zeichens können wunderbare Freunde sein. Sie sind treu und ehrlich, können Opfer bringen, schätzen andere Menschen, und solange man sie nicht zwingt, an großen Gefühlsausbrüchen teilzunehmen, sind sie gute Zuhörer und objektive Ratgeber. Kein anderer Freund könnte freundschaftlicher, toleranter und verständnisvoller sein. In einer Ehe oder Liebesbeziehung ist eine so objektive, unverlangende

Freundschaft oft ein wahrer Segen. Sie bildet die Voraussetzung, daß jeder Partner eigene Ideen entwickeln und eigene Gedanken denken kann, daß miteinander darüber diskutiert wird, daß Partnerschaft und Kameradschaft gepflegt werden können, die nicht durch Rollenerwartung oder zuviel emotionelle Herrschsucht belastet werden.

Obwohl der Wassermann ebenso zur Eifersucht neigt wie jeder andere, wird er sie selten zeigen. Er wird sie nicht einmal zugeben. Er scheint von allen Liebhabern der am wenigsten besitzergreifende zu sein. Das ist eine Täuschung. Aber er wird einen nicht mit seiner Eifersucht bedrängen. Wenn er daran glaubt, daß man seinem Partner Freiheit lassen muß, wird er sie ihm geben, selbst wenn es ihn innerlich zerreißt.

Wer nach Gefühlsüberschwang und der großen romantischen Liebe sucht, hält sich vom Wassermann besser fern. Lange politische und ideologische Diskussionen werden die wenigen geflüsterten liebevollen Nichtigkeiten bei weitem überwiegen. Wer jedoch nicht nur einen Liebhaber, sondern auch einen Freund sucht, für den stellt der Wassermann alle anderen Zeichen in den Schatten. Er interessiert sich wirklich für Menschen. Aber mit großen Gefühlen darf man ihm nicht kommen. Und seine Blumen kauft man sich besser selbst.

Der Wassermann-Mann

Es scheint, daß die Psychologie des männlichen Wesens sich sehr gut mit dem Wassermann verbindet und die intellektuelle Neigung dieses Zeichens besonders hervorhebt. Darum ist der Inbegriff des männlichen Wassermanns der Denker, der Erfinder, der Philosoph und der Wissenschaftler. Auch die Schwierigkeit, die Männer in unserer Gesellschaft haben, wenn sie mit gefühlsbeladenen Situationen konfrontiert werden, treten beim Wassermann in verstärktem Maß auf. Zwar werden auch Wassermann-Frauen mit den eigenen Gefühlen nicht gut fertig; sie sind sich ihrer aber wenigstens bewußt. Niemand hat jedoch weniger Kontakt zum eigenen Gefühlsleben als der männliche Wassermann.

Aus diesem Grund ist er auch einer der enervierendsten Männer, die einem begegnen können, sobald es um eine enge Bindung geht. Besonders ärgerlich – und irreführend – ist sein so kühles Wesen. Das Zeichen ist sehr stolz, und Selbstbeherrschung spielt für den Wassermann eine wichtige Rolle. Wie tief er auch leidet, er wird anderen nicht die Genugtuung geben, davon zu wissen.

Weiterhin schwierig ist, daß er Gefühle als an ihn gestellte Forderungen ansieht. Die Idee der Freiheit ist ihm überaus wichtig, und in der engen persönlichen Bindung kann er sie auf die Spitze treiben. Typisch dafür ist der Wassermann, der es ablehnt zu sagen, an welchem Tag und um welche Zeit man ihn wiedersehen wird – weil er nicht an Zeit «glaubt». Oder der Wassermann, der offene Beziehungen propagiert und ungefragt, aber wahrheitsgemäß (weil er an die Wahrheit glaubt und findet, daß zwischen zwei Menschen alles offen sein sollte) von drei anderen Geliebten erzählt, mit denen man konkurrieren muß. Aber er glaubt eben an Offenheit und versteht nicht, warum der andere verletzt ist und ihm eine Szene macht.

Schlimm für den Partner ist der Wassermann, der sich weigert, über private Gefühle zu sprechen. Oder der sagt, man sei so «schwer» und viel zu emotionell. Das ist reine Heuchelei. Denn wenn der Fall umgekehrt liegt, kann er sich wie Othello persönlich benehmen, ebensogut wie jeder Skorpion. Nur wird er nicht so ehrlich dabei sein, weil er mit Begriffen wie Ehrlichkeit und Loyalität das Verhalten des anderen in Grund und Boden verdammt, ohne einzugestehen, daß die wahren Wurzeln seines Ärgers aus seinen Gefühlen und nicht aus seinen Prinzipien kommen.

Mit dieser Art von Wassermann kann man nur zurechtkommen, wenn man wassermännischer wird als er. Man muß seine Vorstellungen in Frage stellen, damit er herausfinden kann, ob er wirklich an sie glaubt. Man darf nicht mehr so leicht durchschaubar sein, sondern muß sich die Freiheit nehmen, sich so zu verhalten, wie es einem paßt. Er ist nun mal ein fixiertes Zeichen, das sich nie leicht an andere Menschen anpaßt. Diese Zeichen haben ihre eigene Welt und eigene Wertvorstellungen. Sie lassen sich nicht gern zu etwas drängen. Der Reforminstinkt des Wassermanns versagt, wenn man versucht, ihn selbst zu reformieren. Der Partner braucht eine gute Portion Eigenständigkeit und eine eigene Quelle der Kreativität, wenn er aus der Verbindung mit einem Wassermann etwas machen will. Auf der Gefühlsebene will er einfach nicht so viel in eine Verbindung investieren. Daran muß man sich gewöhnen und lernen, seine stummen Signale zu erkennen. Was ein Wassermann über seine Gefühle sagt, sollte man nicht immer wörtlich nehmen. Das darf man nur, wenn es um seine Ideologie oder seine Wissensgebiete geht. Ansonsten muß man mit dem Instinkt arbeiten und Telepathie lernen. Denn ehrliche Auskunft ist nicht zu erwarten, weil er auf diesem Gebiet mit sich selbst nicht sehr ehrlich ist.

Andererseits kann man von ihm ziemlich viel unbewußte gefühlsmäßige Abhängigkeit erwarten. Dieser unabhängige Geist mit dem Verstand in den Wolken und dem Blick in der Zukunft ist viel empfindsamer, als er es selbst je wissen wird. Er ist seelisch sehr verwundbar, fast wie ein Kind. Darum gibt er sich auch so große Mühe, seine Gefühle vor allen, auch vor sich selbst, zu verbergen. Sie zu zeigen, würde er als Schwäche ansehen. Wer offen gezeigte Gefühle braucht, geht dem Wassermann besser aus dem Weg. Für eine Frau jedoch mit genügend Selbstvertrauen, mit dem Wissen, daß sie liebenswert ist, und die auch noch Sinn für die von diesem Mann angebotene Freundschaft hat, für die ist mit diesem Partner alles in bester Ordnung.

Die Wassermann-Frau

Es gibt zwei Typen von Wassermann-Frauen. Beide besitzen die Grundeigenschaften des Zeichens, die Stärke, die Unabhängigkeit und die Fähigkeit zum selbständigen Denken. Aber der eine Typ richtet die große Selbstdisziplin und Hingabe auf die rein persönliche Sphäre, während der andere in die Welt zieht, um seine Kraft an der Gesellschaft zu messen. Beide sind keine hilflosen, gefügigen Wesen. Ihre Selbstaufopferung ist selbstgewählt und entspricht ihren Idealen, nicht den Wünschen anderer.

Vielen Wassermann-Frauen genügt der Bereich von Heim und Familie nicht, um ihre geistigen Fähigkeiten und ihr Interesse an einer größeren Gemeinschaft ausleben zu können. So findet man Wassermann-Frauen in der Politik und in sozialen Berufen, wo sie ihre vielen Ideen und ihr Engagement für die Belange anderer mit ihrer natürlichen Weiblichkeit verbinden können. Häufig sind sie auch Sozialarbeiterinnen, Psychologinnen, Lehrerinnen und Erzieherinnen. In welchem Beruf man diese Frau auch findet, sie wird von ihren Idealen motiviert sein.

Der Wassermann ist kein Zeichen, das besonders viel vom sexuellen Rollenspiel in einer Beziehung hält. Tatsächlich gehen viele Wassermann-Frauen begeistert in der Frauenbewegung auf, wie das für ihr Zeichen geradezu logisch und notwendig ist, im Gegensatz zu den stärker persönlich orientierten Zeichen wie Krebs, Stier oder Jungfrau. Viele Wassermann-Frauen müssen sich zu irgendeiner Zeit ihres Lebens einer Sache verschreiben, selbst wenn es dabei nur um die drei Familien geht, die in ihrer Straße wohnen. Diese Hingabe an ein Ziel bringt die beste Seite dieses Zeichens heraus.

Wenn es um Gefühle geht, wird es schon etwas schwieriger. Viele Wassermann-Frauen haben damit dieselben Schwierigkeiten wie ihre männlichen Gegenparte. Manchmal erkennen sie ihre Gefühle, unterdrücken sie aber und sind dann ziemlich steif und starr und wirken stolz. Manchmal sind ihnen Gefühle überhaupt nicht bewußt, und sie erscheinen in der persönlichen Beziehung kalt, abweisend und überheblich. Das «Halte-mich-nicht-fest»-Syndrom ist für die Wassermann-Frau ebenso typisch wie für den Wassermann-Mann. Weil sie das Rollenspiel so sehr ablehnen, sind Wassermann-Frauen in ihrem sexuellen Verhalten häufig besonders liberal. Dies sind die Frauen, die offen zu ihrer Bisexualität stehen und zugeben, daß sie mehr als eine Beziehung und neben einer Ehe auch noch rein sexuelle Affären brauchen. Der Wassermann ist ein maskulines Zeichen, das sich mit mehr oder weniger Anmut mit der weiblichen Psyche verbindet. Aus einer guten Verbindung wird die kluge Frau mit Herz hervorgehen, aus einer schwierigen die Frau, die mit der eigenen Weiblichkeit nicht fertig wird. Dieses Problem gibt es bei der Wassermann-Frau oft, weil *weiblich* für sie Schwäche, Gefühlsüberschwang oder Versklavung und Unterdrückung durch den Mann zu sein scheint. Für eine Frau ist dieses Zeichen wahrhaftig nicht leicht. Aber wenn sie sich bemüht, ist sie die Frau, die sowohl Mann als auch Frau sein kann, die sich selbst als Frau treu bleibt und dennoch starke männliche Eigenschaften besitzt, die es ihr erlauben, sich mit Dingen zu befassen, die weit über den Rahmen persönlicher Erfüllung hinausreichen.

Aus all dem geht deutlich hervor, daß keiner eine Wassermann-Frau wählen sollte, der eine ergebene und schweigsame Helferin haben will, die nur bewundert und kritiklos allem zuhört, oder ein Heimchen am Herd, das sich nur für Haushalt, Belange des Partners und Kinder interessiert. Aber für die Männer, die wirklich in der Lage sind, Frauen als gleichgestellte Partner zu akzeptieren, kann die Wassermann-Frau inspirierende Helferin, Gefährtin und Freundin sein und dennoch eine eigenständige Persönlichkeit bleiben. Von diesem Gesichtspunkt aus hat das Zeitalter des Wassermanns vieles mit der Frauenbewegung gemeinsam – sowohl in ihrer aggressiven als auch in ihrer rationalen Form. Und über was immer man sich bei der Wassermann-Frau beschweren mag – über ihre Starrheit, ihre Hingabe an die eigenen Prinzipien, ihre Halsstarrigkeit, ihre Eigenständigkeit, ihre Weigerung, den geliebten Mann als Superhelden anzusehen –, man muß zugeben, daß sie eine interessierte und eine interessante Frau ist. Männer, die vor intelligenten Frauen Angst haben, sollten sich von ihr fernhalten.

Wasserzeichen – die Welt der Gefühle

In der Astrologie ist das Wasser das rätselvollste aller Elemente. Es ist das «primitivste» insofern, als es am weitesten von dem rationalen Bereich entfernt ist, den wir «menschliches Denken» nennen. Die Symbole der drei Wasserzeichen *Krebs, Skorpion* und *Fische* sind alle drei Kaltblüter, auf der Leiter der Evolution weit unter dem Reich der warmblütigen Säugetiere, aus dem die zweifelhafte Spezies Mensch hervorgegangen ist. Alle drei bewohnen Regionen der Erde, in denen der Mensch nicht leben kann: die Tiefe des Ozeans, die unfruchtbaren Küsten, die Wüste. Im Symbolismus des Elementes Luft zum Beispiel gibt es kein tierisches Wesen. Bei Betrachtung des Wassers dagegen fällt das Fehlen des Menschlichen auf. Dies bedeutet nun nicht, daß die Wasserzeichen kalt wären. Keineswegs. Aber es könnte bedeuten, daß die Strukturen, Theorien und Prinzipien differenzierter menschlicher Gedankengänge nicht der Denkweise dieser schwer zu durchschauenden Zeichen entsprechen. Die Wasserzeichen gehören ins Reich der Natur; sie sind instinktsicher, vertraut mit dem, was nicht rational, was unerklärbar und manchmal magisch ist. Sie werden alle von Gefühlen geleitet – und Gefühle sind nichts, was sich statistisch messen, durch Hypothesen definieren oder in rationell verständliche Gesetze pressen läßt.

Eine der Grundeinstellungen zum Leben ist für die Wasserzeichen: Was man fühlen kann, ist wirklich. Und weil das, was man fühlt, so ganz intim und subjektiv ist, tritt es nur für die Person als

Realität in Erscheinung, die die Empfindung hat. Alle Wasserzeichen können nicht gut mit anderen über sich sprechen. Im allgemeinen versuchen sie es nicht einmal, sondern verlassen sich in schwierigen Situationen ganz auf ihre Instinkte. Sie werden selten mit rationalen Begründungen erklären können, warum sie etwas getan haben. Bedrängt man sie, werden sie entweder mürrisch und verstummen, oder sie kommen mit unausgegorenen und geradezu absurden rationalen Deutungen an. Die Sprache des Herzens ist eben nicht übersetzbar.

Für die Wasserzeichen ist das Wichtigste auf der Welt das Gefühl, ganz besonders die Objekte ihrer Gefühle – und das sind meistens Menschen. Beziehungen zu Menschen sind für die Wasserzeichen das Lebenselixier. Stärker als die anderen Elemente fürchten sie Einsamkeit und Isolation. Sie brauchen den ständigen Kontakt mit Menschen, brauchen den Austausch von Gefühlen und die Sicherheit und Liebe enger Bindungen. Ein Wasserzeichen, das sich von anderen zurückgezogen und sich in sich verkrochen hat, ist ein trauriges Wesen. Für viele Wasserzeichen sind andere Menschen das Wichtigste im Leben, und daher rührt auch ihre oft erdrückende Neigung, sich selbst zum Schaden durch andere zu leben.

Dieses Element ist sehr phantasiebegabt. Wassermenschen haben eine großartige Phantasie und sind empfindsam, wahrnehmungsfähig und tiefschürfend. Aber sie haben auch Angst vor allem, was ihren häuslichen Frieden stören könnte.

Nicht, daß die Wasserzeichen sich nie veränderten. Sie ändern sich ständig, und das mit einer Plötzlichkeit, die besonders die Luftzeichen verstört. Ihre Gefühle wandeln und ändern sich. Himmelhoch jauchzend, zu Tode betrübt, und das von Tag zu Tag. Die meisten Wasserzeichen-Menschen sind launisch. Fühlen ist eben dem Wasser ähnlich; es fließt und wandelt sich je nach der Form, auf die es trifft. Und so sind auch Wassermenschen nicht beständig in ihren Stimmungen, zumindest die, die mutig genug sind, ihr wahres Wesen anderen zu offenbaren. Das beunruhigt sie auch nicht, denn sie sind daran gewöhnt. Hochs und Tiefs ängstigen sie nicht, ebensowenig wie Ärger und Angst,

Liebe und Haß. Diese Dinge sind beunruhigend für die rationaleren Zeichen, weil sie mit den eigenen Stimmungsumschwüngen nicht fertig werden.

Das Wasser ist auch ein sehr differenziertes Element. Für die Wasserzeichen ist nichts nur schwarz oder weiß. Für Wassermenschen sind alle Menschen vielschichtig und müssen so genommen werden, wie sie sind, und nicht, wie sie aus idealistischer Sicht sein sollten. In dieser Beziehung sind die Wasserzeichen realistischer als alle anderen. Sie machen selten viel Getue darum, aber sie wissen es.

Und weil sie es wissen, sind die Wertungen der Wasserzeichen immer relativ. Sie haben starke Zuneigungen und Abneigungen – und das ist für sie sehr typisch. Wassermenschen reagieren spontan auf andere. Warum, können sie meistens nicht erklären. Andererseits aber sind sie liberal genug, zu wissen, daß die eigene Reaktion nicht allgemeingültig zu sein braucht. Die meisten Wasserzeichen werden nicht sagen: «Er ist ein übler Typ.» Sie werden zugeben, daß dies nur ihre eigene Meinung ist. «Ich mag ihn nicht», sagen sie deshalb vermutlich, und dabei bleibt es.

Gefühlen wohnt aber auch eine Logik inne, und die Wertigkeiten der Wasserzeichen sind ebenso komplex, feinfühlig und ebenso sorgfältig aus Assoziationen und Nuancen zusammengesetzt wie die Theorien und Ideale der Luftzeichen. Diese Vorgänge finden nur eben nicht in ihrem Kopf statt; sie kommen, um es populär auszudrücken, aus dem Bauch. Gewöhnlich ist sich der Wasserzeichen-Mensch des Prozesses gar nicht bewußt. Der ganze komplizierte Mechanismus des Aufstellens von Wertmaßstäben und Urteilen findet irgendwo in der Tiefe ihrer Psyche statt. Sie wissen nicht, warum es so ist, sie fühlen es nur. Als Resultat von inneren Prozessen, die sich dem Intellekt entziehen. Ärgerlich für andere ist nur, daß sie meistens mit ihren Urteilen recht behalten.

Eine andere Facette dieser merkwürdigen Begabung, die Gefühlslage eines Menschen oder einer Situation «riechen» zu können, ist das, was wir Geschmack nennen. Geschmack ist schwer zu definieren, weil er mit so vielen Dingen wie Ästhetik und

Kunst und Schönheit verbunden ist. Dies alles sind Begriffe, die so hoffnungslos relativ sind, daß man jederzeit darüber in erbitterten Streit geraten kann. Geschmack ist ganz und gar persönlich. Und etwas, das die Wasserzeichen im Überfluß zu haben scheinen. Das Wissen von den Theorien der Ästhetik mag ihnen fehlen, aber gerade diese Theorien können ja zu entsetzlichen Geschmacksverirrungen führen.

Die Wasserzeichen sind meist mit der dunkleren Seite der menschlichen Natur sehr gut bekannt. Weil sie von Natur aus mitfühlend sind, offenbaren sich ihnen die Menschen, und sie erfahren viele Geheimnisse. Sie nehmen auch sehr schnell alle Unterströme im Gefühlsleben anderer wahr, weil sie die merkwürdige Gabe haben, zu fühlen, was ein anderer fühlt, und sich leicht in seine Gefühlssituation versetzen können. Aus diesem Grund eignen sich viele Wasserzeichen ausgezeichnet zu Seelsorgern, Ärzten, Anwälten und Lehrern. Die sanfte, zarte Art der Wasserzeichen wird nie bedrängend oder aggressiv; sie zeigt Einfühlungsvermögen und Verständnis. Und sie öffnet die Herzen. Schwierig ist nur, daß sie dazu den direkten, persönlichen Kontakt brauchen. Abstrakte Diskussionen über menschliches Leid bedeuten dem Wasser nichts. Stößt es aber auf ein Einzelwesen, dem es schlecht geht, wird es sofort reagieren.

Bei soviel Tugenden läßt sich mit einer guten Portion Laster rechnen. Die lassen sich jedoch mit nur einem Wort zusammenfassen: Vernunft. Wasserzeichen fällt es schwer, logisch zu denken. Das hat nichts mit Intelligenz zu tun. Es gibt brillante Mathematiker, die keine Spur von Menschenkenntnis besitzen, und es gibt brillante Menschenkenner, die ums Leben nicht richtig addieren können. Von den zahllosen Arten von Intelligenz ist vermutlich keine besser als die andere. Bei den Wasserzeichen handelt es sich um die Intelligenz des Herzens. Sie wissen etwas über Menschen, kennen ihre Nöte und Gefühle. Besonders objektiv ist das Element Wasser jedoch nicht; es fällt ihm schwer, über den eigenen Gartenzaun hinauszublicken.

Aus diesem Grund sind die Wassermenschen oft unvernünftig, und sie sind auch oft unfair. Ungeniert setzen sie sich eigene

Wertmaßstäbe, die für andere nicht gelten. Und dagegen kommt man nicht an, weil sie nicht argumentieren können. Statt dessen sind sie mit einem verwunderlichen Schwall von Meinungen aus zweiter Hand, mit viel «es heißt» und «man sagt», bei der Hand, mit Zeitungszitaten und einer Menge völlig unvernünftiger Erklärungen, die es tatsächlich geben oder auch nicht geben mag. Kurz gesagt, das Wasser ist fähig, die Wahrheit zu beugen, weil Wahrheit etwas Abstraktes ist. Für die Wasserzeichen gibt es viele Wahrheiten, je nachdem, von welcher Seite die Sache betrachtet wird.

Manche Wasserzeichen sind charmant infantil, wenn es um abstrakte Ideen geht. Sie sind die «hilflosen, femininen» Typen beider Geschlechter, die nichts über «diesen politischen Kram» wissen, der so schrecklich schwierig und langweilig ist. Dabei geht es nicht nur um Frauen, denn auch die Wasserzeichen-Männer sind groß in Äußerungen wie: «Ich bin nur ein schlichter Arbeiter, der sein Brot verdienen will.» Sie wollen nicht erkennen, daß die «Gesellschaft» nicht etwas Abstraktes ist, das nur an die Tür klopft, wenn die Steuern fällig werden, sondern eine Gemeinschaft von Individuen. Das Wasser kann, um es deutlich zu sagen, auf der breiten sozialen Ebene sehr verantwortungslos sein.

Das größte Problem des Wassers bei Beziehungen ist, daß es oft nichts anderes sehen kann als eben diese Beziehung. Das wirkt sich entweder als eine den anderen lähmende Überängstlichkeit oder zu starke Anhänglichkeit oder als Herrschsucht aus. Die ständige Beachtung, die die Wasserzeichen ihren Lieben angedeihen lassen, die übertriebene Anhänglichkeit, kann zum Problem werden. Wenn für das Wasser der geliebte Mensch das Wichtigste in seinem Leben ist, kann es für diesen geliebten Menschen erdrückend werden. Typisch dafür sind die Wasserzeichen-Eltern, die es hassen, wenn ihre Kinder erwachsen werden und ihrer Fürsorge nicht mehr so stark bedürfen. Wasserzeichen müssen gebraucht werden. Das ist ein Grundzug ihres Wesens. Wenn ein anderer in Not ist, wachsen sie über sich selbst hinaus. Sie können für einen geliebten Menschen buchstäblich das Leben opfern. Die Luft bringt Opfer für Ideale; das Wasser für geliebte Menschen. Damit laden sie anderen oft schwere Verpflichtungen auf. Wenn man alles für jemanden opfert, wird der mit Schuldgefühlen reagieren. Neun- von zehnmal wird er mit Abneigung zurückzahlen, denn niemand will sich so schuldig fühlen. Es ist wichtig für die Wasserzeichen, daß sie die Zügel gelegentlich fallen lassen, und noch wichtiger ist, daß sie nehmen lernen. Immer nur geben schafft kein gutes Verhältnis; denn dann bekommt der andere nie die Chance, sich zu revanchieren. Und nach einiger Zeit muß er sich wegen seines Egoismus selbst hassen.

Das Wasser hat die fatale Tendenz, in anderen Menschen Schuldkomplexe zu wecken, weil es so viele Gefühle investiert. Und es fühlt sich dann von «kalten, gefühllosen» Kindern, Geliebten, Ehegatten verletzt, weil die diese Schuldgefühle einfach nicht mehr ertragen können. In der Fachsprache nennt man das «emotionelle Erpressung». Die Wasserzeichen beherrschen diese Kunst meisterhaft.

Das Wasserzeichen ist immer da, wenn es gebraucht wird, fühlt sich aber zurückgewiesen, wenn man seine Hilfe nicht nötig hat. Eine schwierige und widersinnige Situation. Wenn das Wasser nicht gebraucht wird, fehlt ihm das Herzblut. Was kann es dagegen tun? Möglicherweise löst es sich aus der Beziehung und stürzt sich in die Arme des nächsten Geliebten, nur um traurig zu entdecken, daß alles beim alten geblieben ist. Die Wasserzeichen werden von den Luftzeichen fasziniert, angezogen, aber auch irritiert. Das Wasser bewundert die Unabhängigkeit der Luft, ihre Kühle, Weltgewandtheit, Distanz und ihr Abstandhalten. Viele Wassermenschen verfallen dem Irrtum, dieser kühle, unabhängige Luftpartner sei insgeheim ein gefühlsseliges Kind, das nur sehr viel Liebe brauche. Das mag sein. Aber ständig von seinem Partner bemuttert zu werden, löst dieses Problem auch nicht.

Ohne das Wasser gäbe es keine menschliche Beziehung, keine Zuneigung, keine Liebe. Zuviel davon aber läßt einen ertrinken. Ein wenig «Ertränktwerden» könnten wir in unserer gefühlsarmen Zeit sicher ganz gut gebrauchen. Denn ein Gehirn ohne Herz erstarrt in Unbeweglichkeit, oder es zerstört die Welt.

Der Krebs

Bewahrer von Werten

Der Krebs wird vom *Mond* regiert. Die ständig wechselnden Phasen des Mondes sind darum auch ein passendes Bild für die ständige Ebbe und Flut der Stimmungen, Wünsche, Gefühle, Ängste und Intuitionen, die dieses scheinbar so solide und konservativ-bewahrende Gemüt durchspülen. Der Krebs weiß alles über das Bewahren. Der Krebs wird sorgsam alle zarten Gefühle hinter einem stachelbewehrten Wall aus Andenken, Erinnerungsstücken, Aktien, Versicherungspolicen, alten Fotografien, der Unterstützung der Familie, der Bewahrung der Tradition und der starken Neigung zum Erhalten des Status quo verbergen und schützen. Allerdings nur dann, wenn der Status quo «mich und die Meinen» beschützt.

Der Krebs ist von alters her das Zeichen der Familie. Das heißt nicht notwendigerweise, daß jeder Krebs sich eine Familie wünscht oder sie haben sollte. Viele Krebse sind, entgegen der allgemeinen Meinung, überhaupt nicht häuslich. Sie brauchen keine Blutsbande. Aber das Gefühl, mit der Vergangenheit verbunden zu sein, ist für den Krebs äußerst wichtig. Die Vergangenheit ist für den Krebs oft wichtiger als die Gegenwart, weil sie bekannt und darum sicherer ist. Wo es eine Vergangenheit gibt, kann es auch eine sichere Zukunft geben. Fest mit der Erde verbunden, kann der Krebs sich seinem Forscherdrang hingeben, seinem Wanderinstinkt und seiner Wandelbarkeit. Er weiß, daß er einen Ort hat, zu dem er zurückkehren kann. Der Krebs hat dynastische Gefühle. Er weiß, daß er ein Abkömmling ist, und empfindet es als Verantwortung, selber die Reihe fortzusetzen. Das historische Interesse ist ebenfalls typisch für dieses Zeichen und Teil seines Bedürfnisses nach Fortdauer. Ein entwurzelter Krebs ist ein unglückliches Wesen, bis es ihm gelingt, wieder Fuß zu fassen, entweder in einer neuen Familie, in einer Freundesgruppe oder auf beruflicher Basis. Findet er das nicht, verkriecht er sich noch tiefer in seinen Panzer, bis er völlig von der eigenen Zukunftsangst und dem Schrecken vor dem Unbekannten eingekerkert ist.

Aus dem Verhalten des Schalentiers Krebs in der Natur läßt sich viel über das Sternzeichen lernen. Erstens bewegt es sich nie direkt auf sein Ziel zu, sondern umrundet es, damit es aussieht, als wolle es in Wirklichkeit in eine ganz andere Richtung. Aber wenn es dann nach der Beute greift und die Scheren sich fest schließen, läßt es nicht mehr los. Kämpfen wird der Krebs jedoch nicht; er ist nicht aggressiv. Er steckt Hiebe und Stöße und jegliche Art von schlechter Behandlung ein. Er hält einfach fest.

Der Krebs ist ein Zeichen mit Instinkten, das die eigenen Motive nicht gern analysiert und auch nicht direkt die Initiative ergreift. Das könnte ihn ja einer Zurückweisung aussetzen, einer Erniedrigung oder gar der Lächerlichkeit. Um einen Krebs an den Rand des Entsetzens zu bringen, muß man ihn nur mit Dingen wie Zurückweisung, Erniedrigung oder Gesichtsverlust bedrohen. Der Krebs ist so empfindlich, so verwundbar durch das, was andere von ihm halten, so gelähmt von der öffentlichen Meinung, daß er sich kaum jemals in eine Situation begibt, in der er solchen Dingen ausgesetzt ist. Daher rührt sein oft falsch ausgelegtes kühles Wesen. Er ist nicht kühl. Er muß sich nur selbst schützen. Es ist nie der Krebs, der sich betrinkt und mit dem Lampenschirm auf dem Kopf eine Solovorstellung gibt. Es sei denn, er vertraue allen Anwesenden bis ins letzte. Dann allerdings ist alles möglich.

Es wird behauptet, Krebse manipulierten gern. Das ist absolut wahr, hat aber ziemlich komplizierte Gründe. Als Wasserzeichen hat der Krebs die große Gabe, sehr geschickt Gefühle einsetzen zu können, seine eigenen und die anderer. Das plant er jedoch nicht als Strategie, wie es die Luftzeichen tun würden. Er tut es mit wunderbarer, instinktiver Anmut, die sich immer der Situation anpaßt. Statt aggressiv und offen auf ein Ziel zuzusteuern, nimmt er lieber Einfluß auf die Atmosphäre und die Gefühle der anderen Menschen, um sie auf sein Interesse zu lenken. Diese Fähigkeit, Menschen zusammenzubringen und Streit auszubügeln, kommt im Umgang mit Kindern besonders gut zur Geltung. Ein Krebs wird niemals ein Kind unterjochen oder zuviel Autorität einsetzen. «Mach das, weil ich es sage», ist kein Satz, der dem Krebs liegt, während der Skorpion, Widder und Löwe ihn häufig anwenden werden. Der Krebs lenkt sanft, so daß man in der Hälfte der Fälle glaubt, es sei die eigene Idee gewesen. Feinfühligkeit ist eine der Haupteigenschaften des Krebses.

Wie bei jeder menschlichen Gabe gibt es auch hier zwei Seiten. Die Kehrseite zeigt sich, wenn der Krebs den sanften Druck seelischer Erpressung einsetzt, damit andere das tun, was er will. Der Krebs ist ein Meister der Kunst, in anderen Schuldgefühle wachzurufen. Ein unsicherer Krebs, der sich an einen Menschen hängen oder in einer Situation verharren will, weil sie ihm Sicherheit geben, wird oft diese tödliche Waffe einsetzen, um sein Ziel zu erreichen. Er spielt die Rolle des Märtyrers.

Der Krebs wird keine Hemmungen haben, ein schwaches Herz, Migräne oder den berühmten alten Satz: «Willst du mich umbringen?» einzusetzen. Die Märtyrerrolle wird von Ehemännern, Kindern, Ehefrauen, Freunden und Freundinnen und sogar von Chefs gespielt. Wenn Krebsen die Isolation oder der Verlust eines geliebten Menschen droht – durch Unabhängigkeit, Entfernung oder Ähnliches –, verwandeln sie sich gern in Märtyrer. Das ist kein feiner Zug.

Der Krebs braucht es, gebraucht zu werden, zu lieben, zu hegen, zu pflegen und zu hätscheln. Und in irgendeiner Form die Rolle der Mutter zu spielen. (Das trifft auch auf die Krebs-Männer zu.) Wichtig ist, dieses Ziel auch auf anderer Ebene als der rein biologischen zu finden, ein anderes Ventil zu suchen, möglichst eine kreative Betätigung. Die Empfindsamkeit, die Sanftheit und die leichte Hand dieses tiefen und subtilen Zeichens können ebenso nutzbringend und produktiv auf ein Projekt, ein Geschäft, das Heim, ein Kunstwerk, auf Lyrik, Tiere oder einen Garten gerichtet werden. Wenn sich all seine Kräfte über einen geliebten Menschen ergießen, ist es nur natürlich, daß dieser Mensch rebelliert oder sich in sich zurückzieht, ohne zu verstehen, warum er so reagiert. Für seine seelische Erpressung bezahlt der Krebs einen tragisch hohen Preis: Der geliebte Mensch wird am Ende zu seinem Feind.

Wenn ein Einsiedlerkrebs aus seiner Schale herauswächst – was unvermeidlich geschieht –, muß er eine größere suchen und zieht unter größten Sicherheitsmaßnahmen in sie um. Denn unter seiner Schale ist der Krebs ein wehrloses und leicht verwundbares Tier. Der normale Krebs, der die Schale wechselt, muß sich tief im Sand verstecken, bis diese neue Schale hart geworden ist. Auch die Krebs-Menschen haben solche Zyklen, wo sie sich nach einer Wandlung und einer Periode neuen Wachstums zurückziehen müssen. Überrascht man sie oder drängt sich ihnen auf, wenn sie ihre stille Phase haben, kann man sie schwer verwunden. Werden sie in der Kindheit verletzt, verkriechen sie sich in eine zu kleine Schale, aus der sie manchmal nie wieder herauskommen. Es dauert lange, bis ein einmal verwundeter Krebs wieder vergißt.

Der Krebs ist weder Wasser- noch Landbewohner; er lebt auf der Grenze. In menschliche Begriffe übersetzt heißt das: auf der einen Seite auf dem trockenen Land der wirklichen Welt mit Rechnungen, Grundbesitz, Verantwortlichkeit, Bindungen, Tatsachen; auf der anderen Seite in der unauslotbaren Tiefe des Ozeans seiner Phantasie. Der Krebs gehört in beide Welten. Er muß für beide Zeit haben – Zeit, um seine geheimen Träume und Sehnsüchte in den unruhigen Gewässern seiner inneren Natur reifen zu lassen, und Zeit, um in der Welt einen sicheren Fluchtort zu errichten. Der Krebs ist ein kompliziertes Zeichen, und er hat eine komplizierte Persönlichkeit. Es ist beinahe unmöglich, einen Krebs dazu zu bewegen, sich selbst zu analysieren oder seine tiefsten Geheimnisse offenzulegen. Die populäre Astrologie bezeichnet meist den Skorpion als geheimnisvollstes Zeichen. Aber der Skorpion ist absichtlich geheimnisvoll. Er weiß, daß er sich zu seiner Sicherheit tarnen muß. Für den Krebs hingegen ist dies seine zweite Natur. Er ist voller keimender Samen, die Dunkelheit, Sicherheit und Stille brauchen. Er zieht sich von Natur aus zurück, nicht aus Überlegung. Darauf muß man Rücksicht nehmen. Es lohnt sich, auf die Früchte seiner schöpferischen Pause zu warten.

Der Mythos des Krebses wird durch ein Wort gekennzeichnet: Mutter. Die Mutter ist nicht nur die Frau, die einen geboren, genährt und aufgezogen hat. Sie ist auch das, was die Tiefenpsychologie einen Archetyp nennt, ein Symbol für eine angeborene, allen Menschen gemeinsame Lebenserfahrung. Sie kann für das Glück, die Sicherheit und Wärme einer behüteten Kindheit stehen. Sie kann aber auch für überwältigende, besitzergreifende Emotion stehen, die das Kind zu ersticken droht. Sie kann stark und erhaltend sein, aber auch zerstörerisch und dunkel.

Für den Krebs ist die Erfahrung der Mutter in all ihren Formen in seinem Inneren verankert. Er wird der Mutter nie ganz entfliehen, denn er muß selbst lernen, Mutter zu werden. Am Anfang und am Ende seines Lebens steht diese machtvolle Gestalt – die Gefühle, die Vergangenheit, die Kindheit und die Sicherheit repräsentierend, nach der er so sehr strebt. Die Mutter ist für den Krebs immer ein Rätsel. Man begegnet Krebsen, die überhaupt keinen Familiensinn zu haben scheinen. Familie ist für sie etwas Störendes, nichts, an das sie sich gebunden fühlen. Bei diesen Fällen kann man sehr sicher sein, daß es Kindheitserinnerungen gibt, die dieser Krebs gern vergessen würde. Viele Krebse sind ständig auf Wanderschaft, immer auf der Suche, irgendwo Wurzeln zu schlagen. Oft rennen sie davon – vor der Vergangenheit, vor der Kindheit, vor der Mutter.

Der Krebs ist ein Zeichen der Phasen und der Zyklen. Jeder einzelne Krebs durchläuft diese Gezeiten von Lebenskraft, Kreativität, Freude und Schmerz sein ganzes Leben lang. Er steht den

Naturgewalten unserer Erde näher als jedes andere Zeichen; viele Krebse leiden ganz konkret unter dem Wechsel des Klimas und der Jahreszeiten und fallen in eine Art Winterschlaf. Sie können leicht depressiv, lustlos oder energielos werden. Wenn dann der Frühling kommt, erwachen sie zu neuem Leben.

Viele Krebse sind äußerst phantasievoll und kreativ. Der kreative Krebs holt aus Tiefen, die er selbst kaum versteht, etwas ans Licht. Er schöpft aus dem Stoff seiner Träume, Visionen, Phantasien und Gefühle. Sobald es in Form gebracht ist, endet diese Phase. Dann mag er sich eine Weile deprimiert und leer fühlen. Das ist der Winter. Doch bald ist er wieder schöpfungsfähig. Woher er die Kraft nimmt, ist das Geheimnis. Kein wahrer Künstler kann erklären, wo die Quelle seiner Inspiration liegt. Er bewohnt gleich dem Krebs das Stück Sand zwischen dem geheimnisvollen Meer und dem trockenen Land des gewöhnlichen Lebens. Ideen und Bilder fließen ihm zu, und er gibt ihnen Leben. Dann kommt die Ebbe, und er ist eine Zeitlang gestrandet; und dann wiederholt sich alles.

Der Krebs kann jede Rolle spielen – er ist der geborene Schauspieler, und sein Sinn für Tarnung und Selbstschutz zwingt ihn in jeder Situation menschlichen Zusammenlebens zu einem Rollenspiel. Er kann albern, fröhlich, launisch, jämmerlich, mürrisch und eingeschnappt sein, zärtlich, leidenschaftlich, zurückhaltend oder ekstatisch. Man kann nie voraussehen, wie er am Morgen aufwachen wird. Aber unter dem Kaleidoskop der wechselnden Gefühle und Stimmungen, unter dem harten Rückenschild, den er einer unfreundlichen Welt zeigt, vollzieht sich der ewige Zyklus von Tod und Wiedergeburt, von Winter, Frühling, Sommer und Herbst. Aus diesem Grund ist es für den Krebs so wichtig, schöpferisch zu sein und sich emotionell ausdrücken zu können. Er kann den geheimen Rhythmus, dem er folgt, nicht erklären. Es ist der Rhythmus des Meeres, des Mondes und der Gezeiten. Man erwarte nicht vom Krebs, daß er beständig ist. Das wird er nicht sein, wenn er sich die Beständigkeit nicht als Maske gewählt hat, unter der er sich versteckt, weil er unter dem Druck der Meinungen anderer leidet. Der echte Krebs ist ein launisches Wesen, das nicht erklären kann, warum es sich so fühlt, wie es sich fühlt. Aber warum sollte er es auch erklären? Die Natur schuldet uns keine Erklärungen. Entweder erkennen wir sie an, oder wir verlieren etwas sehr Kostbares.

Die Schattenseiten

Die meisten Krebse sind sich, wenn auch undeutlich, bewußt, daß sie manchmal mit Gefühlen spielen. Sie werden es ungern zugeben oder darüber sprechen. Einer der Lieblingaussprüche des Krebses heißt: «Muß man denn über alles reden? Manches sollte besser ungesagt bleiben.» Aber er ist nicht blind. Mit sicherem Instinkt kann er Gefühlsströmungen sehr gut erkennen – sogar die eigenen.

Die unbekannte Seite eines jeden Zeichens liegt in dem Element, das ihm genau entgegengesetzt ist. Die gefühlsorientierten Wasserzeichen haben eine geheime Seite, die den Luftzeichen ähnelt. Das sanfte, empfindsame, sympathische Wesen des Krebses – der erfreulichste Aspekt des Zeichens – zieht einen seltsamen Schatten hinter sich her: Zerstörerische Kritik.

Normalerweise sind Krebs-Menschen voller Mitgefühl und schnell dabei, das schlechte Verhalten anderer, besonders der Familienmitglieder zu entschuldigen. Aber ein Krebs klatscht gerne. Bissig und boshaft, geht er klaren Meinungsverschiedenheiten oder offenen Auseinandersetzungen aus dem Weg und zerreißt sich hinterrücks das Maul. Er ist auch der Vater, der, ohne autoritär sein zu wollen, seinem Kind vorschreibt, wie es sein sollte. «Warum kannst du nicht wie Meiers Fritzchen sein, der weiß, was sich einem Vater gegenüber gehört?» Oder die Krebs-Mutter, die eifersüchtig auf die Tochter ist und vor einer Party sagt: «Ja, du siehst reizend aus ... So reizend, wie es unter den Verhältnissen möglich ist.» Es geht um die verschleierte Beleidigung, die verkleidete Kritik, die unter die Gürtellinie zielt, die herabwürdigen, verletzen und reizen soll. Die Schattenseite des Zeichens kann man sich als Stechmücke vorstellen. Meistens ist den Krebsen diese Seite nicht bewußt. Sie glauben gern von sich, daß sie freundlich, mitfühlend und verständnisvoll sind. Aber die Schattenseite aller Wasserzeichen ist unbarmherzig, kann auch grausam sein und kalt. Beim Krebs äußert sich der Schatten in Worten.

Was steckt dahinter? Für alle Wasserzeichen gilt: Am wichtigsten sind für sie die Kontakte zu anderen Menschen. Wasserzeichen sind ungern allein; sie ertragen es nicht, isoliert zu sein oder zurückgewiesen zu werden. Der Krebs, der intensive Gefühle braucht, hat die starke Tendenz, das Leben der von ihm geliebten Menschen zu leben. Er ist ein herrschsüchtiges Zeichen und ebenso besitzergreifend, wie es dem Skorpion nachgesagt wird. Aber er geht viel vorsichtiger vor. Um es zusammenzufassen: Der Krebs findet häufig den Sinn seines Lebens in den Menschen, die ihm nahestehen. Aber tief in ihm rebelliert etwas dagegen.

Groll – stiller, brodelnder, aber unauffälliger, ungeäußerter Groll – ist eines der größten Probleme aller Wasserzeichen. Beim Krebs kann dieser Groll geradezu kunstvoll werden. Unter all den Gefühlen von Liebe und Teilnahme liegt das nagende Unbehagen, gar nicht das eigene Leben zu leben. Das trifft besonders dann zu, wenn der Krebs pausenlos gibt und opfert, der geliebte Mensch sich aber entzieht, wenn die Rechnung präsentiert wird. Dann verwandelt sich der Groll in herbe Kritik. Er wird zu einem Racheakt, und es heißt: Ich habe ihm alles gegeben. Jetzt ist er mir etwas schuldig. Und wenn die Gegengabe ausbleibt, dann hat er nur verdient, daß man ihm seinen Platz zeigt.

Das hört sich ziemlich häßlich an – und ist es auch. Aber der Krebs kann dieses Übel an der Wurzel packen und positiv reagieren statt mit böser Kritik. Er muß lernen, sich um sich selbst zu kümmern, um seine eigenen Bedürfnisse und Wünsche. Je mehr er das tut, um so weniger Groll wird er in sich tragen. Dann bleibt der Schatten im Keller, wohin er gehört.

Eine weitere merkwürdige Facette des Krebs-Schattens ist die Art, in der er allgemeine Meinungen übernimmt, ohne sich um die Fakten zu kümmern. Ein, zwei kleine geeignete Informationen, und er wird mit der ganzen Wucht seiner Gefühle und Vorurteile einen Urteilsspruch fällen. Und das Urteil eines Krebses, das auf solchen halbverdauten Meinungen beruht, wird nicht nur falsch, sondern vernichtend sein. Es führt zur reinsten Voreingenommenheit. Aussprüche wie: «Alle sagen» oder «Jeder weiß», sind häufigste Ausdrucksweise des Krebs-Schattens. Was er damit wirklich sagen will, ist: Ich schütze mich und die Meinen. Alles andere ist verdächtig.

Wie geht man nun mit dem Krebs-Schatten um, wenn er losgelassen ist? Manchmal ignoriert man ihn am besten. Im Grunde steckt ja keine böse Absicht dahinter. Manchmal jedoch muß man sich ihm stellen und klare Tatsachen ins Gespräch bringen. Denn wenn man das nicht tut, sinken die kleinen Widerhaken und Andeutungen zu tief ein. Der Krebs hat eine große seelische Macht, weil er die Gefühle anderer so gut deuten kann. Doch wie dunkel der Schatten auch sein mag, das Licht ist ebenso stark – das Mitgefühl, die Feinfühligkeit, die Zartheit, die Fürsorge. Das wiegt eine Menge auf.

Der Krebs als Partner

Für den echten Krebs hat die Liebe viel mit Sicherheit zu tun. Sie hat auch sehr viel mit Zuneigung, Freundlichkeit und Sympathie zu tun – und sehr viel mit der Mutter.

Der Krebs ist, ebenso wie der Skorpion, zu tiefer Leidenschaft fähig. Aber weil er ein verwundbareres Zeichen ist, macht der Krebs genauere Unterscheidungen, wohin seine Leidenschaft zielt. Er braucht auch lange, bis er sie zeigt, weil für ihn, wie für alle Wasserzeichen, absolutes Vertrauen so wichtig ist.

Im Grunde unterscheidet er sich darin nicht sehr von allen anderen Menschen, die lieben, aber wenn er wirklich tief empfindet, dann ist damit zu rechnen, daß der Mutter-Mythos in Erscheinung tritt. Das kann bedeuten, daß er bemuttert werden möchte – und dies trifft auf Männer und auch auf Frauen zu. Viele Krebs-Frauen suchen nach einem mütterlichen Mann, der freundlich und gütig mit ihnen sein wird. Genausooft bedeutet es, daß der

Krebs gern bemuttern will. Zeigt man ihm Schmerz, Hilflosigkeit, Schwäche, Verlangen – schon ist der Krebs erobert. Die starken Seiten interessieren ihn weniger. Der Krebs braucht das Gebrauchtwerden. Ausgesprochen wird dabei nichts. Der Krebs, dessen Herz voll ist und dem der Mund überläuft, ist selten. Man muß lernen, Anzeichen zu deuten, wenn man es mit einem Krebs zu tun hat. Mürrische Verdrossenheit bedeutet, daß er sich zurückgewiesen fühlt. Anhänglichkeit heißt, daß er Bestätigung braucht. Jammern zeigt, daß er heute vor Selbstmitleid zerfließt. Griesgrämigkeit spricht davon, daß er meint, nicht anerkannt zu werden. Sobald man aber versucht, ihm das ins Gesicht zu sagen, wird er sich entfernen. Meistens versteht er selbst nicht, was sich da tut. Es ist einfach eine Stimmung.

Der Krebs neigt dazu, treu an einer Partnerschaft festzuhalten. Sicherheit ist ihm wichtig. Der Krebs ist berühmt dafür, immer zum sicheren Heim zurückzukehren und die Abenteuer nur auf der Reise zu sammeln. Er weiß genau, was ihm wichtig ist. Alles, was die Sicherheit der Beziehung gefährdet, kommt nicht in Frage.

Eine Scheidung ist für einen Krebs ein entsetzliches Erlebnis. Viele Krebse wollen sich nicht fest binden, weil sie ahnen, wie grausam sich eine Trennung auf sie auswirken wird. Die Zerstörung des Nests ist für den Krebs ein Trauma, während ein Schütze möglicherweise fröhlich seinen Koffer packt und von dannen zieht oder die Jungfrau die finanziellen Dinge vor ihrem Auszug in Ordnung bringt. Selbst wenn der Krebs sich ehrlich nach der Freiheit sehnt, fällt ihm die Trennung schwer. Wiederum gilt es, die Anzeichen zu deuten. Ein allmähliches Zurücknehmen der Gefühle, sexuelle Kälte oder Impotenz sind Methoden des Krebses zu sagen: «Hol mich hier heraus!» Aber er wird selten der sein, der den endgültigen Entschluß faßt, fortzugehen. Die Emotionen, die eine Auseinandersetzung mit sich bringt, jagen ihm zuviel Angst ein, und er fürchtet sich entsetzlich vor der Meinung anderer. Viel lieber wird der Krebs still und leise immer unleidlicher, bis der andere soweit ist, ihn vor die Tür zu setzen. Dann braucht er kein schlechtes Gewissen zu haben.

Allerdings gehört viel dazu, bis es soweit kommt. Man muß auf seinen Gefühlen herumtrampeln, unempfindsam und kalt sein, seine Träume zerstören, ihn unterdrücken, ihn betrügen. Verratene Treue trifft die Wasserzeichen tief. Rational mögen sie Treulosigkeit entschuldigen, emotional werden sie es nie tun.

Das Nest ist für den Krebs aus seiner Natur heraus wichtig. Sein Zeichen steht für feste Gewohnheiten. Selbst ein unbeständiger Krebs, der eine flüchtige Affäre hat, wird auch im fremden Wohnzimmer immer auf demselben Stuhl alle viere von sich strecken und ein Ritual beim Essen und Trinken einhalten. Die Bindung braucht nicht dauerhaft zu sein, aber das Bedürfnis nach Festigkeit und Sicherheit kann noch der flüchtigsten und oberflächlichsten Beziehung des Krebses einen Anstrich von Beständigkeit geben.

Es ist sehr leicht, einen Krebs wegen seiner Sanftmut, seiner Feinfühligkeit, seiner Phantasie, seiner Anmut und seiner besonderen Art von Mut zu lieben, den er entwickelt, wenn das, was er liebt, in Gefahr ist. Es ist viel schwerer, seine Launen zu ertragen und sich mit der ihm angeborenen kindlichen Egozentrik abzufinden. Ob Mutter oder Kind, welche Rolle der Krebs auch spielen mag – und oft spielt er beide gleichzeitig –, immer zeigt er sein Verlangen nach Zuneigung und Bestätigung. Wenn man von Natur aus kühl, selbstgenügsam und unwillig ist, Gefühle zu zeigen, muß man sich vom Krebs fernhalten. Wer ein warmes Herz hat und sich vorstellen kann, wie das Leben für diesen abwechselnd zerbrechlichen und zähen Träumer aussieht, kann eine lohnende Überraschung erleben. Denn der Krebs bringt in jede Beziehung ein großes und ganz besonderes Geschenk ein: sein tiefes, instinktives Wissen um die menschliche Natur und den menschlichen Schmerz. Und das findet man heutzutage nur selten.

Der Krebs-Mann

Die größte Stärke und die größte Schwäche des Krebs-Mannes ist, daß seine Liebesbeziehung von der Beziehung zu seiner Mutter belastet wird. Dieser Mann hat eine enge Mutterbindung, in Liebe oder auch in Haß, oft in beidem.

Die vereinfachende Formel, alle Krebs-Männer wären auf die Mutter fixiert, kommt der Wahrheit sehr nahe. Er kann entweder die Mutter selbst verkörpern, oder er sucht sein Leben lang nach der Mutter.

Der Krebs ist ein Zeichen des Gefühls, tiefer innerer Nöte und oft auch der Abhängigkeit. Er klammert sich an. Er will nicht allein sein. In der Kindheit ist der Angelpunkt all seiner Wünsche die Mutter. Einmal erwachsen, suchen die Krebs-Männer immer weiter nach der behütenden, beschützenden Frau, die alles vergibt, alles versteht, für sie sorgt und sie beschützt. Leider aber verbindet sich der Krebs, der ein weibliches Zeichen ist, schlecht mit der männlichen Psyche. In jedem Mann ruht, tief in seinem Unbewußten verborgen, der Mythos des Helden. Wie aber kann ein Held immer zu seiner Mama rennen und Trost und Verständnis suchen? Die Mutter-Sohn-Bindung ist eins der schwierigsten Dinge, mit der ein Mann im Leben kämpfen muß. Wenn er diesem Problem ausweicht – wozu viele Krebs-Männer neigen –, werden seine persönlichen Bindungen darunter zu leiden haben.

Zu diesem Thema gibt es Verhaltensmuster, die in Krebs-Ehen häufig zu sehen sind. Im allgemeinen heiraten Krebs-Männer jung. Allerdings nur dann, wenn sie die Mutter nicht hassen. Die Mutter-Hasser nämlich heiraten meist sehr spät, wenn überhaupt. Natürlich wissen sie nicht, daß sie ihre Mütter hassen. Sie fürchten sich vor Frauen – darum gehen sie keine Bindung ein. Doch ist dies eine gestörte Krebsart, ein Krebs, der vor der eigenen seelischen Abhängigkeit flieht. Es gibt eine ganze Menge von ihnen, mit extradicken Schalen ausgerüstet, die den Blick auf die verwundbare Person darunter verwehren. Wenn man genauer nachsehen will, schnappen die Scheren zu.

Der offene Krebs-Mann wird also mit etwa fünfundzwanzig eine Familie haben. Wegen seiner Sanftmut ist er ein hervorragender Vater, wenn er nicht eifersüchtig auf das Bemutterwerden seiner eigenen Kinder reagiert. Später aber, in den Dreißigern, vielleicht noch in den Vierzigern kann sich die vom Krebs gewählte Lebensform drastisch ändern. Gewöhnlich wird er von einer starken Frau angezogen, einer jener tüchtigen, oft intellektuellen Frauen, die offen oder versteckt mit all ihrer seelischen Kraft die Beziehung tragen müssen. Seine Launen, seine Sprunghaftigkeit, seine Zanksucht und seine Ängste müssen verstanden und gehätschelt werden. Aber für jeden Jungen ist es natürlich, daß er sich gegen die Mutter wehrt. Das gehört zum Erwachsenwerden, und das muß der Krebs schließlich auch, denn er ist ein Mann. Man kann sich leicht vorstellen, was nun geschieht. Wer wird von ihm getreten? Natürlich die Ersatzmutter. Und das ist unerfreulich.

Obwohl der Krebs kein Zeichen ist, das rasch zur Scheidung neigt – Ehe ist schließlich eine Form von Sicherheit –, können Krebs-Männer von einer Affäre in die nächste wandern. Sie kommen immer wieder zurück. Die Frage ist nur, ob sie dann noch erwünscht sind.

Dieses Zeichen birgt für einen Mann viele Konfliktsituationen. Einmal passen die Feinfühligkeit und die Phantasie schlecht zu den Macho-Erwartungen, die die Gesellschaft an Männer stellt. Für einen launenhaften, empfindsamen, introvertierten, phantasievollen Mann ist es schwer, ganz er selbst zu sein. Er muß lernen, sich zu tarnen. Die beiden häufigsten Tarnungen für den Krebs sind seine harte Schale oder ein freundliches, extravertiertes Äußeres. Aber dafür muß sein innerer Mensch einen hohen Preis zahlen.

Der Krebs-Mann wird nie ein bequemer Geliebter oder Ehemann sein. Er ist zu komplex und paßt nicht zu dem stereotypen Bild von der Maskulinität, das unserer Gesellschaft eingeprägt worden ist. Außerdem ist er zu ausweichend und indirekt. Je größer sein Gefühl oder sein Problem ist, desto wahrscheinlicher wird er nichts darüber verlauten lassen. Er kann mürrisch und zänkisch und im nächsten Augenblick schon überströmend gefühlvoll und herzlich sein. Wichtig daran ist: Er hat Gefühle, und er ist lebendig. Da er praktisch auf alles neugierig ist, wird er selten starr intellektuell reagieren, sondern viel eher alles, was ihn interessiert, in seinem ungewöhnlich wachen Gedächtnis horten und herausholen, wenn es gilt, eine Anekdote zu erzählen oder einen bestimmten Punkt zu erhellen.

Die schönste Eigenschaft des Krebs-Mannes aber bleibt seine Zärtlichkeit und Sanftheit. Wenn man ihm vertraut, wird man damit reich beschenkt.

Die Krebs-Frau

Es gibt zwei Typen von Krebs-Frauen: die Mütter und die ewigen Kinder. Oft überschneidet sich das, und man findet beides in einer Frau. Der Krebs kann für das Sinnbild des Weiblichen stehen – launenhaft, unlogisch, zugleich liebevoll und grausam, undeutbar, sanft, weich, fähig zu überraschender Rücksichtslosigkeit und immer rätselhaft und voller Geheimnisse.

Die Krebs-Frau, die für sich die Rolle der Mutter wählt, hat die große Begabung, ein Heim zu schaffen, für eine warme, liebevolle Atmosphäre zu sorgen und sanft alle kleinen seelischen und physischen Verletzungen auszuheilen, die ihre geliebten Menschen erleiden. Aber auch diese Frau hat mehrere Gesichter. Ihr häusliches Gesicht heilt, hegt und hilft. Ihr dunkles Gesicht ist wild und ungezähmt. Die Krebs-Frau verbirgt in sich geheime Tiefen emotionaler Stürme und ein eigenartiges matriarchalisches Bewußtsein. Bei manchen dieser Frauen zeigt sich ihr archaisches Wesen dadurch, daß sie in Männern nur das Mittel sehen, um Kinder zu haben. Für diese Art Krebs-Frauen sind Männer im wesentlichen Kinder, die verhätschelt und geliebt werden und die einen schwanger machen.

Eine Beziehung zu einer solchen Frau ist zugleich beängstigend und herausfordernd. Sie ist beängstigend, weil sie einen Mann kastrieren kann. Wenn man immer wie ein Junge behandelt wird, bleibt man einer; und wenn man vorher keiner war, wird man einer werden. Als Herausforderung der eigenen Maskulinität empfunden, kann es hingegen zu einer wunderbaren, dynamischen, leidenschaftlichen und immer anregenden Liebesbeziehung führen. Viele Krebs-Frauen sind gerade wegen dieses dunklen

Aspekts ihres Zeichens ganz besonders faszinierend. Er lockt, fesselt, zieht an und stößt ab. Ein sicheres und gezähmtes Zeichen ist es nicht.

Auch die Krebs-Frau muß schöpferisch sein. Meist drückt sie dieses Kreativitätsbedürfnis durch das Gebären von Kindern aus. Aber in den mittleren Jahren, wenn die Kinder erwachsen und selbständig werden, erleiden viele weibliche Krebse eine schwere Identitätskrise, die zur größten Herausforderung wird, vor die sich die Krebs-Frau gestellt sehen kann. In gewisser Weise beginnt ihr richtiges Leben erst in dieser Phase. Die erste Lebenshälfte ist ausgefüllt mit dem Heim, der Familie, dem natürlichen, richtigen und instinktiven Ausdruck des Femininen und der Kreativität des Zeichens. Später aber muß die Welt weiter und die Familie größer werden. Die Kreativität muß auf eine andere als die rein biologische Ebene gehoben werden – vielleicht sind aus diesem Grund viele Krebs-Frauen in den mittleren Jahren so ausgezeichnete Malerinnen, Schriftstellerinnen und Schauspielerinnen. Die ganze Spannweite der Krebs-Frau entfaltet sich erst richtig, wenn sie die Mitte der Dreißiger überschritten hat – ein Zeichen der langsamen Entwicklung. Krebse sind nicht für Rennen gemacht. Die Krebs-Frau, die oft mehr einer Auster als dem Schalentier gleicht, braucht ein halbes Leben, bis die Perle in ihr gewachsen ist – ihre Lebensweisheit und ihre tiefe Liebe zu den Menschen und zum Leben.

Der Skorpion

Ergründer der Wahrheit

Der Skorpion ist zweifellos das verwirrendste und vielleicht auch am wenigsten verstandene aller Tierkreiszeichen. Die Skorpione selbst tragen wenig zur Lösung des Rätsels bei, weil es ihnen gefällt, sich rätselhaft und geheimnisvoll zu geben, sobald sie sich in irgendeiner Situation unsicher fühlen und erst die Strömungen erforschen müssen.

Als Wasserzeichen ist der Skorpion sehr stark mit der Gefühlswelt verbunden. Ungeachtet seiner üblichen guten Tarnung – und der Skorpion kann sich besser tarnen als jedes andere Zeichen – hat er tiefe Gefühle, ist sehr sensitiv und wird leicht von den emotionellen Strömungen in ihm und um ihn beeinflußt. Seine Antennen für die Gefühle anderer sind sehr ausgeprägt. Er ist leicht verletzlich, aber sympathisch und mitfühlend, oft unendlich einsam und von einem geradezu gierigen Verlangen nach Beziehungen getrieben. Das Etikett des Einzelgängers wird ihm zu Unrecht angehängt. Seinem Wesen nach ist der Skorpion kein Einzelgänger, sondern genau das Gegenteil. Er sehnt sich nach einer wirklich tiefen, sehr engen Bindung, ist aber sehr wählerisch darin, wen er in seine Psyche einläßt, weil er eben so ungeheuer feinfühlig reagiert. Außerdem traut er den Menschen allgemein nicht so recht über den Weg.

Der Skorpion würde dieses Mißtrauen «realistische Vorsicht»

nennen. Wie alle Wasserzeichen macht sich auch der Skorpion keine Illusionen darüber, daß nicht alles Gold ist, was glänzt. Er erfaßt mit einer Art sechstem Sinn, was andere, oft ohne es selber zu wissen, gern verbergen möchten. Dadurch wird natürlich alles noch viel komplizierter. Denn es ist ein ziemlich beunruhigendes Gefühl, wenn ein anderer mehr über einen weiß als man selbst. Von der frühen Kindheit an durchschaut der Skorpion jede Heuchelei und jeden Schwindel. Er nimmt Strömungen instinktiv auf, ist aber häufig nicht in der Lage, diese Wahrnehmungen auch zu formulieren. Er reagiert einfach ganz spontan von innen heraus auf Menschen. Und man kann sicher sein, daß er recht hat, wenn er irgendwo Schwefel riecht. Der Ärger ist nur, daß er fast überall Schwefel riecht.

Das liegt daran, daß der Skorpion eins der beunruhigendsten Geheimnisse der menschlichen Natur kennt: die dunkle Seite, die jeder Mensch in sich hat. Der Skorpion kann sich keine romantischen Illusionen leisten, weil er zu genau weiß, daß der Mensch bei allem Edelmut und aller Größe immer noch ein Tier ist, und zwar kein besonders angenehmes. Prinzipien sind was Feines, aber das Leben ist nicht so. Kein Wunder, daß der Skorpion oft sehr zynisch wirkt. Aber wie sollte er anders sein, wo er ständig unfreiwillig den häßlichen Anblick von jedermanns und der eigenen schmutzigen Wäsche aufgedrängt bekommt?

Eins der größten Lebensprobleme des Skorpions ist, daß er Toleranz lernen muß. Mitgefühl besitzt er ausreichend, obwohl er, wenn es nötig ist, rücksichtslos sein wird. Im Gegensatz zu seinen Fische- und Krebs-Gefährten läßt er sich sehr wenig von einer traurigen Geschichte rühren, wenn der Erzähler keinen Versuch gemacht hat, sich erst mal selbst zu helfen. Denn trotz allen Mitgefühls ist der Skorpion gegen Schwäche unduldsam. Auf Leiden reagiert er, und bei Schmerzen und Einsamkeit ist er voll tiefen Mitleids. Viele Skorpione wählen helfende Berufe. Sie werden Ärzte oder Psychologen, eben weil sie die Schmerzen anderer mitleiden und denen beistehen wollen, die in ihrer eigenen Dunkelheit gefangen sind. Aber Faulheit und Schwäche kann der Skorpion nicht ertragen. Er hat die Einstellung, daß man an jeder Schwierigkeit etwas ändern und aus jedem Leben etwas machen kann, wenn man nur will. Wenn er am Ende seines Lebens steht, hat er meist das Geheimnis entdeckt, wie er dieses Prinzip auf sich selbst anwenden kann. Warum sollen andere es also nicht auch fertigbringen? Ihm entgeht nur, daß die Menschen verschieden sind und nicht jeder seine Fähigkeit zu rücksichtsloser Selbstdisziplin besitzt. Und auch die Lebenswege der Menschen sind verschieden. Der berühmte luziferische Stolz des Skorpions hindert ihn an der Erkenntnis, daß es manchmal nötig, ja sogar mutig ist nachzugeben.

Es fällt dem Skorpion überaus schwer, die Selbstbeherrschung preiszugeben. Es kann sich dabei um das Unterdrücken spontaner Gefühlsäußerungen handeln, aber auch um die Beherrschung anderer Menschen gehen oder gar des Lebens selbst. Und das wird bei den engen Beziehungen des Skorpions zu einem Problem. Dann findet man den Übermanipulator, der die Marionetten tanzen läßt, um die Welt in Ordnung zu halten.

Die Mixtur von Einsicht und ungeheurer Feinfühligkeit, wildem Stolz, Entschlossenheit, sich einen eigenen Pfad durchs Leben zu schlagen, und generellem Mißtrauen gegen die Beweggründe anderer ergibt nicht gerade das, was man als einen «umgänglichen» Menschen bezeichnen könnte. Manchmal kommt dabei ein faszinierendes, brodelndes Elixier heraus, das schwer zu verkraften ist. Manchmal aber entsteht aus der Mischung ein Paranoiker, wie er im Buch steht.

Häufig wird gesagt, wegen seiner großen Willenskraft, Geduld, Beständigkeit und Einsicht könne der Skorpion alles erreichen, was er sich in den Kopf gesetzt habe. Generell stimmt das. Wenn er einmal den Entschluß zu etwas gefaßt hat, ist er nur schwer zu schlagen. Als emotionales Zeichen hat der Skorpion zu allem, was er tut, eine gefühlsmäßige Beziehung. Ob es darum geht, der Führer einer Nation zu werden, oder nur darum, eine Glühbirne auszuwechseln, wenn es ihn interessiert, geht er nichts lauwarm an. Herz und Seele und Körper sind beteiligt. Wenn man mit seinen Gefühlen wirklich an etwas hängt, muß man eben alle Talente und Kräfte einsetzen. Mit dieser Einstellung kann man mühelos Berge versetzen. Sein Scharfblick ermöglicht es dem Skorpion, Hindernissen auszuweichen und all die zu überspielen oder, falls nötig, niederzuknüppeln, die sich ihm in den Weg stellen, ehe überhaupt jemand merkt, daß es zu einer Auseinandersetzung kommen könnte.

Mit großer Selbstbeherrschung kann dieses fixierte Zeichen unter Umständen Jahre warten, bis es sein Ziel erreicht, und übersieht dabei nichts und vergißt nichts. Ein bemerkenswertes Erfolgsrezept!

Dabei ist es normalerweise gar nicht der Erfolg, der den Skorpion motiviert. Es gibt Skorpione, die in ihrem Gefühlsleben frustriert sind und darum absolute Macht anstreben. Doch ist dies eine pathologische Ausdrucksform des Zeichens, nicht eine echte. Jeder Mensch, der lange genug gequält wird, sucht nach Macht, um kompensieren zu können. Der wirkliche Schlüssel zu der großen Entschlossenheit des Skorpions, etwas aus sich zu machen, liegt tief in seiner eigenen geheimnisvollen Seele. Sein Herz ist ein Schlachtfeld, denn die maskulinen und femininen Elemente in ihm bekriegen sich ständig und zwingen ihn, tiefer in seine Beweggründe einzutauchen, als es unsere extravertierte Gesellschaft für gesund hält. Er hat die ganze feminine Sensitivität der Wasserzeichen, wird aber von *Mars,* dem Gott des Krieges, und *Pluto,* dem Herrscher der Unterwelt, regiert. Immer wieder wurde dem Skorpion vorgeworfen, daß seine grüblerische Selbstbeobachtung neurotisch oder egoistisch sei. Er selbst aber sieht das anders. Und damit hat er vermutlich recht, zumindest, soweit es um seinen eigenen Weg geht. Für ihn ist es kein neurotisches Grübeln, sondern der Versuch, die Wahrheit über sich und das Leben zu entdecken. An der Oberfläche zu bleiben, empfindet der Skorpion als beleidigend. Oberflächlichkeit verabscheut er fast ebensosehr wie Charakterschwäche. Er muß verstehen, warum er so fühlt, wie er fühlt, und so handelt, wie er handelt, und warum andere anders handeln und anders fühlen. Er taucht in Tiefen, vor denen alle anderen Zeichen ängstlich ans Ufer zurückweichen würden, und erforscht sie. Der Skorpion muß sich selbst verstehen können und mit den widersprüchlichen Kräften seiner Natur, die ihm keinen Frieden geben, wenigstens einen Waffenstillstand schließen.

Jeder Skorpion trägt irgendeine Wunde, ein seelisches oder sexuelles Problem, einen Konflikt oder eine Enttäuschung mit sich herum, die nicht heilen, sosehr er sich auch darum bemüht. Meistens ist es ein selbstgeschaffenes Problem. Er hat einfach den Hang, Krisen heraufzubeschwören und dann dramatisch gegen den Feind anzukämpfen. Der Skorpion hat eine ausgeprägte theatralische Ader, und sie ist das Geheimnis seiner Tendenz zur Selbstzerstörung. Darum verletzt er sich selbst und stachelt sich mit etwas auf, das er nicht überwinden kann. Das spornt ihn an, in seinem Inneren etwas zu vollbringen, das ihm am Ende viel wichtiger ist als alle äußeren Errungenschaften.

Der Skorpion würde sich eher selbst zerstören oder mit eigener Hand in Brand setzen – buchstäblich wie psychologisch –, als sich dem Ultimatum oder der Herrschaft eines anderen zu unterwerfen. Wenn der Skorpion aber einmal sein Haupt neigt, dann hat er auch eine der wichtigsten Lehren in seinem Leben gelernt. Viel eher aber wird er dieses Neigen des Hauptes nur vorspielen und später hochkarätig heimzahlen. Meistens wird er sich am Ende nur dem unterwerfen, was er als seine Gottheit begreift. Und dieses rätselvolle Wesen hat überaus merkwürdige Gottheiten.

Ein Skorpion, der apathisch und nach außen hin unterwürfig scheint, ist innerlich mit Sicherheit von wütendem Groll und von Eifersucht zerfressen. Sehr oft weiß er das selbst nicht. Dann erlebt man die schlimmste Art der Zerstörung, bei der es zu diesen «glücklichen» Familien kommt, in denen die Frau in aller Stille die Maskulinität ihres Mannes sabotiert und den Kindern aus Rache für ihr ungelebtes Leben Schuldgefühle einimpft. Unterdrückte skorpionische Wut ist etwas sehr, sehr Unangenehmes. Jeder Skorpion hat jedoch den Mut, sich dem zu stellen, was in ihm ist, und es umzuwandeln.

Der Skorpion weiß um die Saat des Guten und des Bösen, die alle Menschen in sich tragen. Das Böse ist nichts Abstraktes oder die Schuld eines anderen; es ist in jedem vorhanden. Menschliche Brutalität kann nicht der Gesellschaft zur Last gelegt werden, sondern letztlich immer nur dem einzelnen Menschen.

Die Schattenseiten

Was läßt sich über die Schattenseite des Skorpions sagen, der doch die dunkle Seite seines Wesens selbst sehr genau kennt? Er ist ein Wasserzeichen: voller Gefühl und subjektiv in der Art, wie er sich dem Leben und den Menschen stellt. Er hat den Mut, sich vielen Dingen zu stellen, aber meistens gehören sie auf die Gefühlsebene. Was er weniger gut erträgt, ist die Konfrontation mit dem Ausmaß, in dem seine Reaktionen von seinen Meinungen beherrscht werden. Wasserzeichen neigen zur Voreingenommenheit, weil sie sich häufig der eigenen Denkprozesse nicht bewußt sind. Subjektiv angelegt und mit ihren eigenen Wertvorstellungen befaßt, ist es schwer für sie, die Dinge klar, fair und aus der Vogelschau zu sehen. Davon ist der Skorpion ganz besonders betroffen. Seine Anschauungen über das Leben und die Menschen können fanatisch sein. Und dieser Fanatismus kann ihn am falschen Ort und zur falschen Zeit dazu bringen, aus Voreingenommenheit oder aus einer verzerrten Beurteilung heraus sehr unerfreuliche Handlungen zu begehen.

Er kann dadurch Ehe, Liebesbeziehung und Familie zerstören. Es genügt nicht, den Skorpion einfach als eifersüchtiges Zeichen abzustempeln. Es gibt viele Arten der Eifersucht. Alle Wasserzeichen sind besitzgierig. Sie brauchen enge Bindungen und fürchten das Alleinsein. Aber die pathologische Eifersucht des Skorpions ist nicht nur die Angst, einen geliebten Menschen zu verlieren. Bei ihm wird unter der Oberfläche dann eine ziemlich bittere Lebensanschauung sichtbar, ein finsterer Glaube an die fundamentale Schlechtigkeit eines jeden Menschen. Die Schattenseite des Skorpions ist sein in starre Meinungen gezwängter Negativismus, der unter der Oberfläche lauert und ihn oft ausgerechnet in den Augenblicken quält, in denen er am glücklichsten sein sollte.

Es braucht lange, bis der Skorpion zu vertrauen und zu vergeben lernt. Meistens hat er Mißtrauen schon in jungen Jahren gelernt, hat die dunklen Schatten hinter seinen Eltern, hinter der religiösen Lehre und hinter seiner Erziehung gesehen.

In seinen klassischen psychologischen Mustern ist nicht das Nachtragen oder die Rachsucht das eigentliche Problem. Schlecht beim Skorpion ist, daß er den anderen praktisch keine Chance gibt. Seine Meinung steht schon fest, ist vorfabriziert wie eine Fertigmahlzeit, wird geäußert und dem Beleidiger angehängt, gleichgültig, ob sie stimmt oder nicht, und ohne daß der Skorpion die Fakten überhaupt kennt. Wasserzeichen halten nicht viel von Fakten. Fakten verwirren sie, denn den Wasserzeichen geht es um das Gefühl und nicht um das, was wirklich geschehen ist. Die Schattenseite des Skorpions ignoriert den Standpunkt des anderen völlig.

Damit zu leben ist schwer. Spuren davon findet man nicht nur bei Einzelmenschen, sondern auch bei religiösen und politischen Ideologien. Der Skorpion ist ein Zeichen großer Macht – im Guten und im Bösen. Kein Skorpion, wie unscheinbar er äußerlich auch wirken mag, ist ohne Einfluß auf die Menschen seiner engsten Umgebung.

Der Skorpion als Partner

Was auch immer über die berühmte Sinnlichkeit und die erotischen Neigungen des Skorpions geschrieben worden ist, es trifft nicht zu. Leidenschaft besitzt der Skorpion im Überfluß, aber diese Leidenschaft muß nicht unbedingt die üblichen Wege einschlagen. Die Sexualität ist für den Skorpion eher eine Gefühlsangelegenheit – ein Symbol, ein Weg zu einer anderen Art von Erfahrung. Sie ist nicht allein physisch. Der Stier ist das Zeichen der rein irdischen Sinnlichkeit, nicht aber der Skorpion. Viele Skorpione haben ein tiefes mystisches Gefühl beim Sex, und Sex und Liebe sind mit der Sehnsucht nach einer Erfahrung verbunden, die die normale Beziehung ihnen nicht geben kann: eine mystische Erfahrung, ein Ausloten der Tiefe, Unterwerfung. Jedenfalls hat sie weniger mit dem Körper als mit der Seele zu tun.

Es wäre besser, den Skorpion erotisch statt sinnlich zu nennen. Wer diesen Unterschied kennt, erkennt auch die Sexualität des Skorpions. Manchmal gibt es dunklere Unterströmungen – eine Spur Grausamkeit, einen Hauch von Masochismus, einige Phantasien über Dinge, von denen unsere Großmütter behaupteten, es gäbe sie nicht. Der Skorpion wird sich nur zu gern auf Experimente einlassen – vorausgesetzt, sie sind erotisch und nicht mechanisch. Einschlägige Zeitschriften mit «Bastelanweisungen» langweilen ihn.

Weil der Skorpion ein fixiertes Zeichen ist, neigt er zu dauerhafter Liebe und Treue. Das kann bis zur Selbstaufopferung gehen. Derselbe Fanatismus, den man manchmal in seinen religiösen und politischen Ansichten erkennt, kann sich auch auf seine Beziehungen erstrecken. Auf der negativen Seite kann seine Fixierung sich leicht zu absoluter Beherrschung versteigen. Ob negativ oder positiv, lauwarm ist ein Skorpion-Partner niemals. Falls er liebt! Wenn er nicht liebt und das magische Tor zu den Höhen (oder Tiefen) ihm nicht sichtbar ist, steht man plötzlich der Kälte gegenüber, die alle Wasserzeichen ausstrahlen, wenn sie gefühlsmäßig nicht gebunden sind.

Das größte Problem des liebenden Skorpions – ob männlich oder weiblich – ist, daß er der Beherrschende sein muß. Darin inbegriffen ist die berühmte Eifersucht ebenso wie die tiefe, beständige Liebe. Er muß zu jeder Zeit das Spiel in der Hand haben. Manchmal zeigt sich das auf reichlich häßliche Art. Zum Beispiel ist er zu stolz, sich zu entschuldigen, wenn er etwas besonders Dummes gemacht hat, weil das hieße, daß der andere ihm überlegen ist. Oder er sucht nach kleinen boshaften Methoden, den Partner zu prüfen, so daß dieser immer das Gefühl haben muß, er könnte ausgebootet werden. Paradoxerweise achtet der Skorpion jedoch keinen, der sich nicht gegen ihn wehrt. Das wäre ja Schwäche. So ist man also immer in der Klemme. Er muß siegen, aber es ist ihm unangenehm, wenn der andere sich nicht wehrt. In Beziehungen mit einem Skorpion kommt es häufig zu Auseinandersetzungen. Allerdings nur, wenn es sich nicht um einen jener unterdrückten Skorpione handelt, bei denen innerlich alles wie in einem Vulkan brodelt, die aber nichts anderes sehen lassen als gelegentlich ein kleines Rauchwölkchen über dem Krater. Vor ihnen muß man sich hüten!

Krisen und plötzliche Ausbrüche sind in Skorpion-Partnerschaften keine Seltenheit. Unversöhnliche Abneigung und daß für jede Beleidigung, egal ob sie echt oder eingebildet ist, teuer bezahlt werden muß, sind andere unerfreuliche Zugaben. Wie aber sieht es mit den Vorteilen aus?

Die sehr kostbare Gabe des Skorpion-Liebhabers ist, daß er seinen Partner wirklich versteht. Weil ihm so wenig entgeht, wird er in kürzester Zeit sehr genau über ihn Bescheid wissen. Menschen, die diese Art von Offenheit nicht schätzen, kann man nur raten, sich ein anderes Zeichen zu suchen. Wenn aber eine Beziehung mehr sein soll als gemeinsame Besuche einer Diskothek, dann sollte man es mit einem Skorpion versuchen. Wenn er eine Beziehung eingeht – falls es eine Beziehung und nicht ein Experiment für eine Nacht wird –, sind seine Gefühle tief. Er erkennt die Wünsche des anderen und wird alles ihm mögliche tun, um sie zu erfüllen. Alle Wasserzeichen blühen und gedeihen, wenn sie gebraucht werden, und der Skorpion ist keine Ausnahme.

Manchem mag es nicht gefallen, daß der Skorpion derartig viel über ihn weiß. Aber das Auf-den-Grund-Gehen gehört nun mal zum Skorpion. Man kann von diesem Zeichen nicht erwarten, daß es sich mit Oberflächlichem abgibt. Er selbst mag seine Geheimnisse behalten, dem Partner jedoch wird er nicht erlauben, die seinen zu bewahren. Der Skorpion ist nicht darüber erhaben, die Telefonnummern im Notizbuch eines anderen zu prüfen, während der in der Badewanne sitzt, und die Rechnungen in seiner Brieftasche sieht er auch nach. Das tun übrigens Skorpion-Männer und Skorpion-Frauen. Aber der primitive Anspruch: «Du gehörst mir mit Haut und Haaren», kann auch etwas ungeheuer Schmeichelhaftes an sich haben. Und eins weiß man ganz sicher: Die Beziehung ist dem Skorpion ungeheuer wichtig. Der Beruf, Verwandte, Freunde kommen nie zuerst. Und es spricht für einen Menschen, wenn er die Partnerschaft als vorrangig und wichtig ansieht und nicht als etwas, das man aufs Regal legt, während man mit etwas anderem beschäftigt ist.

Für den Skorpion ist Besitzenwollen so natürlich wie das Atmen. Seine Gefühle sind intensiv. So ist er einfach gebaut. Er läßt nicht leicht los. Wenn er nicht absichtlich seine Gefühle verhärtet hat, weil er sich vor einer zu engen Bindung fürchtet, wird man ihn nicht bei vielen Seitensprüngen ertappen. Ein Skorpion mit vielen Affären ist mit Sicherheit einer, der vor der eigenen Fähigkeit zu tiefen Gefühlen davonläuft, weil er Angst hat, es könnte wehtun.

Der Skorpion mißt gern mit zweierlei Maß. Was er sich herausnimmt, wird er beim andern nicht dulden. Viele Skorpione glauben mit aller starren Überzeugtheit, deren sie fähig sind, daß sie sehr wohl das Recht zu Flirts oder Affären haben – der Partner aber nicht. «Das ist etwas anderes», sagen sie fröhlich. Und es geht dabei gar nicht um männlichen Chauvinismus; auch Skorpion-Frauen sagen das. Wer Gleichberechtigung will, muß seinen Skorpion erziehen. Das bedeutet, sich gut gepanzert auf fürchterliche Kräche, viele Tränen, sehr schlechtgewählte Worte und eine ganze Menge Wunden einzustellen – und auf eine geringe Chance, am Ende auf Verständnis zu treffen. Lohnt sich das alles? Es lohnt sich. Aus vielen Gründen. Er ist außergewöhnlich. Er ist er selbst. Er ist sich treu. Natürlich ist er manchmal unerträglich. Aber er ist einmalig. Man kann ihn achten. In vielen Menschen, auch wenn sie sich noch so beschweren, erweckt die leidenschaftliche Individualität des Skorpions Achtung – und oft auch Liebe.

Niemand durchlebt eine Beziehung mit einem Skorpion, ohne sich zu verändern. Aber er wird sich am Ende besser kennen; er wird zwar einige Narben davongetragen haben, aber das Leben mit tieferer Einsicht betrachten. Faires Spiel, leichte Gefühle und strahlendes Licht sind von ihm nicht zu erwarten. Aber zu allen Zeiten haben sehr weise Menschen gesagt, daß das Leben aus Licht *und* Schatten besteht und nur Narren das nicht wahrhaben wollen. Und ein Narr ist der Skorpion ganz sicher nicht.

Die große Stärke, der Mut und die seelischen Bedürfnisse des Skorpion-Mannes sind denen der Fische und des Krebses sehr ähnlich. Zuneigung, Anerkennung, Sicherheit, Liebe und Freundschaft braucht er im Überfluß. Aber ohne Kritiksucht. Kälte kann der Skorpion nicht ertragen. Er ist ein sehr empfindliches Wesen. Seine nonchalante Unbeteiligtheit ist nur eine Maske. Kein Skorpion wird zu erkennen geben, daß er verletzt ist oder sich vernachlässigt fühlt. Das muß man erspüren. Als wäßriges, weibliches und verwundbares Zeichen hat der Skorpion starke Elemente des anderen Geschlechts in sich. Die Launenhaftigkeit, die Betonung der Gefühle, die starke Erotik und die Subjektivität sind typische Züge der weiblichen Seite des Skorpions. Auch das Besitzenwollen gehört hierzu. Manche Skorpion-Männer empfinden es als ausgesprochen peinlich, so gefühlsbezogen zu sein. Sie werden darum zu den harten, rücksichtslosen und ehrgeizigen Bilderbuch-Skorpionen und sind nur schwer wieder zu entkrampfen.

Leicht ist es nicht, mit diesem Mann zusammenzuleben. Eine klare Antwort auf Fragen wie: «Liebst du mich?», bekommt man nicht. Dafür aber im unerwünschtesten Augenblick eine tiefschürfende Analyse über die Motive eines Flirts mit Herrn XY auf der letzten Party und daß der nur von sexueller Unzulänglichkeit und von einer Zurückweisung durch den Vater herrühren kann. Wenn er will, kann der Skorpion sehr tief verwunden, und dann siegt bei ihm Ehrlichkeit über jedes Mitleid. Da erhält man genau die klare Antwort, die man nicht gern hören wollte – besonders dann nicht, wenn er zerstörerisch wird und beschließt, sich für eine Verletzung zu rächen, die ihm der Partner beigebracht hat, ohne es überhaupt zu ahnen. Das wird er natürlich nicht sagen und auch nicht entschuldigen.

Um mit diesem Mann leben zu können, muß man ihn verstehen, und um ihn zu verstehen, muß man ihn gernhaben. Und ihn achten – für das, was er ist, was ihn antreibt, was seine Einsamkeit ausmacht, was seine Gefühlstiefe ihm in einer Gesellschaft antut, in der Männer keine Gefühle zeigen sollen, und was seine Empfindsamkeit in einer Welt bedeutet, die so etwas nicht schätzt. Wer ihn nicht wirklich gernhaben kann, läßt ihn besser allein; denn er wird sich nie und nimmer von jemand ändern lassen. Ein Skorpion kann sich nur selbst ändern. Und wenn man ihn darum bittet, wird er wahrscheinlich genau das Gegenteil tun.

Sie müssen schon etwas einstecken können und nicht nur vorgeben, es zu können. Dies ist kein Mann für sehr unabhängige Frauen, die das laut kundtun. Andererseits aber erkennt er Stärke an; und wenn man seinen Stolz berücksichtigt, der ihm nicht erlaubt, Fehler einzugestehen oder eine Schlacht zu verlieren, gibt es keinen ergebeneren, mitfühlenderen, einsichtsvolleren oder sanfteren Liebhaber. Man zeige einem Skorpion, daß man leidet, und er wird alles für einen tun. Wenn man aber arrogant ist, ihn gleichgültig behandelt oder ihn angreift, wird man nichts von ihm haben – außer seiner Unfreundlichkeit, und die kann schlimm sein. Er läßt auch nicht mit sich spielen. Ein Skorpion, der glaubt, daß man sich über ihn lustig macht, kann ungeheuer schwierig werden. Sein Stolz läßt so etwas nicht zu.

Eifersüchtig wird er immer bleiben. Auch seine Vorstellung, daß er Vorrechte hat, wird er nicht aufgeben. Er darf flirten, kann Affären haben, darf alles, was er will – aber der andere nicht, denn der gehört ihm. Wer neben ihm Affären haben will, muß extrem diskret sein, denn diesem Mann fällt es schwer, einen Treuebruch zu verzeihen. Schlimmeres kann man ihm nicht antun.

Die Skorpion-Frau

Für die Skorpion-Frau gibt es zwei Schlüsselworte: Tiefe – was bedeutet, daß sie ein subtiles, komplexes und niemals augenfälliges Temperament hat; und Willenskraft – was bedeutet, daß diese Frau sich nichts und niemandem unterwirft, es sei denn vorübergehend, um ein Ziel zu erreichen. Dazu kommen Besitzgier, Intensität, Stolz und Treue. Ein Skorpion ist weder leicht zu verstehen, noch ist es leicht, mit ihm zu leben.

Der Skorpion betrachtet das Leben niemals aus einem oberflächlichen Blickwinkel. Es ist fast unmöglich für eine Skorpion-Frau, etwas rein nach dem Äußeren zu akzeptieren. Das kann von der Karikatur einer Skorpion-Frau reichen, die beim «Guten Morgen» des Nachbarn darüber nachdenkt, was er damit genau gemeint hat, bis zum tiefsten Bedürfnis, sich und die Menschen ihrer Umgebung zu verstehen. Diese Frau erwartet von einer Beziehung mehr als nur oberflächliche Beweise. Liebe ist für die Skorpion-Frau mehr als eine Demonstration der Zuneigung, der Sicherheit, der sexuellen Befriedigung oder der intellektuellen Übereinstimmung. Sie ist ein Band, das – wie sie hofft – die Seele berührt und keine Geheimnisse duldet. Keine Geheimnisse bedeutet hier nicht eine oberflächliche Auslegung wie etwa: «Wo warst du am Donnerstagnachmittag um fünf?», sondern daß sie charakterliche Ehrlichkeit erwartet. Die Skorpion-Frau hat als Wasserzeichen viel Mitgefühl, das gewöhnlich von ihrer Neigung, sich selbst zu quälen, herrührt. Von allen Sternzeichen-Frauen ist sie am besten geeignet, menschliche Schwächen und menschliche Schattenseiten zu verstehen und zu akzeptieren. Sie fürchtet sich nicht vor innerer und äußerer Häßlichkeit, weil Licht und Schatten das Leben für den Skorpion interessant machen. Was sie nicht ertragen kann, ist Scheinheiligkeit, sind Menschen, die vorgeben, etwas zu sein, was sie nicht sind. Wer ohne Masken und Requisiten nicht auskommt, halte sich von dieser Frau fern, denn ihre Röntgenaugen durchschauen alles; und es wird nicht beim Durchschauen bleiben. Der Skorpion hat eine starke Neigung, andere Menschen umzuformen, und die Skorpion-Frau wird das oft bewußt oder unbewußt tun – besonders dann, wenn der andere viel zu verbergen hat.

Leider ist es das Pech dieser Frau, daß es auf dieser Erde so viele Männer gibt, die die Idee, ehrlich ihre Gefühle zu zeigen oder geradeheraus ihre Motive zu erkennen zu geben, absolut entsetzlich finden. Das ist verständlich, denn sich so vor den Spiegel zu stellen, wie es die Skorpion-Frau erwartet, ist wirklich keine leichte Aufgabe. Gerade hier aber zeigt sie die größte Intoleranz. Sie kann bei jedem alles akzeptieren, nur nicht das, was sie für

Charakterschwäche hält, und die liegt eben darin, nicht die Kraft zu haben, sich selbst zu sehen. Sie kann sehr wütend und überaus beleidigend werden, wenn sie sich getäuscht fühlt.

Dieses Verlangen nach Tiefe ist ein zweischneidiges Schwert. Auf der einen Seite macht es sie zu einer der seltenen Frauen, die fähig sind, den Schmerz, die Träume und die Bürden des Partners nicht nur zu sehen, sondern sie auch mit ihm zu teilen; ihre ungeheure Willenskraft und Treue sind unerschütterlich, selbst wenn die des Partners schon ein wenig erlahmen. Auf der anderen Seite sind ihre Erwartungen so hoch, daß es nicht leicht ist, ihnen nachzukommen. Im Grunde erwartet sie, daß auch der geliebte Mensch nichts anderes will, als sich zu vervollkommnen. Wer zufällig Segeln oder Cowboyfilme schöner als stete Selbstversenkung findet, wird Erklärungen abgeben müssen. Die einzige Chance ist dann, die Skorpion-Frau zu überzeugen, daß jedermann das Recht hat, er selbst zu sein. Denn Gerechtigkeit ist etwas, das sie versteht. Wenn sie glaubt, daß der andere im Recht ist, wird sie ihre eigenen Wünsche und Meinungen zurückstellen. Wenn sie aber glaubt, er hätte unrecht, und er entschuldigt sich nicht und ändert seinen Standpunkt nicht, wird sie zurückschlagen.

Wer mit einer Skorpion-Frau verbunden ist, sollte sich darauf einstellen. Ihr Gerechtigkeitsgefühl ist stark ausgeprägt. Es ist keine auf dem Intellekt beruhende Urteilsfähigkeit wie bei der Waage, es ist eine starke, instinktive Reaktion auf jede Situation, in der sie sich beleidigt oder falsch behandelt fühlt. Das reicht von der Zurückweisung oder Kränkung bis zum Betrug. Der Betrug ist vielleicht das, was sie am meisten fürchtet und haßt. Wenn sie sich betrogen fühlt, wird sie zurückschlagen und nicht die andere Wange hinhalten. Christliche Geduld und Sanftmut sind keine Tugenden, nach denen man bei einem Skorpion suchen sollte. Bei ihm geht es um grundsätzliche, primitive Tatsachen, Auge um Auge und Zahn um Zahn. Er ist nicht boshaft oder grausam, aber eine Lehre muß erteilt werden.

Die Gefühle einer Skorpion-Frau sind tief und stark, und sie mag es nicht, wenn man sie leichtnimmt. Ihre Intensität und

Empfindsamkeit macht sie leicht verletzlich, obwohl Menschen ganz allgemein sie nicht verletzen können – das können nur die, die sie liebt. Die Skorpion-Frau ist in der Liebe und der Freundschaft ungeheuer wählerisch. Wen sie nicht mag, der kann sich zum Teufel scheren. Sie fürchtet weder den öffentlichen Unwillen noch bissige Bemerkungen oder häßlichen Klatsch hinter ihrem Rücken. Nur die Kritik oder Ablehnung von Menschen, die sie liebt und achtet, kann sie treffen. Dann aber trifft es sie hart. Hat man sie dagegen unabsichtlich verletzt, wird sie es sofort vergessen, denn das ist dann etwas ganz anderes.

Die Skorpion-Frau hat ein langes Gedächtnis für alles Gute und Böse. Hilft man ihr und macht ihr Mut, wird sie das nie vergessen. Betrügt man sie, wird sie einem nie wieder trauen. Wenn man es genau nimmt, traut sie von Anfang an sowieso niemand, weil ihr feiner und geradezu hellseherischer Sinn für das Wesen der Menschen ihr sagt, daß keiner ein Heiliger ist. Sie ist immer auf der Hut vor dem Leben und den Schattenseiten der anderen und vor den eigenen verworrenen Ängsten und Wünschen. Es dauert lange, bis sie wirklich eine Bindung eingeht. Sie wird einen Menschen lange beobachten, bis sie sicher ist, daß er so ist, wie er vorgibt zu sein. Man kann sich fragen, was eine derartige Hypersensitivität nützt und warum man das Leben nicht so nehmen soll, wie es ist. Für die Schützen oder die Zwillinge mag das ganz in Ordnung sein, nicht aber für die Skorpione. Und es nützt etwas – falls *nützen* das richtige Wort ist –, weil ein Skorpion, wenn man länger mit ihm zusammen ist, auch anderen beibringt, wacher zu sein, sich ihrer selbst und ihrer Motive bewußter zu werden, ihre Wünsche zu erkennen, zu wissen, was andere Menschen antreibt, und das ganze unsichtbare Reich der Psyche wahrzunehmen, das wir gewöhnlich in unserer extravertierten, oberflächlichen westlichen Kultur übersehen. Wenn wir alle die Einsicht des Skorpions besäßen, gäbe es wahrscheinlich viel weniger menschliche Grausamkeit, weil wir sie schon in uns selbst abfangen würden.

Aber für diese Tiefe muß die Skorpion-Frau den Preis bezahlen, daß es ihr schwerfällt, fröhlich und sorglos zu sein. Deshalb braucht sie von ihrem Partner viel Zärtlichkeit und Verständnis. Geheimnisse wird sie immer haben. Das gehört zum Skorpion. Aber einen Skorpion zu beobachten, wenn er aus seinem dunklen Brüten in den Sonnenschein kriecht, ist ein erfreulicher Anblick; denn dann wird die wahre Wärme und Großzügigkeit des Elements Wasser auch anderen Menschen zugänglich.

Ein anderes Schlüsselwort des Skorpions ist Willenskraft. Wer mit männlichen und weiblichen Skorpionen umgeht, muß daran denken, zu bitten und nicht zu befehlen, ob es sich dabei um ein Skorpion-Kind, einen Skorpion-Angestellten oder eine Skorpion-Frau handelt. Denn die beiden planetarischen Herrscher des Skorpions sind nun einmal Pluto, der Gott der Unterwelt, und Mars, der Gott des Krieges.

Skorpion-Frauen haben oft eine geheimnisvolle und faszinierende Eigenschaft; sie können eine Sinnlichkeit und eine nur leicht verschleierte und nur oberflächlich beherrschte Leidenschaft ausstrahlen, die magische Anziehungskraft ausübt. Oft aber ruft das auch Angst und Mißtrauen hervor, weil man nie sicher sein kann, was dahinter vor sich geht. Die beiden mächtigen planetarischen Herrscher weisen darauf hin, daß zu der intensiven Weiblichkeit des Zeichens auch viel Feuer, viel Mut und viel Stolz gehört. Wer diesen Stolz zerstört, kann ganz gemein gestochen werden. Skorpion-Männer und Skorpion-Frauen verlangen Achtung. Die Skorpion-Frau ist ein eigenständiges Wesen, nicht Teil, Dienerin oder Eigentum eines anderen. Wenn sie sich frei hingeben kann, wird sie ihr Leben aufopfern. Aber wenn man einfach fordert oder alles für selbstverständlich hält, begegnet man entweder einem eisigen Blick und erreicht das Gegenteil von dem, was man wollte, oder man hat plötzlich eine kreischende, tobende Walküre vor sich. Die Dame kann sehr temperamentvoll sein.

Sie braucht eine Arena, in der sie die Kampfeslust des Mars austoben kann. In einer Beziehung ist das nicht immer angenehm, aber sie braucht von Zeit zu Zeit einen ordentlichen Streit. Der Kampfgeist des Zeichens muß für Aufgaben und Ziele genutzt werden, für sich selbst und für andere. Die Skorpion-Frau setzt sich häufig für die Schwachen und die Ausgenützten ein, egal ob auf politischer, medizinischer oder psychologischer Ebene. Sie braucht für ihre Arbeit eine Arena, und weil sie für Krisen geschaffen ist, braucht sie Raum, um sie auszutragen und dabei ihren Durst nach Verwandlung und Veränderung zu stillen. Die Skorpion-Frau hat es nicht gern, wenn alles zu lange zu friedlich läuft; sie mißtraut der Zufriedenheit. Und es ist ihr lieber, wenn andere wütend statt still und unbeteiligt sind.

Die Luftzeichen sind von der Skorpion-Frau fasziniert, fürchten sie aber auch, weil sie den ganzen Tiefgang zu haben scheint, der sie so anlockt und erschreckt; denn sie reißt sie mit in ihre eigenen Gefühlstiefen, wo sich das Element Luft nun wirklich nicht gern aufhält. Die anderen Wasserzeichen verstehen die Skorpion-Frau meistens, fürchten sich jedoch ein wenig vor ihrem forschenden Blick, der zuviel sieht. Das Element Erde, solide und realistisch, versteht sie häufig nicht; Erdzeichen-Menschen lieben vielleicht ihre Tiefe und Klugheit, übersehen aber das Wesentliche und stehen dann plötzlich vor einer Wirklichkeit, von deren Existenz sie nichts ahnten. Das Feuer springt auf die ihr angeborene Theatralik an, lodert dann aber in allzu dramatischen Szenen und Feuersbrünsten auf. Kein anderes Zeichen wird jemals den Skorpion unterwerfen oder zähmen können. Hier kann es nur darum gehen, zu entscheiden, ob dies jemand ist, den man verstehen und lieben kann. Wenn ja, sollte man sich in das Wagnis stürzen, weil es in interessante fremde Welten führen und niemals hohl und langweilig sein wird.

Die Fische

Wanderer in höheren Sphären

Die Fische, das letzte Zeichen des Tierkreises, scheinen ein wenig von allen anderen Zeichen in sich zu haben. Niemand ist von Natur aus so sehr ein Chamäleon und ein Schauspieler wie die Fische, deren Regent *Neptun* ist, der unberechenbare Gott der Meere und der unterirdischen Wasserläufe. In der Welt des Theaters und des Films wimmelt es von Fischen. Fische-Menschen haben etwas wunderbar Fließendes und Vielschichtiges an sich, das abwechselnd bezaubern und ärgern kann. Sie sind aus so vielen Menschen zusammengesetzt, daß man sich zu fragen beginnt, wann endlich der echte Fisch zu sehen sein wird.

Oft wird gesagt, die Fische seien dazu bestimmt, entweder zu dienen oder zu leiden. In gewisser Weise scheint das wahr zu sein, geht aber doch zu sehr ins Extreme. Aber die Neigung der Fische, zu den Menschen zu werden, mit denen sie sehr verbunden sind, bringt viele von ihnen dazu, sich stark unterzuordnen. Manchmal werden die Fische als «wischiwaschi» bezeichnet, weil sie eine Passivität und Trägheit an sich haben, die am deutlichsten sichtbar wird, sobald sie in eine Krise geraten. Ein Fisch in einer Zwangslage ist unfähig, eine rasche Entscheidung zu fällen und zu handeln. Eine schnellgetroffene Entscheidung hieße ja, eine Wahlmöglichkeit zugunsten einer anderen aufzugeben. Für die Fische gibt es zu viele Wahlmöglichkeiten; und wenn man sie alle gründlich betrachtet, hat einfach jede etwas Gutes an sich. Wie also soll man wählen, wenn jede Möglichkeit richtig und zugleich falsch ist?

Dies ist einer der Schlüssel zum oft so rätselvollen Verhalten der Fische: Alles ist relativ. Wie alle Eigenschaften der Tierkreiszeichen hat auch diese zwei Seiten. Die Relativität der Wahrheit zu sehen, ist eine große Gabe, denn sie führt zur Toleranz. Wenn alles relativ ist, kann man andere nicht wegen ihrer Ansichten verdammen. Leider aber kann diese Einstellung unglaublich lax sein.

Den Fischen ist schon vorgeworfen worden, sie wären unmoralisch. Das trifft nicht wirklich zu; um unmoralisch zu sein, muß man Moralregeln brechen. Die ruhige, weise Gleichgültigkeit, mit der Fische menschliche Übergriffe hinnehmen, ist manchmal geradezu erschütternd. Der Fisch wird sich still verhalten, wenn seine Frau ihn verläßt, seine Kinder ihn beleidigen, sein Chef ihn beschimpft, das Finanzamt ihm sein halbes Gehalt abjagt und sein Vermieter ihn auf die Straße setzt. Mit stiller Gelassenheit nehmen viele Fische Schicksalsschläge hin, als seien sie ihnen vorbestimmt, als erwarteten sie sie und hießen sie willkommen. Vielleicht wissen sie etwas, das anderen Zeichen entgeht: daß all dieses Leiden, all dieses Unglück nicht viel bedeutet, wenn man nicht so fest am Leben hängt.

Die Fische sind das Zeichen der Mystik. Viele Fische sind tief religiös, ohne dabei orthodox sein zu müssen. Aber sie sehnen sich nach einer anderen Wirklichkeit, nach etwas Transzendentem, Magischem, Unfaßbarem, neben dem das gewöhnliche Leben schal und inhaltslos erscheint, als ein Tal der Tränen. Der Fisch hat die tiefe Weisheit, die Nichtigkeit aller menschlichen Begierden zu sehen. Wilder Ehrgeiz, machtvolle Leidenschaft, Habsucht und Gier – diese beherrschenden menschlichen Motive, die uns alle vorwärtstreiben – haben wenig Macht über ihn. Wie jedes andere Zeichen sind auch die Fische zu diesen Gefühlen fähig, aber irgendwie und irgendwo tief in ihnen nehmen sie sie einfach nicht so ernst. Schließlich ist dies alles nur *maya,* wie es die östlichen Philosophien nennen – nur Illusion.

Die Fische scheinen diese seltsame, etwas zynische Weisheit vom Leben und den Menschen schon von Kindheit an zu haben. Wie die beiden anderen Wasserzeichen Krebs und Skorpion erfassen sie instinktiv die verborgenen Strömungen hinter dem normalen menschlichen Verhalten. Es ist schwer, einen Fisch zu täuschen. Aber der Unterschied zwischen ihm und den beiden anderen Wasserzeichen ist der, daß der Krebs und der Skorpion an die eigenen Emotionen gebunden sind und deshalb gefühlsmäßig handeln. Wenn der Krebs spürt, daß er einem anderen nicht so recht trauen kann, wird er sich und die Seinen schützen. Wenn der Skorpion das spürt, wird er den Feind angreifen und ihm eine Lektion erteilen oder sich voller Unwillen zurückziehen. Der Fisch hingegen beobachtet, sieht, ist traurig und vergibt. Meistens wird er sich auch noch ausnützen oder betrügen lassen, obwohl er alles genau erkennt. «So wichtig ist das nicht», sagt er. Oder: «Für den anderen war es wichtiger als für mich.» Diese Antworten erinnern einen immer wieder daran, daß unsere materielle Welt nicht die wirkliche Welt der Fische ist.

Der Fisch ist ein Geschöpf, das unter der Wasseroberfläche lebt. Auch die Fische des Tierkreiszeichens tun dies. Sie bewegen sich in der Tiefe einer für einen luftigen, irdischen, rationalen Menschen schwer auslotbaren Welt. Alles wird doppelt oder vierfach gesehen, nichts ist jemals einfach oder klar. Jeder Gedanke und jede Handlung hat Tausende von Assoziationen, die in alle Ewigkeit Wellen schlagen. Fische erkennen keine Grenzen. Man kann das leicht an ihren Lebensgewohnheiten feststellen. Ein Fische-Mensch kann essen, bis ihm schlecht wird, trinken, bis er zusammenbricht, so laut und extravertiert werden, daß alle beleidigt sind, oder so still und abweisend sein, daß alle Angst bekommen. Er tut alles im Übermaß. Das liegt daran, daß er nicht richtig weiß, wie man unterscheidet, wie man einschränkt und wie man wählt. Wer jemals ein Aquarium mit tropischen Fischen gehabt hat, weiß, daß man nicht Futter für eine Woche hineinstreuen und dann verreisen kann. Ein Fisch ißt, was vor seinem Maul ist, bis er stirbt. Auch das Zeichen der Fische kennt keine Mäßigung. Woher auch? Der Fisch entstammt einer anderen Welt und kennt die Gesetze nicht, die für die klare, kalte Welt der Tatsachen gelten.

Dieses schwere Versagen kann er nur durch eine grenzenlose Phantasie ausgleichen. Auch hier kennt der Fisch keine Schranken. Er kann sich einfach alles vorstellen. Fische kennen das Geheimnis der Quelle des Lebens, des Reichs der Träume und der Phantasie. Die Psychologie nennt dies das Unterbewußte. Zu dieser Welt besitzen die Fische einen Schlüssel, den sie schon in die Wiege gelegt bekommen haben. Sie können darin ein- und ausgehen, wie es ihnen gefällt. Schwierig dabei ist nur, daß es ihnen manchmal schwerfällt, in die nüchterne Alltagswelt mit ihren prosaischen Anforderungen zurückzufinden.

Fische haben große Schwierigkeiten mit der Wirklichkeit. Das heißt, mit einer Wirklichkeit, die durch Zeit und Raum, Gegebenheiten und Tatsachen eingegrenzt ist. Obwohl ihre Intuition blitzschnell reagiert und ihr Verstand glasklar ist, übersehen sie häufig simple Dinge wie die Stromrechnung. In bezug auf Geld haben die Fische einen schlechten Ruf. Nicht daß sie unpraktisch wären; gelegentlich können sie sogar knauserig sein oder nicht ganz einwandfreie Vorstellungen davon haben, wie man ans große Geld kommt. Es liegt mehr daran, daß sie keine Einschränkungen ertragen können und wollen. Das ganze Konzept, von der Zeit, dem Raum und anderen Menschen in Grenzen verwiesen zu werden, ist für die Fische mehr als enervierend. Ihr Geist ist größeren Dingen zugewendet.

Das kann für die erdgebundenen oder die Luft-Typen, die alles planen, strukturieren und erklären möchten, sehr irritierend sein. Obwohl ein Fisch als Wasserzeichen sich häufig mit einem Luftzeichen verbindet, sehen beide die Wirklichkeit ganz verschieden. Für den Fisch ist alles nicht so wichtig. Er neigt eher dazu, kurz entschlossen nach Tahiti zu fliegen oder einen Porsche zu kaufen, als sechs Monate vorher seinen Urlaub mit einer Reisegesellschaft zu planen und ein sparsames, vernünftiges Auto zu kaufen. Solche Dinge sind der Grund dafür, daß man die Fische kindisch und unvernünftig nennt. Das aber ist unfair, denn bei den ihnen wichtigen Dingen sind sie sehr verantwortungsbewußt. Ihre Vorstellung von dem, was wichtig ist, unterscheidet sich einfach von der anderer Menschen.

Fische sind unheilbare Romantiker. Sie haben Methoden, das zu verbergen, aber sie werden von der Geburt bis zum Tod Romantiker bleiben. Dabei geht es nicht nur um Liebesdinge, sondern um alles im Leben. Sie leben in ihrer Phantasie, und in dieser Phantasie ist alles wie ein Film, der ständig die Szenen wechselt. Die Fische langweilen sich schneller als jedes andere Zeichen. Die sich ständig wandelnde Landschaft des fließenden Meeresgrundes läßt sich nicht gut durch die unveränderbare Banalität des Lebens auf dem trockenen Land ersetzen. Fische brauchen Theater. Oft zerstört der Fisch sich damit, aber sogar das hat noch einen dramatischen Beiklang.

Wer zuverlässige, solide Menschen schätzt, die meinen, was sie sagen, es sogar noch nächste und übernächste Woche meinen, hält sich von den Fischen besser fern. Das einzige wirklich Beständige an ihnen ist die Liebe und das Bedürfnis nach Wechsel. Für sie liegt das Glück in der Veränderung und in der Verbundenheit mit ihrer Traumwelt, die ihnen wichtiger ist als die Realitäten eines Sozialstaates, in dem Nahrung, Unterkunft, freie medizinische Versorgung und wöchentlich zwei, drei Abende in der Kneipe mit Glück gleichgesetzt werden. Das ist nichts für die Fische. Der Fisch braucht Blumen für die Seele. Er ist erstaunlich anpassungsfähig und kann in einer Dachkammer leben; aber Dachkammern sind romantisch, Sozialwohnungen nicht.

Die Fische sind das letzte Zeichen, die Vollendung des Tierkreises. Jedes Zeichen hinterläßt seine Spur in dem der Fische. Es gibt kein spezielles Fische-Dilemma; die Fische verkörpern das allgemein menschliche Dilemma. In diesem letzten Zeichen des Tierkreises sehen wir die Widerspiegelung der ganzen Hilflosigkeit des Menschen, seine Sehnsüchte, seine Träume, seine Nöte, seine Machtlosigkeit angesichts des Universums, seinen Größenwahn, sein Sehnen nach Liebe, sein Ahnen eines Geheimnisses oder einer göttlichen Quelle, nach der er sucht, die er aber niemals ohne große Opfer erreichen kann.

In jedem Fisch, symbolisiert durch die beiden Fische, die in verschiedene Richtungen schwimmen, aber durch ein goldenes Band zusammengehalten werden, existiert die Schwierigkeit des Aufeinandertreffens zweier Dimensionen. Die eine steht für die Tatsachen und greifbaren Realitäten, die andere aber ist die Meerjungfrau, die in der Tiefe lebt, gelegentlich daraus auftaucht, den Sonnenschein einfängt und die Sterblichen an der Küste bezaubert. Wie dieses Aufeinanderprallen bewältigt wird, macht die Lebensgeschichte eines jeden Fisches aus. Manche Fische folgen der Meerjungfrau in die Tiefe und vergessen, daß menschliche Lungen unter Wasser nicht atmen können. Sie werden zum menschlichen Ausschuß, zu Drogensüchtigen, Alkoholikern, Hoffnungslosen, Verzweifelten, Heruntergekommenen. In anderen Fischen aber sehen wir den Genius. Bei ihnen wird die Meerjungfrau, der Blick in andere Welten, die in ihrer Größe und Unendlichkeit dem gewöhnlichen Verstand kaum faßbar sind, ins Geistige übertragen. Sie schenken der Menschheit einen Schlüssel zu den unbekannten Tiefen.

Es liegt auf der Hand, daß nicht jeder Fisch entweder ein Genie oder ein Stadtstreicher ist. Aber vielleicht ist es die Aufgabe eines jeden Fisches, sich auf irgendeine Weise mit dem Reich des Überpersönlichen zu arrangieren und den Mut zu haben, dessen Sprachrohr zu sein. Hier treffen wir auf die Dichter und Musiker, die großen Schauspieler und Dramatiker, die Visionäre und Mystiker, die versuchen, das alltägliche Leben zu überhöhen. Das kann ihnen mit einem Kunstwerk, aber auch mit schlichter Menschenliebe gelingen.

Die Fische sind ein wandelbares, veränderungsfähiges Zeichen, leicht zu beeinflussen und oft gefallsüchtig. Die Fische lassen sich durch eine feindliche Umwelt leichter als jedes andere Zeichen verformen oder unter Druck setzen. Und der normale Fisch tarnt sich vor sich selbst mit einer realistischen Einstellung zum Leben.

Viele Fische, besonders die, die zum Mystizismus neigen, sind sich bewußt, daß sie – und die Menschheit – eine Art Zwischenstufe zwischen dem Animalischen und dem Göttlichen sind. Das muß zu Problemen führen. Sich zweier solcher Dimensionen bewußt zu sein, ist reichlich verwirrend, besonders dann, wenn die eine gerade dann aufzutauchen pflegt, wenn die andere allein die Vorherrschaft haben sollte. Kein Wunder, wenn von den Fischen behauptet wird, sie wären oft zu verwirrt.

Der Drang zur Selbstaufopferung ist bei den Fischen sehr stark ausgeprägt. Häufig begegnet man Fischen, die verzweifelt nach einer Sache suchen, der sie sich verschreiben oder für die sie sich sogar opfern können. Dies ist ein Grad von Ekstase, den die anderen Zeichen nicht teilen wollen, weil sie alle noch Reste des eigenen Selbstwerts des Ich-Seins bewahrt haben. Die Fische haben das nicht; sie sind die Vollendung des Kreises, sein Ende. Daher die starke Neigung, alles aufgeben zu wollen, es zu opfern, sich aufzulösen und zu verschwinden.

Mitgefühl und unpersönliche, unvoreingenommene Liebe sind ebenfalls Fische-Tugenden, die auf diese Stellung im Tierkreis zurückgeführt werden können. Liebe deinen Nächsten wie dich selbst, biete auch die andere Wange – der Fisch will es wahrmachen, und tut es auch oft.

Die Schattenseiten

In einem von soviel schönen Bestrebungen und Sehnsüchten nach Reinheit, Hingabe, Güte, Gnade, Mitgefühl und Selbstaufopferung durchfluteten Haus muß im Keller zwangsläufig ein riesengroßer Schatten lauern. Das ist einfach ein Grundgesetz des Lebens, und daß jeder Vordergänger seinen Hintergänger hat, tritt nirgendwo klarer in Erscheinung als beim Zeichen der Fische.

Die Fische kennen keine Grenzen. Daher ihr Verlangen nach der Vereinigung mit dem Göttlichen, mit der Quelle des Lebens. Ob dies nun durch religiöses Sehnen, schöpferische Ausdruckskraft oder Heroin erreicht wird, ist ihnen weniger wichtig als die Erfahrung selbst. Auch der Schatten-Fisch kennt keine Grenzen. Sein Name ist Macht.

In normalen Situationen wird der Fisch meist das Opfer sein. Wir begegnen diesem Phänomen bei vielen Fischen. Sie werden ausgenützt, übervorteilt, finanziell und in ihrem Mitgefühl ausgenommen, wegen ihres Mitleids versklavt und durch ihre Neigung, sich für die Sünden anderer schuldig zu fühlen, verpflichtet. Es ist fast unvermeidlich ein Fisch, der beim gewalttätigen Partner ausharrt, der die schizophrene Frau betreut, der das zurückgebliebene Kind aufzieht, die kränkliche Mutter unterstützt und dieses oder jenes aufgibt, um einem anderen zu helfen. Manchmal ist es schwer festzustellen, ob die Fische die edelsten oder die dümmsten aller menschlichen Wesen sind; ob sie wahre Heilige oder Tyrannen sind, die eine gewaltige Macht dadurch ausüben, daß sie anderen das Gefühl geben, ihnen hoffnungslos verpflichtet zu sein. Niemand hat soviel Macht wie ein Märtyrer. Die Fische haben beides in sich, den Märtyrer und den Tyrannen.

Viele Fische nähren in sich heimliche Phantasien. Da sie sich als die machtlosesten aller Sterblichen fühlen, sehen sie sich heimlich als Weltbeherrscher. Das ist durchaus verständlich, aber es wird ärgerlich, ja sogar gefährlich, wenn sie es selbst nicht bemerken und nichts dagegen tun.

Wenn ein empfindsamer Fisch zu brutal unter Druck gesetzt wird – was dem Zeichen häufig geschieht, weil die Menschen in ihm die Widerspiegelung ihrer eigenen gefürchteten Schwächen und Verwundbarkeiten sehen –, kann er sich durch Grausamkeit Luft machen. Diese verwirrende Eigenschaft mancher Fische ist unbegreiflich, tritt aber häufig in Erscheinung, angefangen mit dem Schulkind, das seine Mitschüler oder Tiere quält, bis hin zum Psychotiker. Was liegt dieser Grausamkeit zugrunde? Die Fische stellen nicht so sehr den Typ *eines* Menschen dar als die Wiedergabe der menschlichen Natur an sich. Der Fisch, das sind wir alle. Darum ist er auch so oft das Opfer. Das mag überspitzt formuliert sein, aber es ist so. Im Lebensmuster eines Fisches ist das Spiegelbild eines jeden Menschen zu sehen; vielleicht verzerrt und übertrieben, aber eine wahre Spiegelung. Fische sind daher auch hervorragende Ärzte, Priester und Anwälte. Sie sind von Natur aus mitfühlend, weise und einsichtig. Sie können heilen, weil sie selbst Wunden davongetragen haben und weil sie in der menschlichen Natur nichts finden, das sie nicht schon selbst in sich gesehen hätten.

Aber ein zu passiver Fisch ist eine gefährliche Kreatur. Der dunkle Fisch muß früher oder später auftauchen, entweder in einer echten Psychose oder in Selbstzerstörung – sei sie langsam oder schnell wie die Drogensucht oder der Alkoholismus – oder in der subtilen, unauffälligen Zerstörung anderer. Selten ist dies offen zu sehen, wenn der Fisch nicht einen aggressiven Aszendenten wie den Widder oder Löwen hat oder stark vom Mars beeinflußt wird. Sonst bleibt das alles unter der Oberfläche, denn der Fisch ist ein Meister in der Tarnung des Unterschwelligen.

Eine weitere Facette des Fische-Schattens ist damit verbunden. Man könnte sie das Syndrom des unverstandenen Genies nennen.

Dem unverstandenen Genie, oft ein Fisch oder ein Fisch-Aszendent, fehlt es auf keinen Fall an Talent. Ihm fehlt es an Realismus. Der Fisch mit seiner so reichen, überquellenden und grenzenlosen Phantasie läuft oft verbittert gegen die normalen Begrenzungen durch Zeit und Raum an. Seine brillanten Ideen, die in seinem Geist wie der Flossenschlag eines Fischs aufblitzen, sind wirklich brillant, aber es fehlt ihm an der Beharrlichkeit, an Disziplin und an Achtung für harte Arbeit und gutes handwerkliches Können, die schon vielen weit weniger begabten Künstlern Ruhm und Geld gebracht haben. Der Fisch präsentiert sich häufig als der neue Dichter, der neue Schriftsteller, der neue Filmmacher, der neue Prophet. Eines Tages ... wenn die Welt ihn verstehen wird ... Aber die Welt ist oft so unfreundlich. Sie erwartet von ihm, daß er wie alle anderen herumwerkelt, normale Arbeit verrichtet, Rechnungen bezahlt und sein Leben und sein Auto versichert, wo ihm doch alles leichtgemacht werden müßte, wenn die anderen nur wüßten, wie talentiert er ist und was er für die Welt tun könnte ... Eine sehr vertraute und traurige Geschichte. Und das traurigste daran ist, daß der Fisch nie den goldenen Mittelweg findet, das Gleichgewicht zwischen der Einschätzung seiner Träume und der Zeit, die es braucht, sie zu verwirklichen. Er wird einfach bitter, ist enttäuscht und gibt auf. Aus dem Visionär wird der prosaischste und zynischste aller Menschen, der nie wieder eine Zeile schreibt oder nie mehr den Malkasten anrührt. Dann kann er zu seinen Enkeln sagen: «Ja, ich habe mal davon geträumt, ein Maler zu werden ... Aber ... aber irgend etwas ist schiefgegangen.» Was? Die Konfrontation mit der Wirklichkeit, die Begegnung der Meerjungfrau mit dem Sterblichen. Beide Extreme führen zum Versagen: zum Ertrinken im Meer oder zum Verlieren des Traums, weil er zu früh und ohne Vertrauen offenbart wird.

Die Fische haben oft eine solche Fülle von Begabungen und Vorstellungen, daß sie zu den gesegnetsten aller Menschen gehören. Aber dennoch versagen sie häufig im Leben, und das ist die Machenschaft ihres Schattens, dessen Größenwahn über alles hinausgeht und sich einfach nicht erfüllen läßt. Dann ist der Fisch dazu verurteilt, an sich selbst zu verzweifeln und sich selbst zu verachten. Seine Verbitterung über das Leben, von dem er sich betrogen fühlt, kann ihn zugrunde richten. Erst wenn er erfassen kann, daß es um ihn geht, daß es keine «Welt» gibt, die ihm feindlich gesonnen ist, daß er einfach die göttliche und die sterbliche Seite seines Wesens begreifen und beide pflegen muß, ist er in Wahrheit unbegrenzt.

Die Fische als Partner

Ein Fisch ist fast immer verliebt. Wenn nicht in einen Menschen, dann in eine Sache oder in Gott, aber verliebt ist er ständig. Es liegt in seiner Natur zu geben, und da er ein Wasserzeichen ist, ein Zeichen des Gefühls, kann ein Fisch sich ein Leben allein gar nicht vorstellen – es sei denn, es wäre die Art von Alleinsein, die ein Mönch oder eine Nonne erwählen, aber auch da geht es ja um eine lediglich andersgeartete Verbindung.

Empfindsamkeit, Sanftheit, Neigung zur Ergebenheit hat er im Überfluß. Aber viele Fische überkompensieren ihr inneres Verlangen nach Menschen durch Kühle und ein absichtliches Abstandhalten. Oder die Schattenseite besiegt die Tendenz der Fische, immer die Wünsche des anderen voranzustellen und bei jedem Beweis der Zuneigung und Zärtlichkeit aufzublühen. Es kann aber auch sein, daß der Partner in die Rolle des Bediensteten gedrängt wird, der seinem Herrn alle Wünsche von den Augen ablesen muß. Um welche Seite es sich immer handelt, es geht alles auf dieselbe Wurzel zurück. Wenn der Fisch vertrauen kann, wird er alles geben – nicht unbedingt morgen oder nächstes Jahr. Denn Begrenzung und feste Regeln passen nicht zu seinem Wesen. Er gibt heute, in diesem Augenblick. Aber wenn man die Folge von Augenblicken zu einer Kette zusammenknüpft, ergibt auch dies die Spanne eines Lebens.

Eine der beunruhigenderen Eigenschaften der Fische ist ihre Bereitschaft, jederzeit mit praktisch jedermann eine oberflächliche Beziehung einzugehen, deren Gründe die Menschen mißverstehen. Der Fisch tritt nicht wirklich in eine Beziehung mit ihnen ein; er hört nur voller Mitgefühl zu. Er läßt sich auch sehr leicht verführen. Man kann einen Fisch nicht einsperren; die extravertierte Seite seines Wesens wendet sich so leicht anderen zu, daß man sich am besten damit abfindet. Aber zum Glück ist er ja von Natur aus weise und durchschaut die Menschen sehr schnell. Und obwohl er sich oft auf Abwege führen läßt, weil er Mitgefühl entwickelt, ihm geschmeichelt wird oder die Persönlichkeit des anderen stärker ist als seine eigene, kann er immer noch erkennen, was für ihn wirklich wichtig ist.

In der Liebe gibt es für den Fisch selten nur *einen* Mann oder *eine* Frau. So etwas ist ihm unmöglich; er interessiert sich nicht nur für alle, er wird auch oft von allen angezogen. Er hat seine eigenen Moralbegriffe, und die sollte man lieber gleich am Anfang herausfinden, damit es später keine Enttäuschungen gibt. Mit sehr besitzergreifenden Menschen kann es Schwierigkeiten geben. Der Fisch mag faktisch gesehen treu sein, aber seine Phantasie ist es nicht und wird es nie sein und er selbst auch nicht. Alles hängt davon ab, ob man faktische Treue höher schätzt als tiefes Verstehen und eine stumme Verbundenheit, wie sie kein anderes Zeichen bieten kann.

Die Fische haben wie die Jungfrau – ihr entgegengesetztes Zeichen – etwas an sich, das unberührbar und unbeherrschbar bleibt, gleichgültig wie fest der Vertrag sein mag oder wie lange die Bekanntschaft. Ein Teil des Fisches wird immer dem Kosmos und seinem inneren Selbst gehören, nicht einem anderen. Im Gegensatz zu den einfacheren Zeichen wie dem Widder und dem Stier, kann ein Fisch einfach nicht sagen: «Hier bin ich. Ich bin im Herzen ein schlichter Mensch, ich gehöre dir.» Er kann viele seiner Ichs verschenken, aber alle bekommt man nie. Es wird Träume und Visionen geben, die er niemals mitteilen kann. Einen Fisch immer wieder zu fragen, was er gerade denkt, wenn er seinen vagen träumerischen Ausdruck bekommt, wird ihn und den Fragesteller verrückt machen und nie zu einer zufriedenstellenden Antwort führen. Wahrscheinlich weiß er es selbst nicht; er ist nur weit fort, und wenn er in Ruhe gelassen wird, kommt er wieder zurück. Fische teilen sich auf viele Arten wortlos mit; sie brillieren nicht bei Debatten und Verteidigungsreden. Oft sind sie ganz unfähig, sich und ihre Gefühle zu erklären. Sie verlassen sich auf ihr Tastgefühl, die Atmosphäre und fast telepathischen Gedankenaustausch. Der Versuch, sie zu klaren Definitionen und Erklärungen zu zwingen, wird so sein, als hielte man Wasser in der Hand, das durch die Finger rinnt und verschwindet.

Wenn Fische beschrieben werden, tauchen meist Begriffe wie Ausweichen oder Irreführung auf. Aber sie haben nichts mit der kalkulierten Diplomatie des Steinbocks, der beabsichtigten Geheimnistuerei des Skorpions oder den geistigen Turnübungen der Zwillinge zu tun. Wer gleichzeitig dreißig Dinge sieht, kann eben nicht ein einzelnes erklären. Besonders dann nicht, wenn der andere gar nicht begreift, wie das ist, dreißig auf einmal zu sehen. Und mit den widersprüchlichen Gefühlen ist das nicht anders. Wie soll man erklären, wie es ist, jemanden gleichzeitig zu hassen und zu lieben, wenn alles schön und häßlich zugleich ist, wenn alles sich wandelt und verändert und ständig neue Formen annimmt? Aus diesen und tausend anderen Gründen ist ein Fisch ein nicht festlegbarer Partner. Man muß seine Gefühle nehmen und gehen lassen, wie sie kommen. Jeder Versuch, sie zu definieren und in feste Formen einzufrieren, ist vergeblich. Viele Partner werden von den Fischen verletzt; nicht weil dieses Zeichen kalt und gefühllos wäre, sondern weil sie eine konventionelle, gradlinige Liebeserklärung erwarten wie: «Ich liebe dich, ich werde dich immer lieben, und dabei bleibt es.» Ein solcher Satz ist für den Fisch einfach lächerlich, wo er doch weiß, daß Liebe ein veränderlicher Zustand ist, daß sie viele Deutungen hat, die sich immer ändern, daß alles relativ ist, daß sich die Zukunft nicht planen läßt und so weiter ...

Wer genug über die Welt und sich selbst weiß, um Bewegung dem Stillstand vorzuziehen, für den kann das Sichtreibenlassen im Strom der Gefühle des Fisches die heilendste und regenerierendste Beziehung sein, die er jemals finden wird. Man muß sich nur hüten, die Träume des Fisches zu zerstören, und nie glauben, ihn völlig zu verstehen. Denn gerade wenn man das tut, verwandelt er sich. Unerforschte Gebiete und unbestiegene Gipfel, eine in Nebel gehüllte Zukunft, die sich verlockend anhört, und Zauberschlösser voller verborgener Schätze, das alles bietet der Fisch. Man darf nur nie glauben, es mit einer einzigen Person zu tun zu haben. Ein Querschnitt durch sämtliche Menschen, das ist er. Gibt es einen besseren Weg, Lebenserfahrungen zu sammeln?

Der Fische-Mann

Die Fische sind ein stark weibliches Zeichen, was ihre Neigung zu Gefühlen, die Phantasie, die Weichheit und das Mitgefühl anbetrifft. Andererseits sind Fische-Männer extrem maskulin. Die Kombination, ein Mann und ein Fisch zu sein, ist nicht ganz bequem, was hauptsächlich an unseren kollektiven Zwängen und sozialen Erwartungen liegt.

Unter den Fische-Männern gibt es sehr viele, die ihrem Typ entkommen wollen. Manche von ihnen laufen entsetzt vor der unterseeischen Tiefe ihrer Visionen davon, retten sich in eine extreme, zerbrechliche Art von Rationalität, die Statistiken, Definitionen und Beweise zu ihrem Schutz verlangt. Sie sind die dogmatischen, materialistischen Wissenschaftler, die das bei anderen ausmerzen wollen, was sie bei sich selbst fürchten. Sie dulden keine «Gefühlsseligkeiten», können keine Launen anderer ertragen, weil die eigenen sie zu überwältigen drohen. Wenn aber ein Fische-Mann den Mut hat, die eigene Verwundbarkeit anzuerkennen und zu sehen, daß sie sehr gut neben seiner Männlichkeit existieren kann, hat man ein seltenes Exemplar seiner Gattung vor sich. Wenn er dann noch fähig ist, seine Männlichkeit zu bewahren, ohne in sein unterseeisches Fluchtgebiet zu entweichen, hat man sogar den Helden vieler Bücher und Filme vor sich, den Antihelden, den sanften Kämpfer und gefühlvollen Liebhaber. Dieses Zeichen steht vielleicht dem modernen Mythos des Mannes näher als jedes andere, weil es eine so merkwürdige Verbindung des Männlichen und Weiblichen darstellt. Der Fische-Mann, der das auslebt, hat ein Charisma an sich, das ihn sowohl für Männer als auch für Frauen faszinierend macht.

Leider aber fallen weitaus mehr Fische-Männer in die Extreme. Wir haben schon den Rationalisten erwähnt, der es haßt, ein Fisch zu sein, und verzweifelt versucht, die eigene Sensitivität zu verbergen. Sein Gegenstück ist der Mann, der starke Frauen liebt, besonders die, die ihn finanziell unterstützen können; die ihn umsorgen, während er das halbvollendete literarische Meisterwerk schreibt oder über den Beruf nachdenkt, den er nie ergreifen wird. Er tritt auch als das passive Opfer auf, ausgenützt und betrogen von einer kalten, brutalen Frau, sucht nach Mitleid und Sympathie und appelliert mit aller Kraft an die mütterlichen Instinkte einer armen, törichten Frau, die sein romantisches Gerede für Zärtlichkeit und Gefühl hält. Das sind die pathetischen Fische, deren Frauen und Geliebten zwangsläufig frustriert werden und wider ihren Willen fast immer die Rolle des Mannes spielen müssen. Viele dieser Fische-Männer suchen nach Frauen der starken Zeichen wie Löwe, Widder, Skorpion und Steinbock. Sie haben keine eigene Kraft und suchen sie in der Partnerschaft.

Selten trifft man einen «neutralen» Fische-Mann. Er fällt meist in das eine Extrem oder in das andere. Für beide Extremfälle aber ist es das wichtigste, verstanden zu werden. Sein Zeichen steht nicht für starke physische Leidenschaft, sondern mehr für Sinnlichkeit. Das Weib an den Haaren in seine Höhle zu schleppen, paßt nicht zum Fisch. Sein Stil ist vielmehr, ein warmes, herzliches Gespräch anzufangen und sich dann von gutem Wein, sanfter Musik, Samt und Seide und verführerischer Unterwäsche verlocken zu lassen. Der Fisch fühlt sich als passiver Geliebter ebenso wohl wie als aktiver Liebhaber. Das entspricht seiner Art von Männlichkeit. Oft macht er sich zum Komiker, zum Clown oder zum Opfer, weil er weiß, wie viel er durch Sympathie und Einfühlungsvermögen erreicht. Frauen beschützen ihn gern, obwohl er sich ausgesprochen gut selbst schützen kann. Nur ist es nicht in seinem Interesse, sie das wissen zu lassen.

Wenn man ihm vertraut, wird er sich von der besten Seite zeigen. Sieht man aber nur seine Schattenseiten, wird es ihm höllisch schwer, sich selbst zu vertrauen. Er selbst traut sich sowieso nicht über den Weg; er braucht das Vertrauen und die Treue eines anderen Menschen, um sich wirklich selbst trauen zu können. Beschuldigt man ihn irgendeiner Tat, wird er sich fröhlich aufmachen, sie auch zu begehen, nur um der Welt den Gefallen zu tun. Seine Art zu kämpfen ist nicht die, sich frontal zu stellen, sondern sich so weit zurückzubeugen, daß der Angreifer auf die Nase fällt. Auch Impotenz ist eine seiner Kampfmethoden. Hierbei drückt sich die weibliche Seite des Zeichens sehr stark aus. Passiver Widerstand ist eine Technik, die den Fischen besonders liegt.

Trotz allem läßt sich der Fische-Mann keineswegs leicht beherrschen. In seiner Welt existieren Beherrschung und Unterwerfung nicht. An der Oberfläche spielt er den Fügsamen, weil es leichter ist und weil er es oft nicht für nötig hält, sich bis aufs Blut zu wehren. Unter dieser fügsamen Oberfläche will er auch nicht beherrschen; er will nur in Ruhe gelassen werden. Versucht man zu dominieren, steht man plötzlich mit leeren Händen da. Er ist einfach fortgeschwommen.

Eine Frau, die sich scheut, selbst Entscheidungen zu treffen, wählt besser keinen Fische-Mann. Aber wer gern die Hosen anhat ebenfalls nicht. Kein Versprechen und kein Ehevertrag bedeuten ihm etwas, wenn die Grundwerte der Beziehung mißachtet worden sind. Und so etwas durchschaut er sehr schnell. Am nächsten Morgen ist er einfach nicht mehr da. Kein Brief, kein Anruf – er ist fort. Wie ein Fisch.

Für eine Beziehung, die der Idealvorstellung der sogenannten emanzipierten Frau nahekommt, ist der Fische-Mann am besten von allen Tierkreiszeichen geeignet. Da er selbst so gefühlsbetont ist, besitzt er fast immer ein ausgeprägtes Einfühlungsvermögen in Frauen. Er kommt auch meistens besser mit ihnen aus als mit Männern. Sein tiefes Verständnis der menschlichen Natur verbietet ihm, in einer Partnerin nur die Haushälterin oder ein Sex-Objekt zu sehen. Für ihn muß es der Mensch sein.

Die Fische-Frau

Sie ist geheimnisvoll, sanftmütig, mitfühlend, von nicht faßbarem Charme und einer vielsagenden Schweigsamkeit. Die Fische-Frau ist wahrscheinlich der Archetyp des Weiblichen. Die schöne, liebreizende Prinzessin aus dem Märchenschloß, die auf den Prinzen wartet, der sie retten, verehren und beschützen wird, ist nach dem Bild der Fische-Frau gemacht. Denn sie hat die einmalige Fähigkeit, einem Mann das Gefühl zu geben, besonders männlich zu sein, weil sie so oft nach Schutz, Liebe und Zärtlichkeit verlangt. Durch die so wandelbare Spannweite und Tiefe ihrer Gefühle macht sie häufig den Eindruck, sich noch nicht voll entwickelt zu haben. Angehende oder Möchtegern-Künstler reagieren auf sie wie Pygmalion. Sie glauben, sie nach ihrem Wunsch formen zu können. Damit haben sie teilweise sogar recht. Denn viele Fische-Frauen haben im Überfluß Wesenszüge wie Hingabe, Sanftmut und Weichheit. Aber Wachs in den Händen anderer ist die Fische-Frau deshalb nicht.

Wie der Fische-Mann ist auch sie unauslotbar, und ihre Seele liegt in Tiefen, in die niemand vordringen kann. Obwohl sie gern gefallen möchte und nicht zu Wortgefechten neigt, kann auch sie sich jederzeit durch Untertauchen verteidigen. Eben war sie noch da, schon ist sie weg. Sie kann physisch verschwinden, meistens mit einem Liebhaber, aber viel eher wird sie physisch anwesend sein und psychisch in ihr unterseeisches Reich eintauchen oder sich in der Phantasie einem anderen zuwenden.

Romantische Liebe spielt bei der Fische-Frau eine große Rolle. Sie erwartet und braucht Poesie, Zärtlichkeit und den einer Märchenprinzessin angemessenen Stil. Erhält sie das nicht, treibt man sie entweder zu einem anderen Mann oder zum Rückzug in sich selbst, wo sie sich vielleicht in eine Märtyrerin verwandelt. Gibt man ihr aber, was sie braucht, dann wird die Prinzessin zur Königin. Das klingt sehr einfach, scheint für viele Männer jedoch erstaunlich schwer zu sein, vor allem, weil die Fische-Frauen als Wasserzeichen die Luftzeichen-Männer anziehen, die ihre Partnerin mit glitzerndem Verstand beeindrucken wollen und Gefühlsäußerungen erwarten, die sie auch gibt. Aber diese Männer merken nicht, daß auch sie Gefühle äußern müssen.

Eine unzufriedene Fische-Frau wird ungehemmt betrügen. Es genügt nicht, sie gut zu behandeln. Man muß mit ihr in ihre Träume eintauchen. Ihre theatralische Ader ist stark ausgeprägt. Die Fische-Frau hat eine fabelhafte Begabung, in schreckliche Schwierigkeiten zu geraten und unlösbare Krisen heraufzubeschwören. Dann fragt sie alle ihre Freunde um Rat, den sie jedoch nie befolgt, weil ihr Verlangen, zu leiden und sich zu opfern, durch solche Krisen gestillt wird. Sie ist ein wahrhaft verwirrendes Wesen.

In reiferen Jahren aber verleiht ihr das Mitgefühl, das daher rührt, daß sie die Kehrseite fast aller Dinge gesehen hat, eine Ausstrahlung und eine Tiefe, die man in frühen Jahren kaum an ihr vermutet. Dann wird die weise Frau sichtbar, mit der enormen instinktiven Klugheit und der ganzen menschlichen Einsicht, die dieses letzte Zeichen des Tierkreises besitzt. Oft ist sie wie ein Medium, das sich vor dem Leben schützen muß, weil seine Gaben so zweifelhaft und so schwer zu tragen sind. Oder sie hat viel von einer Hexe an sich. Ob sie Gutes oder Böses tut, hängt davon ab, wie sehr und wie schwer ihr zugesetzt worden ist. Eine auf ihrer Schattenseite lebende Fische-Frau ist ein Vampir, der von der Phantasie anderer lebt und ihnen alle Kraft nimmt.

Man sollte eine Fische-Frau nie unterschätzen, weil sie sich vielleicht nicht so gut ausdrücken kann oder keine Erklärungen über sich selbst abgeben will. Sie ist eine rätselvolle Frau, tief wie das Meer. Sie zu lieben, heißt das Meer lieben, mit all seinen Stimmungen und Verwandlungen, seinem Aufruhr und seiner Stille, seiner Zerstörungswut und seiner Schönheit.

Sonnenzeichen und Aszendent

Wenn Menschen fragen: «Was für ein Sternzeichen sind Sie?», beziehen sie sich auf das Tierkreiszeichen, in dem jemand geboren ist. Genauer gesagt, ist damit das Zeichen des Tierkreises gemeint, das die Sonne am Tag der Geburt des Betreffenden durchquert hat. Die Sonne braucht etwa einen Monat, um ein Zeichen zu durchwandern.

Demnach ist jemand, der am 1. Juni geboren wurde, ein Zwilling, weil die Sonne an diesem Tag durch das Segment des Tierkreises wandert, das Zwillinge genannt wird. Genauso ist ein am 14. November Geborener ein Skorpion. Wer aber an einem jener schwierigen Tage auf die Welt kam, die zwischen zwei Zeichen fallen – wie der 23. Dezember oder der 22. Mai –, der wurde am Scheitelpunkt zweier Zeichen, der sogenannten Spitze, geboren und vereint wahrscheinlich ein wenig von beiden Zeichen in sich, gehört aber trotzdem dem einen oder anderen an. Um exakt zu definieren, welchem, ist ein genaues Horoskop nötig, weil die Sonne am Tage der Geburt das Zeichen gewechselt hat.

Im allgemeinen kann man für die Bestimmung der *Sonnenzeichen* den folgenden Kalender anwenden:

22. März bis 21. April *Widder*
22. April bis 22. Mai *Stier*
23. Mai bis 22. Juni *Zwillinge*
23. Juni bis 23. Juli *Krebs*

24. Juli bis 23. August *Löwe*
24. August bis 23. September *Jungfrau*
24. September bis 22. Oktober *Waage*
23. Oktober bis 22. November *Skorpion*
23. November bis 22. Dezember *Schütze*
23. Dezember bis 20. Januar *Steinbock*
21. Januar bis 20. Februar *Wassermann*
21. Februar bis 21. März *Fische*

Neben dem Sonnenzeichen gibt es noch einen gleichermaßen wichtigen Faktor im Horoskop, nämlich den *Aszendenten,* d. h. das Zeichen, das zur Zeit der Geburt genau im Osten des Geburtsorts am Himmel aufstieg. Das Rad des Tierkreises dreht sich einmal in 24 Stunden. Hält man es zu einer bestimmten Zeit an – beispielsweise im Augenblick der Geburt –, dann steigt eins der zwölf Tierkreiszeichen im Osten auf, eins geht im Westen unter, eins steht ganz oben im Zenit und eins am tiefsten Punkt, dem Nadir. Das wichtigste ist das im Osten aufsteigende Zeichen, denn dort ist der Ort des Sonnenaufgangs, der Entstehung des Lebens, der Dämmerung des neuen Tages, der Begegnung von Sonne und Erde nach der langen Nacht.

Um ein richtiges Horoskop zu stellen, braucht man die genaue Zeit der Geburt, ebenso wie den Tag und das Jahr. Ferner muß man den Geburtsort kennen, weil die Längen- und Breitengrade dieses Ortes für eine exakte Berechnung nötig sind.

Wir haben im folgenden eine vereinfachte Tabelle zusammengestellt, die es jedermann ermöglichen sollte, annähernd den Grad und das Zeichen seines Aszendenten abzulesen. Es muß jedoch betont werden, daß sie nur eine allgemeine, annähernde Idee geben kann und nicht den genauen Aszendenten. Das liegt an Faktoren wie nicht einkalkulierte Zeitverschiebung, der Sommerzeit in einigen Ländern, an Kriegszeiten und den kleinen Zeitunterschieden zwischen Städten in derselben Zone der Standardzeit. Man bedenke also, daß das Resultat vielleicht nicht ganz exakt ist. Wenn es allzu unzutreffend erscheint und der Aszendent in die Endphase eines Zeichens fällt, dann könnte das folgende Zeichen gültig sein. Man lese dann den nächsten Abschnitt, um zu sehen, ob er paßt. Die Tabelle kann immerhin eine ungefähre Idee geben, und man kann ebenfalls sehen, wie die Sonnenzeichen und die Aszendenten in manchen Fällen harmonieren und in anderen nicht.

Nehmen wir zum Beispiel einen Menschen, der am 4. September um zwölf Uhr mittags geboren ist. Seine Sonne steht in der Jungfrau. Auf der Tabelle ist festzustellen, daß die Datenangaben im Intervall von drei Tagen erfolgen. Eines der angegebenen Daten ist der 4. September. Wäre er am 3. September geboren, müßte man das nächstliegende Datum nehmen. Am 4. September war um zwölf Uhr mittags, 27 Grad, Skorpion im Aufstieg. Also ist der Betreffende Jungfrau mit Skorpion im Aufstieg.

Was bedeutet das? Es bedeutet, daß er dem Wesen (Sonnenzeichen) nach eine Jungfrau ist. Die Art aber, wie er sich anderen gegenüber darstellt, gehört zum Skorpion (Aszendent).

Nehmen wir nun jemand, der am 12. Dezember um 9 Uhr morgens geboren ist. Hier wird man feststellen, daß der Aszendent für dieses Datum und 9 Uhr, 13 Grad, Steinbock ist. So hat dieser lebhafte, feurige, flüchtige, Abenteuer liebende Schütze eine recht schmale, unauffällige Tür an seinem auffälligen Haus. Im Inneren ist er voll Freiheitsdrang, nach außen aber ist ein Mensch mit dem Steinbock als Aszendenten sehr viel zurückhaltender.

Zur Benutzung dieses Buches sei schließlich noch erwähnt, daß die Zeichen nicht in der chronologischen Reihenfolge des Tierkreises behandelt werden, sondern nach ihrer Zuordnung zu den vier Elementen.

Aszendententabellen

Zeit*	Grad	Aszendent	Zeit	Grad	Aszendent	Zeit	Grad	Aszendent
1. Januar			**4. Januar**			**7. Januar**		
01	21	Waage	01	23	Waage	01	25	Waage
02	12	Skorpion	02	5	Skorpion	02	7	Skorpion
03	14	Skorpion	03	16	Skorpion	03	18	Skorpion
04	26	Skorpion	04	28	Skorpion	04	29	Skorpion
05	8	Schütze	05	11	Schütze	05	12	Schütze
06	21	Schütze	06	23	Schütze	06	26	Schütze
07	4	Steinbock	07	7	Steinbock	07	10	Steinbock
08	19	Steinbock	08	22	Steinbock	08	25	Steinbock
09	7	Wassermann	09	11	Wassermann	09	15	Wassermann
10	28	Wassermann	10	3	Fische	10	7	Fische
11	23	Fische	11	29	Fische	11	4	Widder
12	19	Widder	12	25	Widder	12	29	Widder
13	13	Stier	13	17	Stier	13	22	Stier
14	3	Zwillinge	14	6	Zwillinge	14	9	Zwillinge
15	19	Zwillinge	15	22	Zwillinge	15	25	Zwillinge
16	4	Krebs	16	6	Krebs	16	9	Krebs
17	17	Krebs	17	19	Krebs	17	21	Krebs
18	29	Krebs	18	1	Löwe	18	3	Löwe
19	10	Löwe	19	13	Löwe	19	15	Löwe
20	22	Löwe	20	24	Löwe	20	26	Löwe
21	3	Jungfrau	21	6	Jungfrau	21	8	Jungfrau
22	16	Jungfrau	22	18	Jungfrau	22	20	Jungfrau
23	28	Jungfrau	23	29	Jungfrau	23	2	Waage
24	10	Waage	24	12	Waage	24	14	Waage
10. Januar			**13. Januar**			**16. Januar**		
01	28	Waage	01	29	Waage	01	2	Skorpion
02	9	Skorpion	02	12	Skorpion	02	14	Skorpion
03	21	Skorpion	03	24	Skorpion	03	26	Skorpion
04	3	Schütze	04	5	Schütze	04	8	Schütze
05	15	Schütze	05	18	Schütze	05	20	Schütze
06	28	Schütze	06	1	Steinbock	06	3	Steinbock
07	13	Steinbock	07	16	Steinbock	07	19	Steinbock
08	29	Steinbock	08	3	Wassermann	08	7	Wassermann
09	20	Wassermann	09	23	Wassermann	09	28	Wassermann
10	14	Fische	10	18	Fische	10	23	Fische
11	9	Widder	11	14	Widder	11	19	Widder
12	3	Stier	12	8	Stier	12	13	Stier
13	25	Stier	13	29	Stier	13	2	Zwillinge
14	12	Zwillinge	14	15	Zwillinge	14	18	Zwillinge
15	28	Zwillinge	15	29	Zwillinge	15	3	Krebs
16	11	Krebs	16	13	Krebs	16	16	Krebs
17	23	Krebs	17	26	Krebs	17	28	Krebs
18	5	Löwe	18	8	Löwe	18	10	Löwe
19	17	Löwe	19	19	Löwe	19	22	Löwe
20	29	Löwe	20	1	Jungfrau	20	3	Jungfrau
21	11	Jungfrau	21	13	Jungfrau	21	15	Jungfrau
22	23	Jungfrau	22	24	Jungfrau	22	27	Jungfrau
23	4	Waage	23	7	Waage	23	9	Waage
24	16	Waage	24	18	Waage	24	21	Waage

* Zeitangaben in Greenwicher Zeit, die als astrologische Weltzeit gilt.

Zeit	Grad	Aszendent	Zeit	Grad	Aszendent	Zeit	Grad	Aszendent
19. Januar			**22. Januar**			**25. Januar**		
01	5	Skorpion	01	7	Skorpion	01	9	Skorpion
02	16	Skorpion	02	19	Skorpion	02	21	Skorpion
03	28	Skorpion	03	29	Skorpion	03	3	Schütze
04	10	Schütze	04	13	Schütze	04	15	Schütze
05	23	Schütze	05	26	Schütze	05	28	Schütze
06	7	Steinbock	06	10	Steinbock	06	13	Steinbock
07	22	Steinbock	07	25	Steinbock	07	29	Steinbock
08	11	Wassermann	08	15	Wassermann	08	19	Wassermann
09	3	Fische	09	8	Fische	09	13	Fische
10	29	Fische	10	4	Widder	10	8	Widder
11	24	Widder	11	28	Widder	11	3	Stier
12	17	Stier	12	20	Stier	12	24	Stier
13	6	Zwillinge	13	9	Zwillinge	13	12	Zwillinge
14	21	Zwillinge	14	24	Zwillinge	14	28	Zwillinge
15	6	Krebs	15	8	Krebs	15	11	Krebs
16	18	Krebs	16	21	Krebs	16	23	Krebs
17	1	Löwe	17	3	Löwe	17	5	Löwe
18	13	Löwe	18	15	Löwe	18	17	Löwe
19	24	Löwe	19	26	Löwe	19	29	Löwe
20	6	Jungfrau	20	8	Jungfrau	20	10	Jungfrau
21	18	Jungfrau	21	20	Jungfrau	21	22	Jungfrau
22	29	Jungfrau	22	1	Waage	22	4	Waage
23	12	Waage	23	13	Waage	23	16	Waage
24	23	Waage	24	25	Waage	24	28	Waage
28. Januar			**31. Januar**			**3. Februar**		
01	12	Skorpion	01	14	Skorpion	01	16	Skorpion
02	24	Skorpion	02	26	Skorpion	02	28	Skorpion
03	5	Schütze	03	8	Schütze	03	10	Schütze
04	18	Schütze	04	20	Schütze	04	22	Schütze
05	1	Steinbock	05	3	Steinbock	05	6	Steinbock
06	16	Steinbock	06	19	Steinbock	06	22	Steinbock
07	3	Wassermann	07	7	Wassermann	07	11	Wassermann
08	23	Wassermann	08	28	Wassermann	08	3	Fische
09	17	Fische	09	23	Fische	09	29	Fische
10	14	Widder	10	19	Widder	10	23	Widder
11	8	Stier	11	13	Stier	11	16	Stier
12	28	Stier	12	2	Zwillinge	12	6	Zwillinge
13	15	Zwillinge	13	18	Zwillinge	13	21	Zwillinge
14	29	Zwillinge	14	3	Krebs	14	6	Krebs
15	13	Krebs	15	16	Krebs	15	18	Krebs
16	26	Krebs	16	28	Krebs	16	1	Löwe
17	7	Löwe	17	10	Löwe	17	13	Löwe
18	19	Löwe	18	22	Löwe	18	24	Löwe
19	1	Jungfrau	19	3	Jungfrau	19	6	Jungfrau
20	13	Jungfrau	20	15	Jungfrau	20	18	Jungfrau
21	24	Jungfrau	21	27	Jungfrau	21	29	Jungfrau
22	7	Waage	22	9	Waage	22	12	Waage
23	18	Waage	23	21	Waage	23	23	Waage
24	29	Waage	24	2	Skorpion	24	5	Skorpion

Zeit	Grad	Aszendent	Zeit	Grad	Aszendent	Zeit	Grad	Aszendent
6. Februar			**9. Februar**			**12. Februar**		
01	18	Skorpion	01	21	Skorpion	01	23	Skorpion
02	29	Skorpion	02	3	Schütze	02	5	Schütze
03	12	Schütze	03	14	Schütze	03	17	Schütze
04	26	Schütze	04	28	Schütze	04	1	Steinbock
05	9	Steinbock	05	12	Steinbock	05	15	Steinbock
06	25	Steinbock	06	29	Steinbock	06	2	Wassermann
07	14	Wassermann	07	18	Wassermann	07	23	Wassermann
08	6	Fische	08	12	Fische	08	17	Fische
09	2	Widder	09	8	Widder	09	14	Widder
10	28	Widder	10	3	Stier	10	8	Stier
11	20	Stier	11	24	Stier	11	28	Stier
12	9	Zwillinge	12	12	Zwillinge	12	15	Zwillinge
13	24	Zwillinge	13	27	Zwillinge	13	29	Zwillinge
14	8	Krebs	14	10	Krebs	14	13	Krebs
15	21	Krebs	15	23	Krebs	15	26	Krebs
16	3	Löwe	16	5	Löwe	16	8	Löwe
17	15	Löwe	17	17	Löwe	17	19	Löwe
18	26	Löwe	18	29	Löwe	18	1	Jungfrau
19	8	Jungfrau	19	11	Jungfrau	19	13	Jungfrau
20	20	Jungfrau	20	23	Jungfrau	20	24	Jungfrau
21	2	Waage	21	4	Waage	21	7	Waage
22	14	Waage	22	16	Waage	22	18	Waage
23	26	Waage	23	28	Waage	23	29	Waage
24	7	Skorpion	24	9	Skorpion	24	12	Skorpion
15. Februar			**18. Februar**			**21. Februar**		
01	25	Skorpion	01	27	Skorpion	01	29	Skorpion
02	7	Schütze	02	10	Schütze	02	12	Schütze
03	20	Schütze	03	22	Schütze	03	25	Schütze
04	3	Steinbock	04	6	Steinbock	04	9	Steinbock
05	18	Steinbock	05	21	Steinbock	05	24	Steinbock
06	5	Wassermann	06	9	Wassermann	06	14	Wassermann
07	28	Wassermann	07	1	Fische	07	6	Fische
08	23	Fische	08	27	Fische	08	2	Widder
09	17	Widder	09	23	Widder	09	28	Widder
10	11	Stier	10	16	Stier	10	20	Stier
11	2	Zwillinge	11	6	Zwillinge	11	9	Zwillinge
12	18	Zwillinge	12	21	Zwillinge	12	24	Zwillinge
13	3	Krebs	13	6	Krebs	13	8	Krebs
14	16	Krebs	14	18	Krebs	14	22	Krebs
15	28	Krebs	15	1	Löwe	15	2	Löwe
16	10	Löwe	16	13	Löwe	16	13	Löwe
17	22	Löwe	17	24	Löwe	17	26	Löwe
18	3	Jungfrau	18	6	Jungfrau	18	8	Jungfrau
19	15	Jungfrau	19	18	Jungfrau	19	20	Jungfrau
20	27	Jungfrau	20	29	Jungfrau	20	1	Waage
21	9	Waage	21	12	Waage	21	13	Waage
22	21	Waage	22	23	Waage	22	24	Waage
23	2	Skorpion	23	5	Skorpion	23	6	Skorpion
24	14	Skorpion	24	17	Skorpion	24	18	Skorpion

Zeit	Grad	Aszendent	Zeit	Grad	Aszendent	Zeit	Grad	Aszendent
24. Februar			**27. Februar**			**2. März**		
01	3	Schütze	01	5	Schütze	01	7	Schütze
02	14	Schütze	02	17	Schütze	02	20	Schütze
03	27	Schütze	03	1	Steinbock	03	3	Steinbock
04	12	Steinbock	04	15	Steinbock	04	18	Steinbock
05	28	Steinbock	05	2	Wassermann	05	5	Wassermann
06	16	Wassermann	06	22	Wassermann	06	26	Wassermann
07	10	Fische	07	16	Fische	07	21	Fische
08	9	Widder	08	12	Widder	08	17	Widder
09	5	Stier	09	7	Stier	09	11	Stier
10	27	Stier	10	28	Stier	10	2	Zwillinge
11	12	Zwillinge	11	15	Zwillinge	11	18	Zwillinge
12	27	Zwillinge	12	29	Zwillinge	12	2	Krebs
13	10	Krebs	13	13	Krebs	13	16	Krebs
14	23	Krebs	14	26	Krebs	14	28	Krebs
15	5	Löwe	15	7	Löwe	15	10	Löwe
16	17	Löwe	16	19	Löwe	16	22	Löwe
17	29	Löwe	17	1	Jungfrau	17	3	Jungfrau
18	10	Jungfrau	18	13	Jungfrau	18	15	Jungfrau
19	22	Jungfrau	19	24	Jungfrau	19	27	Jungfrau
20	4	Waage	20	7	Waage	20	9	Waage
21	16	Waage	21	18	Waage	21	21	Waage
22	28	Waage	22	29	Waage	22	2	Skorpion
23	9	Skorpion	23	12	Skorpion	23	14	Skorpion
24	21	Skorpion	24	24	Skorpion	24	26	Skorpion
5. März			**8. März**			**11. März**		
01	9	Schütze	01	12	Schütze	01	14	Schütze
02	22	Schütze	02	25	Schütze	02	27	Schütze
03	6	Steinbock	03	9	Steinbock	03	12	Steinbock
04	22	Steinbock	04	24	Steinbock	04	28	Steinbock
05	9	Wassermann	05	14	Wassermann	05	18	Wassermann
06	1	Fische	06	6	Fische	06	12	Fische
07	27	Fische	07	2	Widder	07	6	Widder
08	23	Widder	08	28	Widder	08	2	Stier
09	16	Stier	09	20	Stier	09	24	Stier
10	4	Zwillinge	10	8	Zwillinge	10	11	Zwillinge
11	21	Zwillinge	11	24	Zwillinge	11	27	Zwillinge
12	6	Krebs	12	8	Krebs	12	10	Krebs
13	18	Krebs	13	20	Krebs	13	23	Krebs
14	29	Krebs	14	2	Löwe	14	5	Löwe
15	12	Löwe	15	14	Löwe	15	16	Löwe
16	24	Löwe	16	26	Löwe	16	29	Löwe
17	5	Jungfrau	17	8	Jungfrau	17	10	Jungfrau
18	18	Jungfrau	18	19	Jungfrau	18	22	Jungfrau
19	29	Jungfrau	19	1	Waage	19	4	Waage
20	11	Waage	20	13	Waage	20	16	Waage
21	23	Waage	21	25	Waage	21	28	Waage
22	5	Skorpion	22	7	Skorpion	22	9	Skorpion
23	16	Skorpion	23	18	Skorpion	23	21	Skorpion
24	28	Skorpion	24	29	Skorpion	24	3	Schütze

Zeit	Grad	Aszendent	Zeit	Grad	Aszendent	Zeit	Grad	Aszendent
14. März			**17. März**			**20. März**		
01	17	Schütze	01	19	Schütze	01	21	Schütze
02	29	Schütze	02	2	Steinbock	02	5	Steinbock
03	15	Steinbock	03	18	Steinbock	03	21	Steinbock
04	2	Wassermann	04	5	Wassermann	04	8	Wassermann
05	21	Wassermann	05	26	Wassermann	05	1	Fische
06	15	Fische	06	21	Fische	06	27	Fische
07	12	Widder	07	17	Widder	07	22	Widder
08	7	Stier	08	11	Stier	08	16	Stier
09	27	Stier	09	1	Zwillinge	09	4	Zwillinge
10	14	Zwillinge	10	17	Zwillinge	10	20	Zwillinge
11	29	Zwillinge	11	2	Krebs	11	5	Krebs
12	13	Krebs	12	15	Krebs	12	18	Krebs
13	25	Krebs	13	28	Krebs	13	29	Krebs
14	7	Löwe	14	10	Löwe	14	12	Löwe
15	19	Löwe	15	21	Löwe	15	23	Löwe
16	29	Löwe	16	3	Jungfrau	16	5	Jungfrau
17	13	Jungfrau	17	15	Jungfrau	17	17	Jungfrau
18	24	Jungfrau	18	26	Jungfrau	18	29	Jungfrau
19	7	Waage	19	8	Waage	19	11	Waage
20	18	Waage	20	20	Waage	20	23	Waage
21	29	Waage	21	2	Skorpion	21	5	Skorpion
22	12	Skorpion	22	14	Skorpion	22	16	Skorpion
23	24	Skorpion	23	26	Skorpion	23	28	Skorpion
24	5	Schütze	24	8	Schütze	24	10	Schütze
23. März			**26. März**			**29. März**		
01	24	Schütze	01	27	Schütze	01	29	Schütze
02	8	Steinbock	02	12	Steinbock	02	15	Steinbock
03	24	Steinbock	03	28	Steinbock	03	2	Wassermann
04	12	Wassermann	04	17	Wassermann	04	21	Wassermann
05	5	Fische	05	10	Fische	05	15	Fische
06	1	Widder	06	6	Widder	06	12	Widder
07	26	Widder	07	2	Stier	07	7	Stier
08	19	Stier	08	23	Stier	08	27	Stier
09	8	Zwillinge	09	11	Zwillinge	09	14	Zwillinge
10	23	Zwillinge	10	26	Zwillinge	10	29	Zwillinge
11	7	Krebs	11	10	Krebs	11	13	Krebs
12	20	Krebs	12	23	Krebs	12	25	Krebs
13	2	Löwe	13	4	Löwe	13	7	Löwe
14	14	Löwe	14	16	Löwe	14	19	Löwe
15	26	Löwe	15	28	Löwe	15	29	Löwe
16	8	Jungfrau	16	10	Jungfrau	16	13	Jungfrau
17	19	Jungfrau	17	22	Jungfrau	17	24	Jungfrau
18	1	Waage	18	4	Waage	18	6	Waage
19	13	Waage	19	16	Waage	19	18	Waage
20	24	Waage	20	28	Waage	20	29	Waage
21	7	Skorpion	21	9	Skorpion	21	12	Skorpion
22	18	Skorpion	22	21	Skorpion	22	23	Skorpion
23	29	Skorpion	23	3	Schütze	23	5	Schütze
24	12	Schütze	24	15	Schütze	24	18	Schütze

Zeit	Grad	Aszendent	Zeit	Grad	Aszendent	Zeit	Grad	Aszendent
1. April			**4. April**			**7. April**		
01	2	Steinbock	01	5	Steinbock	01	8	Steinbock
02	18	Steinbock	02	21	Steinbock	02	24	Steinbock
03	5	Wassermann	03	9	Wassermann	03	12	Wassermann
04	26	Wassermann	04	1	Fische	04	5	Fische
05	21	Fische	05	26	Fische	05	1	Widder
06	17	Widder	06	21	Widder	06	26	Widder
07	11	Stier	07	14	Stier	07	19	Stier
08	1	Zwillinge	08	4	Zwillinge	08	8	Zwillinge
09	17	Zwillinge	09	20	Zwillinge	09	23	Zwillinge
10	2	Krebs	10	5	Krebs	10	7	Krebs
11	15	Krebs	11	17	Krebs	11	20	Krebs
12	27	Krebs	12	29	Krebs	12	2	Löwe
13	10	Löwe	13	12	Löwe	13	14	Löwe
14	21	Löwe	14	23	Löwe	14	26	Löwe
15	3	Jungfrau	15	5	Jungfrau	15	8	Jungfrau
16	14	Jungfrau	16	17	Jungfrau	16	19	Jungfrau
17	26	Jungfrau	17	29	Jungfrau	17	1	Waage
18	8	Waage	18	11	Waage	18	13	Waage
19	20	Waage	19	23	Waage	19	25	Waage
20	2	Skorpion	20	4	Skorpion	20	6	Skorpion
21	14	Skorpion	21	15	Skorpion	21	18	Skorpion
22	25	Skorpion	22	28	Skorpion	22	29	Skorpion
23	8	Schütze	23	10	Schütze	23	12	Schütze
24	20	Schütze	24	22	Schütze	24	25	Schütze
10. April			**13. April**			**16. April**		
01	11	Steinbock	01	14	Steinbock	01	17	Steinbock
02	28	Steinbock	02	29	Steinbock	02	4	Wassermann
03	17	Wassermann	03	21	Wassermann	03	26	Wassermann
04	10	Fische	04	15	Fische	04	20	Fische
05	6	Widder	05	12	Widder	05	16	Widder
06	2	Stier	06	7	Stier	06	10	Stier
07	23	Stier	07	27	Stier	07	1	Zwillinge
08	11	Zwillinge	08	14	Zwillinge	08	17	Zwillinge
09	26	Zwillinge	09	29	Zwillinge	09	1	Krebs
10	10	Krebs	10	13	Krebs	10	15	Krebs
11	23	Krebs	11	25	Krebs	11	27	Krebs
12	4	Löwe	12	7	Löwe	12	9	Löwe
13	16	Löwe	13	19	Löwe	13	21	Löwe
14	28	Löwe	14	29	Löwe	14	3	Jungfrau
15	9	Jungfrau	15	12	Jungfrau	15	14	Jungfrau
16	22	Jungfrau	16	24	Jungfrau	16	26	Jungfrau
17	3	Waage	17	6	Waage	17	8	Waage
18	15	Waage	18	18	Waage	18	20	Waage
19	27	Waage	19	29	Waage	19	2	Skorpion
20	9	Skorpion	20	12	Skorpion	20	13	Skorpion
21	21	Skorpion	21	23	Skorpion	21	25	Skorpion
22	3	Schütze	22	5	Schütze	22	7	Schütze
23	14	Schütze	23	17	Schütze	23	20	Schütze
24	27	Schütze	24	1	Steinbock	24	3	Steinbock

Zeit	Grad	Aszendent	Zeit	Grad	Aszendent	Zeit	Grad	Aszendent
19. April			**22. April**			**25. April**		
01	20	Steinbock	01	24	Steinbock	01	27	Steinbock
02	8	Wassermann	02	14	Wassermann	02	17	Wassermann
03	29	Wassermann	03	5	Fische	03	10	Fische
04	25	Fische	04	1	Widder	04	6	Widder
05	21	Widder	05	26	Widder	05	2	Stier
06	14	Stier	06	19	Stier	06	23	Stier
07	4	Zwillinge	07	8	Zwillinge	07	11	Zwillinge
08	20	Zwillinge	08	23	Zwillinge	08	26	Zwillinge
09	5	Krebs	09	7	Krebs	09	10	Krebs
10	17	Krebs	10	20	Krebs	10	22	Krebs
11	29	Krebs	11	2	Löwe	11	4	Löwe
12	11	Löwe	12	14	Löwe	12	16	Löwe
13	23	Löwe	13	26	Löwe	13	28	Löwe
14	5	Jungfrau	14	7	Jungfrau	14	9	Jungfrau
15	17	Jungfrau	15	19	Jungfrau	15	21	Jungfrau
16	29	Jungfrau	16	1	Waage	16	3	Waage
17	11	Waage	17	13	Waage	17	15	Waage
18	23	Waage	18	24	Waage	18	27	Waage
19	4	Skorpion	19	6	Skorpion	19	9	Skorpion
20	15	Skorpion	20	18	Skorpion	20	20	Skorpion
21	28	Skorpion	21	29	Skorpion	21	3	Schütze
22	10	Schütze	22	13	Schütze	22	14	Schütze
23	22	Schütze	23	25	Schütze	23	27	Schütze
24	10	Steinbock	24	9	Steinbock	24	12	Steinbock
28. April			**1. Mai**			**4. Mai**		
01	2	Wassermann	01	4	Wassermann	01	8	Wassermann
02	21	Wassermann	02	24	Wassermann	02	29	Wassermann
03	15	Fische	03	19	Fische	03	25	Fische
04	10	Widder	04	16	Widder	04	21	Widder
05	5	Stier	05	10	Stier	05	14	Stier
06	27	Stier	06	29	Stier	06	3	Zwillinge
07	14	Zwillinge	07	17	Zwillinge	07	20	Zwillinge
08	29	Zwillinge	08	1	Krebs	08	5	Krebs
09	12	Krebs	09	15	Krebs	09	17	Krebs
10	25	Krebs	10	27	Krebs	10	29	Krebs
11	7	Löwe	11	9	Löwe	11	11	Löwe
12	19	Löwe	12	21	Löwe	12	23	Löwe
13	29	Löwe	13	3	Jungfrau	13	4	Jungfrau
14	12	Jungfrau	14	14	Jungfrau	14	17	Jungfrau
15	24	Jungfrau	15	26	Jungfrau	15	28	Jungfrau
16	6	Waage	16	8	Waage	16	10	Waage
17	18	Waage	17	20	Waage	17	22	Waage
18	29	Waage	18	2	Skorpion	18	4	Skorpion
19	11	Skorpion	19	13	Skorpion	19	15	Skorpion
20	23	Skorpion	20	25	Skorpion	20	27	Skorpion
21	5	Schütze	21	7	Schütze	21	9	Schütze
22	17	Schütze	22	19	Schütze	22	21	Schütze
23	29	Schütze	23	3	Steinbock	23	5	Steinbock
24	15	Steinbock	24	18	Steinbock	24	21	Steinbock

Zeit	Grad	Aszendent	Zeit	Grad	Aszendent	Zeit	Grad	Aszendent
7. Mai			**10. Mai**			**13. Mai**		
01	21	Wassermann	01	16	Wassermann	01	20	Wassermann
02	5	Fische	02	9	Fische	02	14	Fische
03	1	Widder	03	4	Widder	03	10	Widder
04	26	Widder	04	29	Widder	04	5	Stier
05	19	Stier	05	23	Stier	05	26	Stier
06	7	Zwillinge	06	10	Zwillinge	06	13	Zwillinge
07	23	Zwillinge	07	26	Zwillinge	07	29	Zwillinge
08	7	Krebs	08	10	Krebs	08	12	Krebs
09	20	Krebs	09	22	Krebs	09	25	Krebs
10	1	Löwe	10	4	Löwe	10	7	Löwe
11	13	Löwe	11	16	Löwe	11	18	Löwe
12	25	Löwe	12	27	Löwe	12	29	Löwe
13	7	Jungfrau	13	9	Jungfrau	13	12	Jungfrau
14	18	Jungfrau	14	21	Jungfrau	14	24	Jungfrau
15	1	Waage	15	3	Waage	15	6	Waage
16	13	Waage	16	15	Waage	16	18	Waage
17	24	Waage	17	27	Waage	17	29	Waage
18	6	Skorpion	18	9	Skorpion	18	11	Skorpion
19	18	Skorpion	19	20	Skorpion	19	22	Skorpion
20	29	Skorpion	20	2	Schütze	20	5	Schütze
21	12	Schütze	21	14	Schütze	21	17	Schütze
22	25	Schütze	22	27	Schütze	22	29	Schütze
23	9	Steinbock	23	11	Steinbock	23	15	Steinbock
24	24	Steinbock	24	28	Steinbock	24	2	Wassermann
16. Mai			**19. Mai**			**22. Mai**		
01	24	Wassermann	01	29	Wassermann	01	5	Fische
02	19	Fische	02	25	Fische	02	29	Fische
03	16	Widder	03	21	Widder	03	25	Widder
04	10	Stier	04	14	Stier	04	18	Stier
05	29	Stier	05	3	Zwillinge	05	7	Zwillinge
06	16	Zwillinge	06	19	Zwillinge	06	22	Zwillinge
07	1	Krebs	07	4	Krebs	07	6	Krebs
08	14	Krebs	08	17	Krebs	08	20	Krebs
09	27	Krebs	09	29	Krebs	09	1	Löwe
10	9	Löwe	10	11	Löwe	10	13	Löwe
11	20	Löwe	11	22	Löwe	11	25	Löwe
12	2	Jungfrau	12	4	Jungfrau	12	7	Jungfrau
13	14	Jungfrau	13	16	Jungfrau	13	18	Jungfrau
14	25	Jungfrau	14	28	Jungfrau	14	1	Waage
15	7	Waage	15	10	Waage	15	13	Waage
16	19	Waage	16	22	Waage	16	24	Waage
17	2	Skorpion	17	4	Skorpion	17	5	Skorpion
18	13	Skorpion	18	15	Skorpion	18	18	Skorpion
19	25	Skorpion	19	27	Skorpion	19	29	Skorpion
20	7	Schütze	20	9	Schütze	20	12	Schütze
21	19	Schütze	21	21	Schütze	21	25	Schütze
22	2	Steinbock	22	5	Steinbock	22	9	Steinbock
23	18	Steinbock	23	21	Steinbock	23	24	Steinbock
24	5	Wassermann	24	9	Wassermann	24	14	Wassermann

Zeit	Grad	Aszendent	Zeit	Grad	Aszendent	Zeit	Grad	Aszendent
25. Mai			**28. Mai**			**31. Mai**		
01	8	Fische	01	14	Fische	01	19	Fische
02	4	Widder	02	10	Widder	02	16	Widder
03	29	Widder	03	5	Stier	03	10	Stier
04	22	Stier	04	26	Stier	04	29	Stier
05	10	Zwillinge	05	13	Zwillinge	05	16	Zwillinge
06	25	Zwillinge	06	29	Zwillinge	06	1	Krebs
07	9	Krebs	07	11	Krebs	07	14	Krebs
08	22	Krebs	08	24	Krebs	08	27	Krebs
09	4	Löwe	09	6	Löwe	09	8	Löwe
10	16	Löwe	10	18	Löwe	10	20	Löwe
11	27	Löwe	11	29	Löwe	11	2	Jungfrau
12	9	Jungfrau	12	12	Jungfrau	12	13	Jungfrau
13	21	Jungfrau	13	23	Jungfrau	13	25	Jungfrau
14	3	Waage	14	6	Waage	14	7	Waage
15	15	Waage	15	17	Waage	15	19	Waage
16	27	Waage	16	29	Waage	16	2	Skorpion
17	9	Skorpion	17	10	Skorpion	17	13	Skorpion
18	20	Skorpion	18	22	Skorpion	18	24	Skorpion
19	2	Schütze	19	4	Schütze	19	7	Schütze
20	14	Schütze	20	17	Schütze	20	19	Schütze
21	27	Schütze	21	29	Schütze	21	2	Steinbock
22	11	Steinbock	22	14	Steinbock	22	18	Steinbock
23	28	Steinbock	23	2	Wassermann	23	5	Wassermann
24	17	Wassermann	24	21	Wassermann	24	26	Wassermann
3. Juni			**6. Juni**			**9. Juni**		
01	25	Fische	01	29	Fische	01	4	Widder
02	19	Widder	02	25	Widder	02	29	Widder
03	13	Stier	03	17	Stier	03	22	Stier
04	3	Zwillinge	04	7	Zwillinge	04	10	Zwillinge
05	19	Zwillinge	05	22	Zwillinge	05	25	Zwillinge
06	4	Krebs	06	6	Krebs	06	9	Krebs
07	17	Krebs	07	19	Krebs	07	21	Krebs
08	29	Krebs	08	1	Löwe	08	4	Löwe
09	11	Löwe	09	13	Löwe	09	16	Löwe
10	22	Löwe	10	25	Löwe	10	27	Löwe
11	4	Jungfrau	11	7	Jungfrau	11	9	Jungfrau
12	16	Jungfrau	12	18	Jungfrau	12	21	Jungfrau
13	28	Jungfrau	13	1	Waage	13	3	Waage
14	10	Waage	14	13	Waage	14	14	Waage
15	22	Waage	15	24	Waage	15	27	Waage
16	3	Skorpion	16	5	Skorpion	16	8	Skorpion
17	15	Skorpion	17	18	Skorpion	17	20	Skorpion
18	27	Skorpion	18	29	Skorpion	18	2	Schütze
19	9	Schütze	19	11	Schütze	19	14	Schütze
20	21	Schütze	20	24	Schütze	20	27	Schütze
21	5	Steinbock	21	8	Steinbock	21	11	Steinbock
22	21	Steinbock	22	23	Steinbock	22	28	Steinbock
23	8	Wassermann	23	12	Wassermann	23	17	Wassermann
24	1	Fische	24	5	Fische	24	10	Fische

Zeit	Grad	Aszendent	Zeit	Grad	Aszendent	Zeit	Grad	Aszendent
12. Juni			**15. Juni**			**18. Juni**		
01	10	Widder	01	14	Widder	01	19	Widder
02	3	Stier	02	8	Stier	02	13	Stier
03	26	Stier	03	29	Stier	03	3	Zwillinge
04	13	Zwillinge	04	16	Zwillinge	04	19	Zwillinge
05	28	Zwillinge	05	29	Zwillinge	05	3	Krebs
06	11	Krebs	06	13	Krebs	06	17	Krebs
07	24	Krebs	07	26	Krebs	07	28	Krebs
08	6	Löwe	08	8	Löwe	08	10	Löwe
09	18	Löwe	09	20	Löwe	09	22	Löwe
10	29	Löwe	10	2	Jungfrau	10	4	Jungfrau
11	11	Jungfrau	11	13	Jungfrau	11	16	Jungfrau
12	23	Jungfrau	12	25	Jungfrau	12	28	Jungfrau
13	5	Waage	13	7	Waage	13	10	Waage
14	17	Waage	14	19	Waage	14	22	Waage
15	29	Waage	15	1	Skorpion	15	3	Skorpion
16	10	Skorpion	16	12	Skorpion	16	15	Skorpion
17	22	Skorpion	17	24	Skorpion	17	27	Skorpion
18	4	Schütze	18	6	Schütze	18	8	Schütze
19	16	Schütze	19	19	Schütze	19	21	Schütze
20	29	Schütze	20	2	Steinbock	20	5	Steinbock
21	14	Steinbock	21	17	Steinbock	21	20	Steinbock
22	29	Steinbock	22	4	Wassermann	22	8	Wassermann
23	21	Wassermann	23	26	Wassermann	23	29	Wassermann
24	15	Fische	24	20	Fische	24	25	Fische
21. Juni			**24. Juni**			**27. Juni**		
01	25	Widder	01	29	Widder	01	3	Stier
02	17	Stier	02	22	Stier	02	25	Stier
03	7	Zwillinge	03	10	Zwillinge	03	12	Zwillinge
04	22	Zwillinge	04	25	Zwillinge	04	28	Zwillinge
05	6	Krebs	05	9	Krebs	05	11	Krebs
06	19	Krebs	06	21	Krebs	06	24	Krebs
07	1	Löwe	07	4	Löwe	07	6	Löwe
08	13	Löwe	08	16	Löwe	08	18	Löwe
09	25	Löwe	09	27	Löwe	09	29	Löwe
10	6	Jungfrau	10	8	Jungfrau	10	11	Jungfrau
11	18	Jungfrau	11	20	Jungfrau	11	23	Jungfrau
12	1	Waage	12	2	Waage	12	5	Waage
13	12	Waage	13	14	Waage	13	17	Waage
14	24	Waage	14	26	Waage	14	28	Waage
15	5	Skorpion	15	8	Skorpion	15	10	Skorpion
16	18	Skorpion	16	19	Skorpion	16	22	Skorpion
17	29	Skorpion	17	1	Schütze	17	4	Schütze
18	11	Schütze	18	14	Schütze	18	16	Schütze
19	24	Schütze	19	26	Schütze	19	29	Schütze
20	8	Steinbock	20	11	Steinbock	20	14	Steinbock
21	23	Steinbock	21	27	Steinbock	21	29	Steinbock
22	12	Wassermann	22	16	Wassermann	22	21	Wassermann
23	5	Fische	23	10	Fische	23	14	Fische
24	1	Widder	24	5	Widder	24	10	Widder

Zeit	Grad	Aszendent	Zeit	Grad	Aszendent	Zeit	Grad	Aszendent
30. Juni			**3. Juli**			**6. Juli**		
01	8	Stier	01	13	Stier	01	17	Stier
02	29	Stier	02	2	Zwillinge	02	6	Zwillinge
03	16	Zwillinge	03	18	Zwillinge	03	22	Zwillinge
04	29	Zwillinge	04	3	Krebs	04	6	Krebs
05	13	Krebs	05	17	Krebs	05	19	Krebs
06	26	Krebs	06	28	Krebs	06	1	Löwe
07	8	Löwe	07	10	Löwe	07	13	Löwe
08	20	Löwe	08	22	Löwe	08	25	Löwe
09	2	Jungfrau	09	3	Jungfrau	09	6	Jungfrau
10	13	Jungfrau	10	16	Jungfrau	10	18	Jungfrau
11	25	Jungfrau	11	28	Jungfrau	11	29	Jungfrau
12	7	Waage	12	9	Waage	12	12	Waage
13	19	Waage	13	22	Waage	13	24	Waage
14	1	Skorpion	14	3	Skorpion	14	5	Skorpion
15	12	Skorpion	15	15	Skorpion	15	17	Skorpion
16	24	Skorpion	16	27	Skorpion	16	29	Skorpion
17	6	Schütze	17	8	Schütze	17	11	Schütze
18	18	Schütze	18	21	Schütze	18	24	Schütze
19	1	Steinbock	19	5	Steinbock	19	8	Steinbock
20	17	Steinbock	20	20	Steinbock	20	23	Steinbock
21	4	Wassermann	21	8	Wassermann	21	12	Wassermann
22	24	Wassermann	22	29	Wassermann	22	5	Fische
23	19	Fische	23	25	Fische	23	1	Widder
24	16	Widder	24	21	Widder	24	26	Widder
9. Juli			**12. Juli**			**15. Juli**		
01	22	Stier	01	24	Stier	01	28	Stier
02	9	Zwillinge	02	12	Zwillinge	02	15	Zwillinge
03	25	Zwillinge	03	28	Zwillinge	03	29	Zwillinge
04	9	Krebs	04	11	Krebs	04	13	Krebs
05	21	Krebs	05	23	Krebs	05	26	Krebs
06	3	Löwe	06	6	Löwe	06	8	Löwe
07	15	Löwe	07	17	Löwe	07	20	Löwe
08	26	Löwe	08	29	Löwe	08	1	Jungfrau
09	8	Jungfrau	09	11	Jungfrau	09	13	Jungfrau
10	20	Jungfrau	10	23	Jungfrau	10	25	Jungfrau
11	2	Waage	11	5	Waage	11	7	Waage
12	14	Waage	12	17	Waage	12	19	Waage
13	26	Waage	13	28	Waage	13	1	Skorpion
14	8	Skorpion	14	10	Skorpion	14	12	Skorpion
15	19	Skorpion	15	21	Skorpion	15	24	Skorpion
16	2	Schütze	16	3	Schütze	16	6	Schütze
17	14	Schütze	17	16	Schütze	17	18	Schütze
18	26	Schütze	18	29	Schütze	18	1	Steinbock
19	11	Steinbock	19	14	Steinbock	19	16	Steinbock
20	27	Steinbock	20	29	Steinbock	20	4	Wassermann
21	17	Wassermann	21	20	Wassermann	21	24	Wassermann
22	8	Fische	22	14	Fische	22	19	Fische
23	5	Widder	23	10	Widder	23	16	Widder
24	29	Widder	24	5	Stier	24	10	Stier

Zeit	Grad	Aszendent	Zeit	Grad	Aszendent	Zeit	Grad	Aszendent
18. Juli			**21. Juli**			**24. Juli**		
01	2	Zwillinge	01	6	Zwillinge	01	9	Zwillinge
02	18	Zwillinge	02	21	Zwillinge	02	24	Zwillinge
03	3	Krebs	03	6	Krebs	03	8	Krebs
04	16	Krebs	04	18	Krebs	04	21	Krebs
05	28	Krebs	05	1	Löwe	05	3	Löwe
06	10	Löwe	06	13	Löwe	06	15	Löwe
07	22	Löwe	07	24	Löwe	07	26	Löwe
08	3	Jungfrau	08	6	Jungfrau	08	8	Jungfrau
09	15	Jungfrau	09	18	Jungfrau	09	20	Jungfrau
10	27	Jungfrau	10	29	Jungfrau	10	2	Waage
11	10	Waage	11	12	Waage	11	14	Waage
12	21	Waage	12	23	Waage	12	26	Waage
13	3	Skorpion	13	5	Skorpion	13	8	Skorpion
14	15	Skorpion	14	17	Skorpion	14	19	Skorpion
15	27	Skorpion	15	29	Skorpion	15	1	Schütze
16	8	Schütze	16	11	Schütze	16	13	Schütze
17	21	Schütze	17	24	Schütze	17	26	Schütze
18	4	Steinbock	18	7	Steinbock	18	11	Steinbock
19	20	Steinbock	19	23	Steinbock	19	27	Steinbock
20	8	Wassermann	20	12	Wassermann	20	16	Wassermann
21	29	Wassermann	21	3	Fische	21	8	Fische
22	25	Fische	22	29	Fische	22	4	Widder
23	19	Widder	23	25	Widder	23	29	Widder
24	13	Stier	24	17	Stier	24	22	Stier
27. Juli			**30. Juli**			**2. August**		
01	12	Zwillinge	01	15	Zwillinge	01	18	Zwillinge
02	27	Zwillinge	02	29	Zwillinge	02	3	Krebs
03	11	Krebs	03	13	Krebs	03	16	Krebs
04	23	Krebs	04	26	Krebs	04	28	Krebs
05	5	Löwe	05	7	Löwe	05	10	Löwe
06	17	Löwe	06	19	Löwe	06	22	Löwe
07	29	Löwe	07	1	Jungfrau	07	3	Jungfrau
08	11	Jungfrau	08	13	Jungfrau	08	15	Jungfrau
09	23	Jungfrau	09	24	Jungfrau	09	27	Jungfrau
10	5	Waage	10	7	Waage	10	9	Waage
11	16	Waage	11	18	Waage	11	21	Waage
12	28	Waage	12	1	Skorpion	12	3	Skorpion
13	9	Skorpion	13	12	Skorpion	13	15	Skorpion
14	21	Skorpion	14	24	Skorpion	14	26	Skorpion
15	3	Schütze	15	5	Schütze	15	8	Schütze
16	16	Schütze	16	18	Schütze	16	21	Schütze
17	29	Schütze	17	1	Steinbock	17	4	Steinbock
18	13	Steinbock	18	16	Steinbock	18	20	Steinbock
19	29	Steinbock	19	3	Wassermann	19	7	Wassermann
20	20	Wassermann	20	24	Wassermann	20	29	Wassermann
21	14	Fische	21	19	Fische	21	25	Fische
22	10	Widder	22	15	Widder	22	19	Widder
23	5	Stier	23	8	Stier	23	13	Stier
24	26	Stier	24	29	Stier	24	3	Zwillinge

Zeit	Grad	Aszendent	Zeit	Grad	Aszendent	Zeit	Grad	Aszendent
5. August			**8. August**			**11. August**		
01	21	Zwillinge	01	24	Zwillinge	01	27	Zwillinge
02	6	Krebs	02	8	Krebs	02	10	Krebs
03	18	Krebs	03	20	Krebs	03	23	Krebs
04	1	Löwe	04	3	Löwe	04	5	Löwe
05	13	Löwe	05	15	Löwe	05	17	Löwe
06	24	Löwe	06	26	Löwe	06	29	Löwe
07	6	Jungfrau	07	8	Jungfrau	07	11	Jungfrau
08	18	Jungfrau	08	20	Jungfrau	08	22	Jungfrau
09	29	Jungfrau	09	2	Waage	09	4	Waage
10	12	Waage	10	14	Waage	10	16	Waage
11	23	Waage	11	26	Waage	11	28	Waage
12	5	Skorpion	12	7	Skorpion	12	10	Skorpion
13	17	Skorpion	13	19	Skorpion	13	21	Skorpion
14	28	Skorpion	14	1	Schütze	14	3	Schütze
15	11	Schütze	15	13	Schütze	15	15	Schütze
16	23	Schütze	16	26	Schütze	16	28	Schütze
17	7	Steinbock	17	10	Steinbock	17	13	Steinbock
18	22	Steinbock	18	26	Steinbock	18	29	Steinbock
19	11	Wassermann	19	15	Wassermann	19	20	Wassermann
20	3	Fische	20	8	Fische	20	14	Fische
21	29	Fische	21	4	Widder	21	10	Widder
22	25	Widder	22	29	Widder	22	4	Stier
23	17	Stier	23	22	Stier	23	26	Stier
24	7	Zwillinge	24	10	Zwillinge	24	13	Zwillinge
14. August			**17. August**			**20. August**		
01	29	Zwillinge	01	2	Krebs	01	6	Krebs
02	13	Krebs	02	16	Krebs	02	18	Krebs
03	26	Krebs	03	28	Krebs	03	29	Krebs
04	7	Löwe	04	10	Löwe	04	12	Löwe
05	19	Löwe	05	22	Löwe	05	24	Löwe
06	1	Jungfrau	06	3	Jungfrau	06	6	Jungfrau
07	13	Jungfrau	07	15	Jungfrau	07	18	Jungfrau
08	24	Jungfrau	08	27	Jungfrau	08	29	Jungfrau
09	7	Waage	09	9	Waage	09	11	Waage
10	18	Waage	10	21	Waage	10	23	Waage
11	29	Waage	11	2	Skorpion	11	5	Skorpion
12	12	Skorpion	12	14	Skorpion	12	16	Skorpion
13	24	Skorpion	13	26	Skorpion	13	28	Skorpion
14	5	Schütze	14	8	Schütze	14	11	Schütze
15	18	Schütze	15	21	Schütze	15	23	Schütze
16	1	Steinbock	16	4	Steinbock	16	7	Steinbock
17	16	Steinbock	17	19	Steinbock	17	22	Steinbock
18	3	Wassermann	18	7	Wassermann	18	11	Wassermann
19	24	Wassermann	19	28	Wassermann	19	3	Fische
20	19	Fische	20	23	Fische	20	29	Fische
21	15	Widder	21	19	Widder	21	25	Widder
22	8	Stier	22	13	Stier	22	17	Stier
23	28	Stier	23	2	Zwillinge	23	7	Zwillinge
24	16	Zwillinge	24	19	Zwillinge	24	22	Zwillinge

Zeit	Grad	Aszendent	Zeit	Grad	Aszendent	Zeit	Grad	Aszendent
23. August			**26. August**			**29. August**		
01	8	Krebs	01	10	Krebs	01	13	Krebs
02	20	Krebs	02	23	Krebs	02	26	Krebs
03	2	Löwe	03	5	Löwe	03	7	Löwe
04	15	Löwe	04	16	Löwe	04	19	Löwe
05	26	Löwe	05	29	Löwe	05	1	Jungfrau
06	8	Jungfrau	06	10	Jungfrau	06	13	Jungfrau
07	20	Jungfrau	07	22	Jungfrau	07	24	Jungfrau
08	1	Waage	08	4	Waage	08	7	Waage
09	13	Waage	09	16	Waage	09	18	Waage
10	25	Waage	10	28	Waage	10	29	Waage
11	7	Skorpion	11	9	Skorpion	11	12	Skorpion
12	18	Skorpion	12	21	Skorpion	12	24	Skorpion
13	1	Schütze	13	3	Schütze	13	5	Schütze
14	13	Schütze	14	15	Schütze	14	18	Schütze
15	26	Schütze	15	28	Schütze	15	1	Steinbock
16	10	Steinbock	16	13	Steinbock	16	16	Steinbock
17	25	Steinbock	17	29	Steinbock	17	3	Wassermann
18	15	Wassermann	18	20	Wassermann	18	23	Wassermann
19	8	Fische	19	14	Fische	19	17	Fische
20	4	Widder	20	9	Widder	20	14	Widder
21	29	Widder	21	3	Stier	21	8	Stier
22	22	Stier	22	26	Stier	22	29	Stier
23	9	Zwillinge	23	12	Zwillinge	23	16	Zwillinge
24	25	Zwillinge	24	28	Zwillinge	24	29	Zwillinge
1. September			**4. September**			**7. September**		
01	16	Krebs	01	18	Krebs	01	20	Krebs
02	28	Krebs	02	29	Krebs	02	3	Löwe
03	10	Löwe	03	12	Löwe	03	15	Löwe
04	21	Löwe	04	24	Löwe	04	26	Löwe
05	3	Jungfrau	05	5	Jungfrau	05	8	Jungfrau
06	15	Jungfrau	06	17	Jungfrau	06	19	Jungfrau
07	27	Jungfrau	07	29	Jungfrau	07	1	Waage
08	8	Waage	08	11	Waage	08	13	Waage
09	21	Waage	09	23	Waage	09	25	Waage
10	2	Skorpion	10	5	Skorpion	10	7	Skorpion
11	14	Skorpion	11	16	Skorpion	11	18	Skorpion
12	26	Skorpion	12	28	Skorpion	12	29	Skorpion
13	8	Schütze	13	10	Schütze	13	12	Schütze
14	21	Schütze	14	23	Schütze	14	26	Schütze
15	4	Steinbock	15	6	Steinbock	15	10	Steinbock
16	19	Steinbock	16	22	Steinbock	16	25	Steinbock
17	7	Wassermann	17	11	Wassermann	17	15	Wassermann
18	28	Wassermann	18	3	Fische	18	8	Fische
19	23	Fische	19	29	Fische	19	4	Widder
20	19	Widder	20	24	Widder	20	28	Widder
21	13	Stier	21	17	Stier	21	20	Stier
22	2	Zwillinge	22	6	Zwillinge	22	9	Zwillinge
23	19	Zwillinge	23	22	Zwillinge	23	25	Zwillinge
24	3	Krebs	24	6	Krebs	24	9	Krebs

Zeit	Grad	Aszendent	Zeit	Grad	Aszendent	Zeit	Grad	Aszendent
10. September			**13. September**			**16. September**		
01	23	Krebs	01	26	Krebs	01	28	Krebs
02	5	Löwe	02	7	Löwe	02	10	Löwe
03	16	Löwe	03	19	Löwe	03	21	Löwe
04	28	Löwe	04	29	Löwe	04	3	Jungfrau
05	10	Jungfrau	05	13	Jungfrau	05	14	Jungfrau
06	22	Jungfrau	06	24	Jungfrau	06	26	Jungfrau
07	4	Waage	07	6	Waage	07	8	Waage
08	16	Waage	08	18	Waage	08	20	Waage
09	28	Waage	09	29	Waage	09	2	Skorpion
10	9	Skorpion	10	12	Skorpion	10	14	Skorpion
11	21	Skorpion	11	23	Skorpion	11	25	Skorpion
12	3	Schütze	12	5	Schütze	12	8	Schütze
13	15	Schütze	13	18	Schütze	13	20	Schütze
14	28	Schütze	14	1	Steinbock	14	3	Steinbock
15	13	Steinbock	15	16	Steinbock	15	19	Steinbock
16	29	Steinbock	16	3	Wassermann	16	7	Wassermann
17	19	Wassermann	17	23	Wassermann	17	28	Wassermann
18	13	Fische	18	17	Fische	18	23	Fische
19	8	Widder	19	14	Widder	19	18	Widder
20	3	Stier	20	8	Stier	20	13	Stier
21	24	Stier	21	28	Stier	21	2	Zwillinge
22	12	Zwillinge	22	15	Zwillinge	22	18	Zwillinge
23	28	Zwillinge	23	29	Zwillinge	23	3	Krebs
24	11	Krebs	24	13	Krebs	24	16	Krebs
19. September			**22. September**			**25. September**		
01	29	Krebs	01	2	Löwe	01	4	Löwe
02	12	Löwe	02	14	Löwe	02	16	Löwe
03	23	Löwe	03	26	Löwe	03	28	Löwe
04	5	Jungfrau	04	8	Jungfrau	04	10	Jungfrau
05	17	Jungfrau	05	19	Jungfrau	05	22	Jungfrau
06	29	Jungfrau	06	1	Waage	06	3	Waage
07	11	Waage	07	14	Waage	07	15	Waage
08	23	Waage	08	25	Waage	08	27	Waage
09	4	Skorpion	09	7	Skorpion	09	9	Skorpion
10	16	Skorpion	10	18	Skorpion	10	21	Skorpion
11	27	Skorpion	11	29	Skorpion	11	3	Schütze
12	10	Schütze	12	12	Schütze	12	15	Schütze
13	22	Schütze	13	26	Schütze	13	28	Schütze
14	6	Steinbock	14	9	Steinbock	14	13	Steinbock
15	22	Steinbock	15	25	Steinbock	15	29	Steinbock
16	11	Wassermann	16	14	Wassermann	16	18	Wassermann
17	3	Fische	17	7	Fische	17	12	Fische
18	29	Fische	18	2	Widder	18	8	Widder
19	23	Widder	19	28	Widder	19	3	Stier
20	16	Stier	20	20	Stier	20	24	Stier
21	6	Zwillinge	21	9	Zwillinge	21	12	Zwillinge
22	21	Zwillinge	22	24	Zwillinge	22	28	Zwillinge
23	6	Krebs	23	8	Krebs	23	11	Krebs
24	18	Krebs	24	21	Krebs	24	23	Krebs

Zeit	Grad	Aszendent	Zeit	Grad	Aszendent	Zeit	Grad	Aszendent
28. September			**1. Oktober**			**4. Oktober**		
01	7	Löwe	01	9	Löwe	01	11	Löwe
02	19	Löwe	02	21	Löwe	02	23	Löwe
03	29	Löwe	03	3	Jungfrau	03	5	Jungfrau
04	12	Jungfrau	04	14	Jungfrau	04	17	Jungfrau
05	24	Jungfrau	05	26	Jungfrau	05	29	Jungfrau
06	6	Waage	06	8	Waage	06	11	Waage
07	18	Waage	07	20	Waage	07	23	Waage
08	29	Waage	08	2	Skorpion	08	4	Skorpion
09	12	Skorpion	09	13	Skorpion	09	16	Skorpion
10	23	Skorpion	10	25	Skorpion	10	27	Skorpion
11	5	Schütze	11	7	Schütze	11	10	Schütze
12	18	Schütze	12	20	Schütze	12	22	Schütze
13	1	Steinbock	13	3	Steinbock	13	6	Steinbock
14	16	Steinbock	14	18	Steinbock	14	21	Steinbock
15	3	Wassermann	15	5	Wassermann	15	9	Wassermann
16	23	Wassermann	16	27	Wassermann	16	1	Fische
17	17	Fische	17	23	Fische	17	27	Fische
18	14	Widder	18	17	Widder	18	23	Widder
19	8	Stier	19	11	Stier	19	16	Stier
20	28	Stier	20	2	Zwillinge	20	6	Zwillinge
21	15	Zwillinge	21	18	Zwillinge	21	21	Zwillinge
22	29	Zwillinge	22	3	Krebs	22	6	Krebs
23	13	Krebs	23	16	Krebs	23	18	Krebs
24	26	Krebs	24	28	Krebs	24	1	Löwe
7. Oktober			**10. Oktober**			**13. Oktober**		
01	14	Löwe	01	16	Löwe	01	19	Löwe
02	26	Löwe	02	28	Löwe	02	29	Löwe
03	8	Jungfrau	03	10	Jungfrau	03	12	Jungfrau
04	19	Jungfrau	04	21	Jungfrau	04	24	Jungfrau
05	1	Waage	05	3	Waage	05	6	Waage
06	13	Waage	06	15	Waage	06	18	Waage
07	25	Waage	07	27	Waage	07	29	Waage
08	6	Skorpion	08	9	Skorpion	08	11	Skorpion
09	18	Skorpion	09	21	Skorpion	09	23	Skorpion
10	29	Skorpion	10	3	Schütze	10	5	Schütze
11	12	Schütze	11	14	Schütze	11	17	Schütze
12	25	Schütze	12	27	Schütze	12	1	Steinbock
13	9	Steinbock	13	12	Steinbock	13	15	Steinbock
14	24	Steinbock	14	28	Steinbock	14	2	Wassermann
15	14	Wassermann	15	18	Wassermann	15	23	Wassermann
16	6	Fische	16	12	Fische	16	17	Fische
17	2	Widder	17	8	Widder	17	12	Widder
18	28	Widder	18	3	Stier	18	8	Stier
19	20	Stier	19	24	Stier	19	28	Stier
20	9	Zwillinge	20	12	Zwillinge	20	15	Zwillinge
21	24	Zwillinge	21	27	Zwillinge	21	29	Zwillinge
22	8	Krebs	22	10	Krebs	22	13	Krebs
23	20	Krebs	23	23	Krebs	23	26	Krebs
24	3	Löwe	24	5	Löwe	24	7	Löwe

Zeit	Grad	Aszendent	Zeit	Grad	Aszendent	Zeit	Grad	Aszendent
16. Oktober			**19. Oktober**			**22. Oktober**		
01	21	Löwe	01	23	Löwe	01	26	Löwe
02	3	Jungfrau	02	5	Jungfrau	02	7	Jungfrau
03	14	Jungfrau	03	17	Jungfrau	03	19	Jungfrau
04	26	Jungfrau	04	29	Jungfrau	04	1	Waage
05	8	Waage	05	11	Waage	05	13	Waage
06	20	Waage	06	22	Waage	06	24	Waage
07	2	Skorpion	07	4	Skorpion	07	6	Skorpion
08	13	Skorpion	08	15	Skorpion	08	18	Skorpion
09	25	Skorpion	09	27	Skorpion	09	29	Skorpion
10	7	Schütze	10	9	Schütze	10	11	Schütze
11	19	Schütze	11	22	Schütze	11	25	Schütze
12	3	Steinbock	12	6	Steinbock	12	9	Steinbock
13	18	Steinbock	13	21	Steinbock	13	24	Steinbock
14	5	Wassermann	14	9	Wassermann	14	14	Wassermann
15	26	Wassermann	15	1	Fische	15	6	Fische
16	22	Fische	16	27	Fische	16	2	Widder
17	17	Widder	17	23	Widder	17	28	Widder
18	11	Stier	18	16	Stier	18	20	Stier
19	2	Zwillinge	19	6	Zwillinge	19	8	Zwillinge
20	18	Zwillinge	20	21	Zwillinge	20	24	Zwillinge
21	2	Krebs	21	6	Krebs	21	8	Krebs
22	16	Krebs	22	18	Krebs	22	20	Krebs
23	28	Krebs	23	29	Krebs	23	2	Löwe
24	10	Löwe	24	12	Löwe	24	14	Löwe
25. Oktober			**28. Oktober**			**31. Oktober**		
01	28	Löwe	01	29	Löwe	01	2	Jungfrau
02	9	Jungfrau	02	12	Jungfrau	02	14	Jungfrau
03	21	Jungfrau	03	24	Jungfrau	03	25	Jungfrau
04	3	Waage	04	6	Waage	04	7	Waage
05	15	Waage	05	18	Waage	05	19	Waage
06	27	Waage	06	29	Waage	06	2	Skorpion
07	9	Skorpion	07	11	Skorpion	07	13	Skorpion
08	20	Skorpion	08	22	Skorpion	08	25	Skorpion
09	2	Schütze	09	5	Schütze	09	7	Schütze
10	14	Schütze	10	17	Schütze	10	19	Schütze
11	27	Schütze	11	29	Schütze	11	2	Steinbock
12	12	Steinbock	12	15	Steinbock	12	18	Steinbock
13	28	Steinbock	13	2	Wassermann	13	5	Wassermann
14	18	Wassermann	14	21	Wassermann	14	26	Wassermann
15	12	Fische	15	16	Fische	15	21	Fische
16	7	Widder	16	12	Widder	16	17	Widder
17	15	Stier	17	7	Stier	17	11	Stier
18	24	Stier	18	27	Stier	18	1	Zwillinge
19	12	Zwillinge	19	14	Zwillinge	19	18	Zwillinge
20	27	Zwillinge	20	29	Zwillinge	20	2	Krebs
21	10	Krebs	21	13	Krebs	21	15	Krebs
22	23	Krebs	22	25	Krebs	22	27	Krebs
23	4	Löwe	23	7	Löwe	23	10	Löwe
24	16	Löwe	24	19	Löwe	24	22	Löwe

Zeit	Grad	Aszendent	Zeit	Grad	Aszendent	Zeit	Grad	Aszendent
3. November			**6. November**			**9. November**		
01	4	Jungfrau	01	7	Jungfrau	01	9	Jungfrau
02	17	Jungfrau	02	19	Jungfrau	02	21	Jungfrau
03	29	Jungfrau	03	1	Waage	03	3	Waage
04	10	Waage	04	13	Waage	04	15	Waage
05	22	Waage	05	24	Waage	05	27	Waage
06	4	Skorpion	06	6	Skorpion	06	9	Skorpion
07	15	Skorpion	07	18	Skorpion	07	20	Skorpion
08	27	Skorpion	08	29	Skorpion	08	2	Schütze
09	9	Schütze	09	12	Schütze	09	14	Schütze
10	21	Schütze	10	25	Schütze	10	27	Schütze
11	5	Steinbock	11	8	Steinbock	11	11	Steinbock
12	21	Steinbock	12	24	Steinbock	12	28	Steinbock
13	9	Wassermann	13	14	Wassermann	13	17	Wassermann
14	1	Fische	14	6	Fische	14	10	Fische
15	27	Fische	15	1	Widder	15	6	Widder
16	22	Widder	16	27	Widder	16	2	Stier
17	16	Stier	17	20	Stier	17	23	Stier
18	4	Zwillinge	18	8	Zwillinge	18	1	Zwillinge
19	20	Zwillinge	19	24	Zwillinge	19	26	Zwillinge
20	5	Krebs	20	8	Krebs	20	10	Krebs
21	17	Krebs	21	20	Krebs	21	23	Krebs
22	29	Krebs	22	2	Löwe	22	4	Löwe
23	12	Löwe	23	14	Löwe	23	16	Löwe
24	23	Löwe	24	26	Löwe	24	28	Löwe
12. November			**15. November**			**18. November**		
01	12	Jungfrau	01	14	Jungfrau	01	16	Jungfrau
02	24	Jungfrau	02	26	Jungfrau	02	28	Jungfrau
03	5	Waage	03	7	Waage	03	10	Waage
04	17	Waage	04	19	Waage	04	22	Waage
05	29	Waage	05	2	Skorpion	05	4	Skorpion
06	11	Skorpion	06	13	Skorpion	06	15	Skorpion
07	22	Skorpion	07	24	Skorpion	07	27	Skorpion
08	5	Schütze	08	7	Schütze	08	9	Schütze
09	17	Schütze	09	19	Schütze	09	21	Schütze
10	29	Schütze	10	2	Steinbock	10	5	Steinbock
11	15	Steinbock	11	18	Steinbock	11	20	Steinbock
12	2	Wassermann	12	5	Wassermann	12	9	Wassermann
13	21	Wassermann	13	26	Wassermann	13	1	Fische
14	15	Fische	14	21	Fische	14	27	Fische
15	12	Widder	15	17	Widder	15	22	Widder
16	7	Stier	16	11	Stier	16	15	Stier
17	27	Stier	17	1	Zwillinge	17	4	Zwillinge
18	14	Zwillinge	18	17	Zwillinge	18	20	Zwillinge
19	29	Zwillinge	19	2	Krebs	19	5	Krebs
20	13	Krebs	20	15	Krebs	20	17	Krebs
21	25	Krebs	21	27	Krebs	21	29	Krebs
22	7	Löwe	22	9	Löwe	22	12	Löwe
23	19	Löwe	23	21	Löwe	23	23	Löwe
24	29	Löwe	24	3	Jungfrau	24	5	Jungfrau

Zeit	Grad	Aszendent	Zeit	Grad	Aszendent	Zeit	Grad	Aszendent
21. November			**24. November**			**27. November**		
01	18	Jungfrau	01	21	Jungfrau	01	23	Jungfrau
02	1	Waage	02	3	Waage	02	5	Waage
03	13	Waage	03	15	Waage	03	17	Waage
04	24	Waage	04	27	Waage	04	29	Waage
05	6	Skorpion	05	9	Skorpion	05	10	Skorpion
06	18	Skorpion	06	20	Skorpion	06	22	Skorpion
07	29	Skorpion	07	2	Schütze	07	4	Schütze
08	11	Schütze	08	14	Schütze	08	16	Schütze
09	24	Schütze	09	27	Schütze	09	29	Schütze
10	8	Steinbock	10	11	Steinbock	10	14	Steinbock
11	24	Steinbock	11	27	Steinbock	11	29	Steinbock
12	12	Wassermann	12	17	Wassermann	12	21	Wassermann
13	5	Fische	13	10	Fische	13	15	Fische
14	1	Widder	14	6	Widder	14	12	Widder
15	26	Widder	15	2	Stier	15	7	Stier
16	19	Stier	16	23	Stier	16	27	Stier
17	8	Zwillinge	17	11	Zwillinge	17	14	Zwillinge
18	23	Zwillinge	18	27	Zwillinge	18	29	Zwillinge
19	7	Krebs	19	10	Krebs	19	13	Krebs
20	20	Krebs	20	23	Krebs	20	25	Krebs
21	2	Löwe	21	4	Löwe	21	7	Löwe
22	14	Löwe	22	16	Löwe	22	19	Löwe
23	26	Löwe	23	28	Löwe	23	29	Löwe
24	8	Jungfrau	24	10	Jungfrau	24	12	Jungfrau
30. November			**3. Dezember**			**6. Dezember**		
01	25	Jungfrau	01	28	Jungfrau	01	1	Waage
02	7	Waage	02	10	Waage	02	12	Waage
03	19	Waage	03	22	Waage	03	24	Waage
04	1	Skorpion	04	3	Skorpion	04	5	Skorpion
05	12	Skorpion	05	15	Skorpion	05	17	Skorpion
06	24	Skorpion	06	27	Skorpion	06	29	Skorpion
07	6	Schütze	07	9	Schütze	07	11	Schütze
08	19	Schütze	08	21	Schütze	08	24	Schütze
09	2	Steinbock	09	5	Steinbock	09	8	Steinbock
10	17	Steinbock	10	20	Steinbock	10	23	Steinbock
11	4	Wassermann	11	8	Wassermann	11	12	Wassermann
12	26	Wassermann	12	1	Fische	12	5	Fische
13	21	Fische	13	25	Fische	13	1	Widder
14	17	Widder	14	21	Widder	14	26	Widder
15	11	Stier	15	14	Stier	15	19	Stier
16	1	Zwillinge	16	4	Zwillinge	16	8	Zwillinge
17	17	Zwillinge	17	20	Zwillinge	17	23	Zwillinge
18	2	Krebs	18	5	Krebs	18	7	Krebs
19	15	Krebs	19	17	Krebs	19	20	Krebs
20	27	Krebs	20	29	Krebs	20	2	Löwe
21	9	Löwe	21	11	Löwe	21	14	Löwe
22	21	Löwe	22	23	Löwe	22	26	Löwe
23	3	Jungfrau	23	5	Jungfrau	23	7	Jungfrau
24	14	Jungfrau	24	17	Jungfrau	24	18	Jungfrau

Zeit	Grad	Aszendent	Zeit	Grad	Aszendent	Zeit	Grad	Aszendent
9. Dezember			**12. Dezember**			**15. Dezember**		
01	2	Waage	01	5	Waage	01	7	Waage
02	14	Waage	02	17	Waage	02	19	Waage
03	26	Waage	03	28	Waage	03	1	Skorpion
04	8	Skorpion	04	10	Skorpion	04	12	Skorpion
05	20	Skorpion	05	22	Skorpion	05	24	Skorpion
06	1	Schütze	06	4	Schütze	06	6	Schütze
07	14	Schütze	07	16	Schütze	07	18	Schütze
08	26	Schütze	08	29	Schütze	08	1	Steinbock
09	11	Steinbock	09	14	Steinbock	09	17	Steinbock
10	27	Steinbock	10	29	Steinbock	10	4	Wassermann
11	16	Wassermann	11	21	Wassermann	11	24	Wassermann
12	10	Fische	12	15	Fische	12	19	Fische
13	6	Widder	13	11	Widder	13	16	Widder
14	2	Stier	14	6	Stier	14	10	Stier
15	23	Stier	15	27	Stier	15	1	Zwillinge
16	11	Zwillinge	16	14	Zwillinge	16	17	Zwillinge
17	26	Zwillinge	17	29	Zwillinge	17	1	Krebs
18	10	Krebs	18	13	Krebs	18	15	Krebs
19	23	Krebs	19	25	Krebs	19	27	Krebs
20	4	Löwe	20	7	Löwe	20	9	Löwe
21	16	Löwe	21	19	Löwe	21	21	Löwe
22	28	Löwe	22	29	Löwe	22	3	Jungfrau
23	9	Jungfrau	23	12	Jungfrau	23	14	Jungfrau
24	21	Jungfrau	24	24	Jungfrau	24	26	Jungfrau
18. Dezember			**21. Dezember**			**24. Dezember**		
01	9	Waage	01	12	Waage	01	14	Waage
02	21	Waage	02	23	Waage	02	26	Waage
03	3	Skorpion	03	5	Skorpion	03	8	Skorpion
04	15	Skorpion	04	17	Skorpion	04	19	Skorpion
05	27	Skorpion	05	29	Skorpion	05	1	Schütze
06	8	Schütze	06	11	Schütze	06	14	Schütze
07	21	Schütze	07	24	Schütze	07	26	Schütze
08	5	Steinbock	08	8	Steinbock	08	11	Steinbock
09	20	Steinbock	09	23	Steinbock	09	27	Steinbock
10	8	Wassermann	10	12	Wassermann	10	16	Wassermann
11	29	Wassermann	11	5	Fische	11	9	Fische
12	25	Fische	12	1	Widder	12	5	Widder
13	21	Widder	13	26	Widder	13	2	Stier
14	14	Stier	14	19	Stier	14	23	Stier
15	4	Zwillinge	15	7	Zwillinge	15	10	Zwillinge
16	20	Zwillinge	16	23	Zwillinge	16	26	Zwillinge
17	5	Krebs	17	7	Krebs	17	10	Krebs
18	17	Krebs	18	20	Krebs	18	22	Krebs
19	29	Krebs	19	2	Löwe	19	4	Löwe
20	11	Löwe	20	13	Löwe	20	16	Löwe
21	23	Löwe	21	25	Löwe	21	28	Löwe
22	4	Jungfrau	22	7	Jungfrau	22	9	Jungfrau
23	17	Jungfrau	23	19	Jungfrau	23	21	Jungfrau
24	29	Jungfrau	24	1	Waage	24	3	Waage

Zeit	Grad	Aszendent	Zeit	Grad	Aszendent	Zeit	Grad	Aszendent
27. Dezember			**30. Dezember**					
01	17	Waage	01	19	Waage			
02	28	Waage	02	1	Skorpion			
03	10	Skorpion	03	12	Skorpion			
04	22	Skorpion	04	24	Skorpion			
05	4	Schütze	05	6	Schütze			
06	16	Schütze	06	19	Schütze			
07	29	Schütze	07	1	Steinbock			
08	14	Steinbock	08	17	Steinbock			
09	29	Steinbock	09	4	Wassermann			
10	20	Wassermann	10	24	Wassermann			
11	14	Fische	11	19	Fische			
12	10	Widder	12	16	Widder			
13	5	Stier	13	10	Stier			
14	26	Stier	14	29	Stier			
15	13	Zwillinge	15	16	Zwillinge			
16	29	Zwillinge	16	1	Krebs			
17	12	Krebs	17	14	Krebs			
18	25	Krebs	18	27	Krebs			
19	6	Löwe	19	9	Löwe			
20	18	Löwe	20	20	Löwe			
21	29	Löwe	21	2	Jungfrau			
22	12	Jungfrau	22	13	Jungfrau			
23	24	Jungfrau	23	26	Jungfrau			
24	6	Waage	24	7	Waage			